La saga des reines

DU MÊME AUTEUR

Aux éditions Perrin

Louis II de Bavière ou le Roi foudroyé, couronné par l'Académie française.

Haussmann, la gloire du Second Empire, prix Historia.

La Princesse Mathilde, prix Napoléon III.

Sissi ou la Fatalité, prix des Ambassadeurs.

Eugénie, la dernière impératrice, Grand Prix de la Fondation Napoléon.

Rodolphe et les secrets de Mayerling.

La Saga des Habsbourg.

La Saga des Windsor.

Albums illustrés de photographies de Jérôme da Cunha

Les Châteaux fous de Louis II de Bavière.

Sur les pas de Sissi.

Tapioca, cet inconnu.

Sur les pas de Mozart, en collaboration avec Frédéric Pfeffer.

A Saint-Pétersbourg sur les pas des tsars.

Collection « Tempus »

Malesherbes.

La Saga des Grimaldi.

Louis II de Bavière.

Sissi, impératrice d'Autriche.

Eugénie, la dernière impératrice.

Rodolphe et les secrets de Mayerling.

Le Roman de Vienne.

Aux éditions Plon

Dictionnaire amoureux des trains.

La Saga des Romanov.

La Véritable Histoire des châteaux de la Loire.

Aux éditions de Fallois

Malesherbes, gentilhomme des Lumières, Grand Prix de la biographie d'histoire de l'Académie française.

Aux éditions Julliard

Sleeping Story, la fabuleuse épopée des wagons-lits.

Aux éditions Denoël

En collaboration avec Jean-Paul Caracalla :

L'Orient-Express, couronné par l'Académie française.

Le Transsibérien.

Le Train bleu et les grands express de la Riviera.

Les Trains des rois et des présidents.

La Tour Eiffel (album du centenaire).

Aux éditions du Rocher

SAS Rainier III de Monaco, 700 ans d'histoire des Grimaldi.

Inoubliable Grace de Monaco.

Colette et Monaco.

Le Roman de Vienne.

Aux éditions Flammarion

Mémoires d'un palace, photographies de Jérôme da Cunha.

Aux éditions Jean-Pierre Barthélemy/Caisse nationale des monuments historiques et des sites

Le Haut-Koenigsbourg (en collaboration), photographies de Robert César.

Aux éditions Chronique/Dargaud

Chronique de Paris (rédacteur en chef).

Chronique du XXe siècle (rédacteur en chef).

Aux éditions Pocket

La Saga des Romanov.

Jean des Cars

LA SAGA DES REINES

PERRIN
www.editions-perrin.fr

Ouvrage publié sous la responsabilité éditoriale
de Grégory Berthier-Gabrièle

ISBN : 978-2-262-02339-3

Pour Monique, bien sûr,
Et pour Joséphine.

Avant-propos

L'histoire a parfois été dominée par des femmes. Les douze souveraines dont j'ai choisi de raconter le destin ont écrit, sur plus de cinq siècles, des pages essentielles de la construction européenne.

Elles sont, à des degrés divers, des symboles ancrés dans nos sensibilités. Leurs vies, longues ou brèves, et celles des peuples qu'elles conduisaient ou incarnaient furent jalonnées de grandeurs et de tragédies, d'intrigues de palais, de bonheurs et de souffrances qui expliquent la fascination qu'elles suscitent toujours. Victor Hugo est injuste en estimant : « Que c'est faible, une reine, et que c'est peu de chose ! » Mais on lui pardonne lorsqu'il juge que « la femme a une puissance singulière qui se compose de la réalité de la force et de l'apparence de la faiblesse ». Reines en titre représentant le sommet de l'État, épouses de monarques ou régentes, elles ont marqué leurs époques, forgé des ententes, ourdi des complots, affronté des luttes successorales, déclenché des guerres, recherché ou obtenu la paix, rayonné par leur action, leur intelligence ou simplement leur charme qui est une valeur essentielle de la monarchie. Mariées ou non, de mœurs sages ou amoureuses aux liaisons connues, voire supposées, certaines furent plus que reines en raison de l'étendue et de la diversité des territoires que leurs couronnes embrassaient. Sans elles, notre passé eût été différent et, osons le prétendre, moins passionnant.

Par ordre chronologique, voici d'abord Catherine de Médicis, d'un sens politique remarquable et peu économe du sang de ses adversaires dans les effroyables guerres de religion. Dans ce chaos, « Madame Catherine » organise la survie de la France. Puis, Elizabeth Ire d'Angleterre, dite sans doute à tort « la reine vierge », domine son époque par sa dureté et son pragmatisme au milieu des implacables rivalités entre protestants et catholiques, mais fait accéder son pays au rang de première puissance mondiale. Suit la personnalité complexe de Christine de Suède, qui s'habille en homme pour mieux s'imposer et préfère la vie de l'esprit à l'exercice de l'autorité ; la surprenante conversion au catholicisme de cette luthérienne lui vaut d'être l'une des rares femmes inhumées au Vatican. Ensuite, Marie-Thérèse de Habsbourg-Lorraine, héritière contestée du Saint Empire romain germanique et mère de seize enfants, est une guerrière obsédée par l'efficacité prussienne et une réformatrice inspirée au siècle des lumières. Catherine II de Russie fait oublier son ascendance germanique en agrandissant son empire tout en se tournant vers le monde des encyclopédistes et de l'art. Marie-Antoinette, dernière reine de France, spirituelle, délicieuse, mais non préparée aux intrigues de Versailles, est victime de son insouciance luxueuse qui fera naître un style – et détruira sa popularité ; face à la tourmente révolutionnaire, elle montre une dignité ferme lors de son procès et de sa montée à l'échafaud. Au XIXe siècle, Victoria de Grande-Bretagne, couronnée à 18 ans, érige sa fonction en principe rigoureux, est plus gaie qu'on ne le croit jusqu'à la mort prématurée de son époux et consolide la monarchie britannique qu'elle incarne majestueusement pendant soixante-quatre ans. L'impératrice Eugénie, plus intelligente qu'on l'a dit, mais aussi très romanesque et généreuse, symbolise par sa distinction, le triomphe de l'élégance féminine sous le Second Empire. Élisabeth, dite Sissi, impératrice d'Autriche et reine de Hongrie, accède, de son vivant, au rang de mythe par sa beauté, ses excentricités et ses malheurs ; critiquée et mal aimée à Vienne, elle est vénérée à Budapest et visionnaire méconnue des convulsions balkaniques. Zita de Habsbourg-Lorraine, ultime souveraine austro-hongroise, broyée par la Première Guerre mondiale, enchante ses partisans et force l'admiration de ses adversaires ; après soixante-trois ans d'exil dans le dénuement et le mépris, menacée, ayant survécu à l'ingratitude avec le secours de sa foi, son retour triomphal à Vienne, dont je fus témoin, se greffe sur l'écroulement de la galaxie communiste en réveillant les nostalgies de la vieille Europe. Astrid, princesse suédoise devenue reine des Belges, belle, gracieuse et bienfaisante, est immédiatement très populaire ; sa disparition accidentelle bouleverse son pays d'adoption et la mue en icône absolue dont l'éclat rayonne encore en dépit – ou à cause – d'un règne trop bref.

Enfin, Elizabeth II, souveraine du Royaume-Uni et de quinze pays membres du Commonwealth, dernière reine couronnée et sacrée du XXe siècle, est, depuis plus de soixante ans, la femme la mieux informée du monde, mais astreinte à sa réserve de monarque constitutionnel. Ayant adapté la forte empreinte de son arrière-arrière-grand-mère Victoria, elle connaît, lors de son jubilé de diamant, l'apothéose d'un chef d'État qui, en 2012, a renouvelé son serment solennel d'être, jusqu'au bout, « au service de la Nation ».

Femmes de pouvoir ou d'influence, elles occupent les premières places dans nos mémoires.

Jean DES CARS

Catherine de Médicis

Le pouvoir de l'ombre

Peinture à l'huile, sur bois, de François Clouet,
l'un des artistes majeurs de la Renaissance,
représentant Catherine de Médicis vers 1580.

En 1533, à Marseille, lors de fêtes fastueuses, le pape Clément VII célèbre le mariage du futur Henri II, fils de François Ier, avec Catherine de Médicis, âgée de 14 ans.

Si, pour l'histoire, elle reste associée à la pire horreur des guerres de religion, le massacre de la Saint-Barthélemy le 24 août 1572, Catherine de Médicis n'en est pas la seule responsable. Cette reine mère, épouse puis veuve d'Henri II, sans aucun pouvoir officiel, n'existe que par l'influence qu'elle a exercée sur ses enfants, trois rois de France et une reine de Navarre. Rien ne destinait cette descendante de marchands florentins à gouverner la France. Sa famille ? « Des roturiers, des banquiers […] des agitateurs, sortes de tribuns de la plèbe portés au pouvoir par une insurrection populaire, voilà ce qu'étaient les Médicis vers 1470[1]. » On connaît le destin fastueux de cette grande famille : en 1513, Jean de Médicis devient pape sous le nom de Léon X. Ils symbolisent la puissance de Florence et le prestige de la papauté au point que François Ier, soucieux d'une bonne entente avec le pape, s'accorde pour que le dernier descendant légitime des Médicis, Laurent II, propre neveu de Léon X, épouse une princesse française, la très belle Madeleine de La Tour, dont la mère était une Bourbon-Vendôme et le père possédait d'immenses terres en Auvergne. De ce mariage célébré à Amboise le 28 avril 1518 naîtra, le 13 avril 1519 à Florence, une petite fille, Catherine de Médicis. On doit donc rappeler qu'elle est à demi française. Elle n'aura pas le bonheur de connaître sa mère, qui s'éteint quinze jours plus tard, ni son père, qui meurt le 4 mai suivant. C'est une orpheline que

1. Simone Bertière, *Les Reines de France au temps des Valois*, Éditions de Fallois, 1994.

recueille Léon X. Elle est élevée à Rome par sa grand-mère et sa grand-tante. En 1523, après la mort de Léon X et le bref pontificat d'un pape inféodé à Charles Quint, c'est, de nouveau, un Médicis, cousin du précédent, qui est désigné par le conclave sous le nom de Clément VII. Encore un oncle de Catherine. Il devient son tuteur. Riche, il cherche à parer sa famille d'illustres appuis. Or, à cette époque, François Ier poursuit son coûteux rêve italien ; une nouvelle alliance avec le Saint-Siège lui semble précieuse, ce qui irrite son adversaire permanent, Charles Quint. La colère de l'empereur et roi d'Espagne est telle que le roi de France est persuadé d'avoir eu du génie dans son calcul. Catherine épouse donc le fils cadet du roi de France, Henri, titré duc d'Orléans.

Un fastueux mariage à Marseille, peint par Rubens

Sans doute faut-il préciser ici que la jeune Médicis, d'extraction trop modeste, n'aurait pu être promise au dauphin, mais elle pouvait convenir pour le cadet. Toute sa vie, Catherine aura ce sentiment non d'illégitimité (après tout, c'est le roi de France qui l'avait choisie), mais de n'être pas née assez haut, reportant toutes ses ambitions sur ses enfants qui, eux, peuvent prétendre à tout. Lorsque, à l'automne 1533, âgée de 14 ans et ayant eu le temps d'apprendre le français après deux ans de fiançailles, elle débarque à Marseille (annexée à la Provence par la France en 1481), des réjouissances somptueuses y sont organisées pour son mariage qui seront plus tard immortalisées par Rubens, dans un cycle conservé au Louvre.

Pour sa belle-fille et surtout pour le pape qui bénit cette union le 11 octobre, François Ier a voulu éblouir, faisant construire un décor éphémère, un château de bois prolongeant le palais des comtes de Provence. Catherine n'est pas jolie, elle a même plutôt un physique ingrat, mais elle est très intelligente et cultivée. De Clément VII, elle a hérité l'amour des arts sinon des lettres. Elle connaît le latin, le grec ; elle a appris les mathématiques, l'astronomie et, bien sûr, se passionne pour l'astrologie. Elle est aussi une excellente cavalière et aime la chasse. Mais elle a surtout vécu dans le grand raffinement artistique de l'Italie de la Renaissance. Elle a résidé dans de magnifiques palais dont elle gardera le goût de la construction, du décor, du luxe et des fêtes éblouissantes. Elle aime aussi la musique et la poésie. Le pape a somptueusement doté sa nièce de bijoux qui font encore rêver. Sur la peau de Catherine, leur éclat est féerique.

Dans un premier temps, elle fait son apprentissage de la Cour avec beaucoup de finesse et de diplomatie. Très bien accueillie par l'épouse de François Ier, Éléonore – qui n'est autre que la sœur de Charles Quint –, elle est rebutée par la maîtresse du roi, l'insupportable duchesse d'Etampes. Son mari, Henri, partage cette aversion, ce qui n'a rien de surprenant. Plus étonnante est sa très bonne entente avec son beau-père le roi ; François Ier apprécie en elle la chasseresse ; elle est d'ailleurs la première à la Cour à monter en amazone, ce qui lui autorise le galop. Le roi est admiratif. Elle est de toutes les fêtes, toujours aimable, constamment de bonne humeur, sans susciter de jalousie. Elle trouve sa place avec grâce et naturel. En revanche, sa déception est grande dans ses relations avec son époux qu'elle admire ; Henri est grand, fort, rompu aux exercices physiques et elle en était tout de suite tombée amoureuse. Mais elle découvre que celui-ci n'a, en réalité, qu'une

Portrait en pied d'Henri II et de son épouse Catherine de Médicis. Né en 1529, roi de France de 1547 à 1559, Henri II meurt à Paris, l'œil transpercé par une lance lors d'un tournoi.

passion féminine en la personne de Diane de Poitiers, veuve du grand sénéchal Louis de Brézé. Il ne s'agit pas d'une affaire ordinaire. En effet, le coup de foudre d'Henri remonte à sa petite enfance et à une période particulièrement douloureuse. Après le désastre de Pavie, en 1525, François Ier, emprisonné à Madrid, ne recouvra la liberté qu'en consentant à ce que ses deux fils, François et Henri, âgés de 8 et 7 ans, servent d'otages à Charles Quint et prennent la place de leur père. Leur captivité devait durer quatre années. Jusqu'à Bayonne, ils avaient été accompagnés par leur grand-mère Louise de Savoie et l'épouse du sénéchal. Celle-ci, émue par le désarroi du petit Henri, avait déposé un baiser sur son front. Diane était et est toujours d'une beauté exceptionnelle, grande, blonde, raffinée. Ce geste de tendresse marqua Henri pour toujours. Il y pensa pendant sa réclusion espagnole et, de retour à la Cour, il retrouva Diane, plus éblouissante encore. La passion d'Henri pour elle ne s'émoussa jamais. Elle fut sa « dame de cœur » jusqu'à sa mort, malgré ses vingt ans de plus que lui…

Paradoxalement, Diane de Poitiers avait beaucoup encouragé l'union d'Henri avec Catherine, car la maîtresse s'était découvert un cousinage avec l'épouse du côté maternel, ce qui la flattait en la rapprochant un peu plus de la famille royale.

Mariée depuis neuf ans, Catherine n'est toujours pas enceinte

10 août 1536. Le dauphin François meurt brusquement après une partie de jeu de paume. Il avait eu si chaud qu'il avait absorbé une grande quantité « d'eau à la glace » qui lui provoqua une

congestion pulmonaire. Henri est donc le nouveau dauphin. Le statut de Catherine change considérablement et la nécessité qu'elle donne un héritier au royaume devient plus pressante. En effet, bien que son époux accomplisse son devoir conjugal avec régularité (encouragé par Diane !), aucun enfant ne s'annonce chez la dauphine. Or, lors d'une campagne en Italie en 1537, Henri a une brève aventure avec une certaine Philippa Duci qui lui donne une fille, ce qui tendrait à prouver la stérilité de Catherine et à la faire répudier. Diane de Poitiers fait élever cette enfant et se propose comme marraine.

La situation de la belle-fille de François Ier est de plus en plus fragile. La Cour murmure. La très jeune et très belle Louise de Guise serait une parfaite nouvelle épouse pour Henri. Catherine révèle, pour la première fois, son sens politique en se jetant, en larmes, aux pieds de François Ier, lui proposant de se sacrifier pour l'avenir de la dynastie. Le roi l'embrasse et lui dit qu'il ne saurait en être question. Les deux maîtresses, celle du roi et celle du dauphin, ont probablement plaidé la cause de Catherine. Remarquons qu'elles y avaient intérêt. Catherine était accommodante et Dieu sait ce qui aurait pu advenir si une nouvelle jeune dauphine avait pris rang à la Cour ! Diane, surtout en raison de son âge, risquait d'être évincée. On avait eu raison d'être patient, car le 19 janvier 1544 à Fontainebleau, après un peu plus de dix ans de mariage, Catherine met au monde un garçon, François. En douze ans, la Médicis mettra au monde dix enfants. Trois ne survivront pas : Louis, né en 1549, mourra au bout d'un an et les jumelles Victoire et Jeanne décéderont l'année de leur naissance, en 1556. Les sept autres enfants vivront avec des santés variables : François, l'aîné, futur François II ;

Élisabeth, née en 1545, future troisième épouse de Charles Quint ; Claude, née en 1547, future duchesse de Lorraine ; Charles, né en 1550, futur Charles IX ; Henri, né en 1551, futur Henri III ; Marguerite, née en 1553, future célèbre reine Margot, épouse d'Henri de Navarre ; et Hercule-François, né en 1554, le turbulent duc d'Anjou et improbable « fiancé » d'Elizabeth Ire d'Angleterre. Pour chacun de ses enfants, Catherine demande au plus célèbre astrologue du moment, Nostradamus, d'établir un horoscope. Il annoncera que « tous ses fils porteraient couronne ».

Le 31 mars 1547, François Ier s'éteint à Rambouillet. Catherine et Henri, revenu à temps d'Anet où il était avec Diane, sont auprès du roi pendant son agonie. Le dauphin Henri est maintenant Henri II et Catherine reine de France.

Une reine de France patiente et une maîtresse triomphante

Le nouveau souverain et son épouse ont tous deux 28 ans. Diane en a 48, mais le temps semble n'avoir aucune prise sur elle. Son hygiène de vie est très en avance sur son époque. Elle modère son appétit, dort beaucoup, ne se lave qu'à l'eau froide. Par discipline, cette excellente cavalière monte à cheval tous les matins. Sa relation intime avec Henri remonte à une dizaine d'années, peu après qu'il est devenu dauphin. Elle avait su le faire attendre, car il était plus glorieux d'être la maîtresse du futur roi que celle du duc d'Orléans, second sur la liste de succession. En son château d'Anet, Diane « règne » sur une demeure somptueuse. La *Diane chasseresse* qui domine l'entrée resplendit, coiffée de son croissant de lune, au côté d'un puissant cerf qui est une référence évidente au roi. Le haut-relief de bronze est dû au ciseau de Benvenuto Cellini. La Renaissance aime les symboles et le chiffre royal qui va orner les murs de toutes les résidences est un chef-d'œuvre de perfidie. Deux D majuscules s'entrecroisent dans un H. Est-ce un hommage à Diane ? On peut aussi y lire les deux C de Catherine, ce qui permettra à la reine de ne rien avoir à changer dans la décoration après la mort du roi et le départ de l'orgueilleuse maîtresse. Si Henri s'est montré très généreux en rebâtissant son fief d'Anet, il le sera de nouveau en 1547 en faisant cadeau à Diane du château de Chenonceau pour lequel elle aura une véritable passion. L'ancien manoir Bohier, élégante construction sur la rive droite du Cher, donne à Diane l'idée de le relier par un pont à la rive gauche. C'est Philibert de l'Orme qui en dresse les plans. Toute l'originalité et la beauté de Chenonceau viennent de cet exploit. En même temps, Diane crée un sublime jardin d'agrément. Plus tard, le pont sur le Cher sera surmonté d'une galerie par ordre de Catherine. Elle voulait Chenonceau, mais il lui faudra attendre la mort de son mari pour en être la propriétaire.

Catherine, tout en exigeant les égards dus à son rang, ne manifeste aucune animosité envers la favorite, car elle sait fort bien qu'elle n'aurait rien d'autre à gagner que la mauvaise humeur de son époux. La Médicis est patiente, disposant d'un atout essentiel puisqu'elle est la mère des princes. Ces derniers sont élevés principalement à Blois et à Amboise, d'abord par Mme d'Humières, puis, à partir de 1551, par une femme mariée à un banquier florentin, Antoine de Gondi. Ce couple a l'entière confiance de la reine Catherine qui lui remet ses enfants jusqu'à 10 ans, âge auquel ils gagnent la cour de Saint-Germain. Le pouvoir maternel (et l'on sait qu'il sera important) est alors le seul exercé par la reine, à deux exceptions près. La première se situe en 1552, lorsque Henri II part guerroyer contre Antoine de Bourbon. Selon l'usage, le roi confie la régence à la reine. Celle-ci, d'esprit florentin, exige qu'on lui présente le document lui attribuant la régence. Elle s'aperçoit alors qu'on ne lui laisse en réalité à peu

Au Louvre, dans la cour Carrée de l'aile Lescot, ce bas-relief représente le monogramme couronné d'Henri II surmonté de deux lettres D enlacées. Le symbole est ambigu : on peut y voir le H (Henri) mais aussi les initiales de C (Catherine) et D pour la très belle Diane de Poitiers.

près aucun pouvoir, mais l'accepte quand même. Elle subit, mais elle n'est pas dupe. La seconde est plus grave. Les interminables guerres entre François Ier et Charles Quint se poursuivent entre leurs fils Henri II et Philippe II. Cette fois, en 1557, on se bat dans le nord et l'est de la France. Les troupes françaises, conduites par le duc de Montmorency, subissent une cuisante défaite à Saint-Quentin, bataille à laquelle participent le roi d'Espagne et son allié le duc de Savoie. Philippe II menaçant de marcher sur Paris, Catherine intervient. En grand deuil, comme ses suivantes, elle se rend à l'Hôtel de Ville et demande de l'argent aux échevins pour lever une armée destinée à protéger Paris. Elle obtient les subsides, ce qui incite le fils de Charles Quint à se détourner de la capitale. Le remarquable esprit de décision de la reine a sauvé la ville et redonné l'avantage aux Français, amplifié par le talent militaire de François de Guise.

C'est à ce moment qu'Henri II conclut brusquement la surprenante paix de Cateau-Cambrésis avec Philippe II. Elle ne pouvait contenter Catherine. La France renonce définitivement à ses ambitions italiennes qui avaient tant accaparé Louis XII et François Ier. Pour Catherine, la paix est trop cher payée puisque, selon elle, le seul avantage obtenu par la France est constitué par Calais et les trois évêchés de Metz, Toul et Verdun, tandis que le royaume renonce à la Savoie qu'il occupait depuis trente ans et à toutes ses possessions italiennes. On sait que Calais et les trois évêchés se révéleront, plus tard, de précieux atouts pour la France. La clé de ce traité se trouve probablement ailleurs, comme l'écrit Simone Bertière : « La France et l'Espagne, épuisées par une interminable lutte, se réconcilient pour faire face à une autre menace :

la Réforme gagne partout du terrain[1]. » Aux guerres d'Italie vont succéder les guerres de religion.

Un tournoi tragique rue Saint-Antoine

Afin de donner plus de poids à ce traité, deux mariages ont été décidés, celui de la fille aînée d'Henri et de Catherine, Élisabeth de Valois, avec Philippe II d'Espagne et celui de la sœur d'Henri, Marguerite, avec le duc de Savoie. La première union se déroule à Paris par procuration, le 22 juin 1559. Le 28 a lieu le second mariage. Comme toujours lors de pareilles festivités, l'usage médiéval du tournoi est respecté. Il a lieu rue Saint-Antoine où l'on a installé des tribunes et une lice pour éviter un choc frontal entre les cavaliers. Le roi adore les tournois. Il a revêtu une somptueuse armure et un heaume rehaussé d'or. Il porte les couleurs de Diane, le noir et le blanc. Vainqueur à plusieurs reprises, le roi veut une dernière fois affronter son capitaine des Gardes, l'Écossais Montgomery. On ne s'apercevra que plus tard que dans sa hâte de retourner au combat le roi n'a pas ajusté sa visière avec le crochet prévu à cet effet. Donc, elle ne pouvait tenir… Henri reçoit dans l'œil la lance de son adversaire. Il hurle quand on lui retire les énormes échardes de bois griffant son visage. On fait venir le chirurgien Ambroise Paré qui reste impuissant car la plaie s'est infectée et gangrène le cerveau. Le roi souffre abominablement. Il expire dans les bras de Catherine le 19 juillet 1559 à 13 heures. Henri II avait 40 ans. Elle n'a pas quitté son chevet, éprouvant un grand désespoir, car elle aimait son mari. Malgré

1. *Ibid.*

son chagrin, sa veuve réagit d'une manière très politique. Elle décide d'abord de porter le deuil noir, contrairement à l'usage du deuil blanc des Valois. Cela signifie qu'elle ne se remariera pas, tirant un trait sur sa vie de femme. Elle change d'emblème, choisissant une lance brisée, hommage au défunt et symbole de sa vie rompue, avec cette inscription : *Hinc lacrimae, hinc dolor* (« Ici sont mes larmes, ici est ma douleur »). Contrairement à la tradition, elle refuse de rester en l'hôtel des Tournelles où elle aurait dû vivre son deuil, puisque c'est là qu'est mort le roi. Plus tard, elle le fera raser ; à son emplacement se trouve l'actuelle place des Vosges. Le chagrin et le souvenir de l'atroce agonie d'Henri II sont peut-être une cause de cette entorse aux usages. Mais sa décision est, une fois de plus, politique, car si elle quitte les Tournelles, c'est pour revenir au Louvre, au plus près du pouvoir, celui de son fils aîné devenu le roi François II. Dans le palais en bord de Seine, elle fait aménager une chambre certes tendue de noir, mais ouverte aux visiteurs.

Quant à Diane de Poitiers, elle se montre très docile. Elle rend immédiatement les bijoux de la Couronne qu'Henri II avait mis à sa disposition, mais Catherine est plutôt magnanime à son égard. Elle lui laisse la jouissance de tous ses autres biens, sauf le château de Chenonceau, qu'elle lui échange contre celui de Chaumont où Diane n'ira jamais. Chenonceau devient la résidence préférée de Catherine, elle y achèvera les travaux de la galerie couvrant le pont sur le Cher et crée son propre jardin, le « jardin de Catherine », tout en maintenant son pendant, le « jardin de Diane ». Chenonceau restera éternellement le symbole du ménage à trois d'Henri II. C'est bien souvent du petit cabinet qui jouxte sa chambre que « Madame Catherine », plus tard, gouvernera la France.

Le château de Chenonceau, sur le Cher. Ce chef-d'œuvre est le plus brillant symbole du ménage à trois d'Henri II. À sa mort, sa veuve Catherine de Médicis y réside beaucoup ; c'est sa résidence préférée.

François II a 15 ans. Il est « chétif, laid, malsain. Une mauvaise conformation l'empêchait de respirer, sauf la bouche ouverte. Les humeurs du nez et de la gorge s'écoulent par un abcès dans l'oreille, probablement tuberculeux. Avec cela, inintelligent, irritable, sujet à des accès d'agressivité morbide[1] ». Il est un bien jeune monarque, mais déjà majeur et marié depuis un an, le 24 avril 1558, à Marie Stuart, de deux ans son aînée. Belle, plus grande que lui et surtout plus intelligente et plus mûre, elle est reine d'Écosse. En effet, elle est la fille de Jacques V, roi d'Écosse, et de

1. Jean Orieux, *Catherine de Médicis*, Flammarion, 1986.

Marie de Guise, une concrétisation de la fameuse *Auld Alliance* qui depuis Louis XI rapprochait l'Écosse de la France. La vie de souveraine d'Écosse est bien lourde pour Marie de Guise. Après avoir perdu deux enfants, elle a accouché le 8 décembre 1542 de la petite Marie Stuart. Son époux, le roi Jacques V, à la tête de ses troupes écossaises, venait de subir une épouvantable défaite contre les Anglais. Il était mort brusquement six jours après la naissance de sa fille. Marie de Guise avait repris le flambeau en qualité de régente d'Écosse, la petite Marie Stuart étant couronnée reine d'Écosse à l'âge de neuf mois le 9 septembre 1543 dans la chapelle du château de Stirling. Aussitôt née, aussitôt fiancée ! Henry VIII voulait la destiner à son fils Édouard, cinq ans, pour réunir les couronnes d'Angleterre et d'Écosse. Mais Henri II et Catherine, qui avaient enfin eu un fils, François, proposèrent que Marie Stuart lui soit fiancée en juin 1548. À cette date, un contingent français débarqua en Écosse pour récupérer la petite fille. Sa mère continue seule un combat perdu d'avance et meurt en 1560, laissant l'Écosse au bord du chaos.

Selon Catherine, Marie Stuart, sa belle-fille, a les nerfs fragiles

Marie Stuart est élevée à la cour de France avec ses cousins Guise et les enfants d'Henri II et de Catherine. Marie est le charme même, gracieuse, coquette et déjà séductrice. Henri II l'adorait, à l'image de toute la France. Elle reçut une éducation parfaite. Mais il ne faut pas oublier que, par sa mère, elle est une Guise. Cette très puissante famille catholique considère Marie Stuart comme un atout dans son jeu. François II, éperdument amoureux de sa femme, va l'écouter. Il est faible. Ce sont donc, en réalité, les Guise, oncles de sa femme, qui s'apprêtent à régenter la France. Or, dans le royaume et depuis plusieurs années, la Réforme a considérablement progressé. Et, à dater de 1540, le luthéranisme a été supplanté par le calvinisme, nettement moins conciliant. De Genève, sa république théocratique, Jean Calvin prêche une Réforme encore plus radicale. En France, la répression contre les protestants ne fait que multiplier leurs partisans. À la Cour même, on rencontre des réformés : la propre sœur de François Ier, Marguerite de Navarre, s'était convertie, et Catherine de Médicis elle-même, bien que n'étant pas d'une religiosité extrême, s'interroge sur l'attitude à adopter, n'hésitant pas à donner aux protestants des témoignages de sa compréhension. « Madame Catherine » ne peut se permettre de froisser les calvinistes, car ils pourraient lui nuire en contestant son fragile pouvoir. D'ailleurs, il importe peu à cette conciliatrice d'entendre la messe en français ou en latin. Certaines grandes familles sont elles aussi partagées et la faiblesse du pouvoir royal fédère des ambitions politiques s'appuyant sur la foi pour constituer une sorte de néoféodalité. C'est sous le règne de François II que vont se dessiner les contours de la future guerre civile. Les Guise, d'un catholicisme intransigeant, seront les fondateurs de la Ligue, tandis que les Châtillon-Coligny, récemment convertis à la Réforme, appuieront les ambitions des Bourbons : l'aîné, Antoine, roi de Navarre, et surtout son frère Louis, prince de Condé, sont farouchement huguenots.

Catherine observe ces manœuvres et ces divisions sans intervenir. Les deux camps ambitionnent le pouvoir et sont prêts à s'étriper ; de surcroît, elle ne s'entend pas avec sa belle-fille

Marie Stuart. Celle-ci, avec beaucoup de morgue, aurait traité sa belle-mère de « fille de marchands ». Les deux femmes siègent au Conseil, mais sans réel pouvoir. Manipulé par les Guise, François II continue une politique de persécution contre les hérétiques pendant toute la fin de l'année 1559, entraînant la conjuration d'Amboise que l'on peut considérer comme un tragique prélude aux guerres de religion. Le 17 mars 1560, un gentilhomme protestant a réuni des conjurés huguenots en grand nombre dans l'intention de demander au roi, qui se trouve à Blois, la liberté de leur culte. En réalité, ils veulent s'en prendre au clan des Guise et projettent d'enlever François II. La conjuration est éventée et la Cour quitte précipitamment Blois pour se rendre à Amboise, plus facile à défendre, où le roi signe un édit de pacification. Sans résultat, puisque les conjurés persistent et hantent les environs du château. Après de brefs combats, le châtiment sera impitoyable. Les huguenots sont pendus au balcon et aux créneaux du château ou jetés dans la Loire après avoir été décapités et écartelés. Catherine et sa belle-fille assistent à cet effroyable spectacle. La reine mère demeure impassible alors que Marie Stuart est au bord de l'évanouissement. Catherine constate que la reine de France et d'Écosse a les nerfs moins solides qu'elle. Cet horrible massacre, qui a traumatisé tous les témoins, a pour conséquence de donner du poids à Catherine. Elle est maintenant associée aux décisions du Conseil et reçoit dans ses appartements aussi bien l'amiral de Coligny, qui revendique pour les protestants la liberté de conscience, de culte et d'instruction, que le cardinal de Lorraine, un Guise, qui considère que ce serait se damner que de concourir à la propagation de l'hérésie. Pour Marie Stuart, dont on sait qu'elle porte également la couronne d'Écosse, les nouvelles de son lointain pays sont catastrophiques. La reine d'Angleterre Elizabeth Ire, qui a succédé à sa demi-sœur catholique, l'implacable « Marie la Sanglante », a été reconnue reine légitime d'Écosse par le parlement d'Edimbourg. Les troupes étrangères, essentiellement françaises, venues au secours du trône catholique écossais n'ont donc plus qu'à partir. C'cst la fin de la *Auld Alliance*.

Pendant ce temps, le jeune roi François II va très mal. Le 16 novembre 1560, au retour d'une chasse, il se plaint de violentes douleurs à l'oreille gauche où est apparue une énorme enflure. L'abcès finit par percer, on espère une rémission, mais le roi s'éteint le 5 décembre. Il allait avoir 17 ans. « Dieu se révéla brusquement du Ciel, et Lui qui avait transpercé l'œil du père trancha l'oreille du fils », dit Calvin pour toute oraison funèbre.

Cette fois, son fils Charles n'ayant que 10 ans, Catherine va prendre le pouvoir.

François II disparu, le véritable règne de Catherine commence

Sa nomination comme tutrice de son fils et régente ne va pas de soi. La mère du roi a besoin de l'appui d'un prince du sang qui, lui aussi, pourrait prétendre au titre de tuteur, Antoine de Bourbon, chef du parti protestant. Comme toujours, Catherine va jouer finement. Le frère d'Antoine, Louis de Condé, était tombé dans un traquenard tendu par les Guise qui l'avaient accusé de manœuvres contre le pouvoir royal. On l'avait incarcéré, jugé et condamné à mort. À Antoine de Bourbon, Catherine promet de faire libérer son frère en échange de son appui au Conseil. Il acquiesce et la Médicis fait le nécessaire auprès des juges. Il ne reste plus qu'à faire entériner sa nomination par les états généraux avant que ceux-ci se séparent. Catherine n'est pas régente, mais « gouvernante de France ». Si elle fait fonction de régente et en a tous les pouvoirs, elle n'en reçoit pas le titre, ce qui est très habile. Maintenant âgée de 41 ans, cette femme en noir a de l'allure et impressionne, bien que ses formes soient empâtées. On connaît son courage, on découvre sa ruse ; elle met l'un et l'autre au service de l'État. Disposant de cette régence déguisée, elle a trois ans devant elle, car la majorité de son fils est fixée à son entrée dans sa quatorzième année, donc à l'âge de 13 ans.

Au mois d'août 1560, Marie Stuart prend une décision capitale en quittant la France pour reconquérir son royaume d'Écosse. Entre-temps, une tentative de mariage négociée par les Guise avec l'infant don Carlos, fils de Philippe II, avait échoué. Marie est déçue car l'Espagne aurait pu mettre des troupes à sa disposition par solidarité confessionnelle. Elle y a de nombreux prétendants, mais aucun ne semble capable de l'aider militairement. Courageusement – et peut-être avec inconscience –, Marie Stuart prend des risques inouïs, dont celui de contrarier gravement celle qui est reine d'Angleterre et d'Écosse, sa cousine Elizabeth Ire. Au même moment, sa belle-mère, fidèle à sa nature, convoque, en septembre, un colloque à Poissy pour tenter de trouver un terrain d'entente entre les catholiques et les protestants. Les affrontements verbaux sont d'une telle violence que l'on doit recourir au huis-clos pour la tenue des débats. C'est un échec total, un échec de Catherine. Elle comprend que les exigences des uns et des autres sont si tranchées qu'on se dirige vers une guerre civile.

Sur cette assiette en faïence du XIXe siècle, Catherine de Médicis reçoit les ambassadeurs au château de Blois. Fidèle à sa foi, elle est confrontée au problème religieux qui divise et menace le royaume.

C'est le duc de Guise qui allume la mèche le 1er mars 1562 : en route entre Chaumont et Saint-Dizier, il compte s'arrêter dans le village de Wassy pour y entendre la messe. Or, des huguenots étaient réunis nombreux pour célébrer leur culte dans une grange. Furieux, le duc déclenche un massacre. On relève une cinquantaine de morts dans la grange, dont des femmes et des enfants.

La gouvernante de France est consternée, la colère des protestants se déchaîne. Ainsi commence la première guerre de religion. Des villes sont prises par les catholiques (Poitiers, Bourges), les protestants tiennent Orléans et la Loire. D'urgence, Catherine veut récupérer Rouen aux mains des huguenots car des Anglais, débarqués au Havre, viennent à leur secours. Rouen est reprise le 26 août 1562, mais Antoine de Bourbon a été blessé et meurt peu après. Sa femme, Jeanne d'Albret, lui succède puisque la loi salique n'a pas cours en Navarre. Leur héritier, Henri, le futur Henri IV, n'a que 9 ans.

Les troupes catholiques, avec à leur tête le connétable de Montmorency et les forces protestantes, conduites par Condé, s'affrontent sur la route de Dreux. Si les premiers l'emportent, une fois encore grâce au talent militaire du duc de Guise, Montmorency est fait prisonnier par les huguenots, tandis que Condé est capturé par les catholiques ! La situation est absurde et s'envenime encore lorsque François de Guise est assassiné par un espion protestant, Poltrot de Méré, peut-être financé par l'amiral de Coligny. De crainte d'en apprendre davantage sur ce complot, Catherine se hâte de faire exécuter l'assassin. Pour elle, il est temps d'arrêter cette guerre qui déchire la France.

L'édit de pacification d'Amboise du 19 mars 1563, approuvé par Catherine, tente de réglementer l'exercice du culte protestant, mais en restreignant sa célébration. Le nouveau document établit une distinction entre les grands seigneurs et leurs vassaux, ceux-ci étant moins bien traités que ceux-là. La guerre civile semble donc finie, du moins momentanément, mais la collusion entre les chefs huguenots et les Anglais n'est pas admise par Catherine. S'étant portés au secours des protestants français, les Anglais avaient pris

Le Havre qu'ils ne rendraient que contre Calais ! Les huguenots, pas très fiers de leur trahison au profit d'Elizabeth Ire, joignent leurs troupes à celles des catholiques pour reprendre Le Havre aux Anglais. Résultat : catholiques et protestants s'unissent contre l'ennemi commun, les Anglais ! Décidément, Catherine de Médicis a un grand talent politique d'autant que Calais restera définitivement français, moyennant une compensation financière versée à Elizabeth Ire.

La Cour voyage deux ans : la France doit connaître Charles IX

Le 15 août 1563, avec la proclamation de la majorité de son fils Charles IX, « Madame Catherine », qui perd ses prérogatives de gouvernante de France, ne renonce à rien. Afin de maintenir son influence, elle organise le « grand tour » du monarque dans son royaume officiellement pacifié. Elle prouve son intelligence en appliquant un principe de son maître à penser Machiavel : il importe « de se tenir dans un milieu ». Elle fait entrer au Conseil l'amiral de Coligny tout en y conservant le chancelier Michel de L'Hospital, un catholique humaniste, tolérant, prudent et sage, pour constituer une cohabitation spirituelle à la Cour. Celle-ci est brillante, animée par de très jolies personnes douées de tous les talents. C'est le fameux « escadron volant » de Catherine de Médicis, des papillons et des libellules parés de toilettes chatoyantes et de somptueux bijoux. Elles entourent leur maîtresse, une reine des abeilles tout de noir vêtue pour être sans doute plus visible et donc plus présente. Un chef-d'œuvre de communication ! Dans cette Cour, les ravissantes jeunes femmes ont pour mission de distraire et d'entraîner les guerriers des deux camps vers les passe-temps pacifiques que sont la poésie, la musique et la danse, voire davantage à condition que l'on n'en sache rien et surtout qu'aucune grossesse malencontreuse ne vienne troubler la Cour des plaisirs enchantés ! La sanction du couvent serait – et sera – immédiate. Voilà donc le spectacle divertissant – et qui doit faire oublier la misère – qu'offre la cour de France pendant l'incroyable voyage royal qui va durer plus de deux ans, du 24 janvier 1564 au 1er mai 1566. Telle une

La peinture historique du XIXe siècle entretient la légende noire de « Madame Catherine ». Aucun ordre écrit ne fut donné à son fils, Charles IX, des massacres de la Saint-Barthélemy. Si une décision fut prise, elle ne pouvait qu'être orale.

immense caravane où ne manquent ni les faucons, ni les perroquets, ni les guenons, la Cour se transporte pour se montrer et présenter le jeune Charles IX à son peuple. Fontainebleau, Bar-le-Duc, Troyes, Sens sont autant d'étapes. À Mâcon, on entre en terre protestante et Jeanne d'Albret y arrive en reine de Navarre, escortée de ses ministres et de trois cents cavaliers habillés de noir. Aurait-elle de mauvaises intentions ? Non ! Elle vient remercier Catherine de prendre soin de son petit Henri, demeuré à la Cour depuis la mort de son père Antoine de Bourbon. Il est certain que Jeanne préférerait que son fils reparte avec elle, mais elle ne recherche aucun incident avec Catherine qui a eu la délicatesse de confier l'éducation du petit prince de Navarre à des précepteurs huguenots. On arrive enfin à Bayonne le 15 juin 1565. La reine Catherine espère la présence de son gendre Philippe II, mais il ne vient pas. En revanche, elle a le bonheur de retrouver sa fille Élisabeth, devenue à son goût un peu trop espagnole. En fait, le duc d'Albe représentant le roi a beau remettre la Toison d'or au jeune Charles IX, le projet de mariage que Catherine envisageait entre sa fille Margot, 12 ans, et don Carlos, l'héritier du trône d'Espagne, se heurte à un refus définitif. Les fêtes, somptueuses, durent huit jours, mais n'aboutissent à aucun résultat tangible. À La Rochelle, l'accueil est glacial. Le Val de Loire ramène un peu de sérénité. Cette procession de plaisirs a-t-elle renforcé l'autorité royale ? Pas du tout. « Le fanatisme des catholiques radicaux, l'insolence des huguenots faisaient peu de cas d'un pouvoir royal affaibli. Le résultat obtenu était exactement contraire à celui qu'on pouvait escompter. Cette démonstration de force n'avait été qu'une démonstration de faiblesse[1]... »

1. Emmanuel Bourassin, *Charles IX*, Arthaud, 1986.

La nouvelle déflagration vient des Pays-Bas où, à l'été 1566, les protestants flamands se livrent à un véritable pillage des églises et des objets du culte. Philippe II décide d'y envoyer une expédition pour châtier les rebelles, mais Catherine refuse le passage par la vallée du Rhône. Elle lève une troupe de six mille mercenaires suisses pour protéger les frontières du Nord. Évidemment, les huguenots français rêvent d'aller guerroyer aux côtés de leurs coreligionnaires contre les Espagnols. Catherine ne veut pas entendre parler d'une telle guerre, mais elle continue de payer ses mercenaires helvètes. Car, contrairement aux protestants, elle ne manque pas d'argent, disposant de subsides pontificaux. Elle va passer l'été 1567 en son château de Montceaux-en-Brie. C'est là qu'elle apprend qu'un très vaste rassemblement huguenot s'est constitué dans la région et qu'il s'apprête à encercler le château pour s'emparer du roi.

La reine Catherine cherche des appuis extérieurs

Charles IX est fou de colère à l'égard des protestants. Heureusement, les *condottieri* suisses sont en garnison à Château-Thierry. On les mande de toute urgence. Le 28 mai 1567, à 3 heures du matin, la Cour, solidement encadrée de tous côtés, quitte Montceaux, se dirige vers Paris et y arrive le lendemain, en pleine nuit. La deuxième guerre de religion vient de commencer. Catherine de Médicis, qui n'est jamais désespérée, ne pardonnera pas aux protestants de lui avoir imposé cette fuite honteuse. L'un des combats provoque la mort de Montmorency qui commandait l'armée royale. En hâte, la reine en noir signe avec le prince de Condé la paix de Longjumeau le 23 mars 1568. Une paix tellement précaire qu'elle ne sera jamais appliquée. Chacun se cherche des alliés à l'étranger. La Bavière, alors protestante, envoie des renforts aux huguenots. Catherine sollicite l'aide de Philippe II et du duc de Savoie. Elle les obtiendra, mais entre-temps elle aura pu recourir, une fois encore, aux mercenaires suisses grâce à la générosité pontificale. La France est à feu et à sang. Pour remplacer Montmorency, Catherine nomme son fils favori, Henri duc d'Anjou, lieutenant général du royaume. Il a 16 ans. On est saisi de la jeunesse de la plupart des protagonistes qui connaissent très tôt des épreuves sanglantes. Habilement, selon son habitude, Catherine adapte son action, organise la défense du pays et met en valeur les succès militaires de son fils – excellent tacticien, le futur Henri III, aussi bien à Jarnac (mars 1569) qu'à Moncontour (octobre 1569).

Cette troisième guerre de religion prend fin le 8 août 1570 par la paix et l'édit de Saint-Germain. Pour la première fois, les protestants obtiennent des places de sûreté, c'est-à-dire des lieux où ils pourront se réfugier. Ces sanctuaires ont pour noms La Rochelle, Montauban, Cognac et La Charité. L'amiral de Coligny a été l'un des plus actifs chefs protestants de cette guerre civile, si actif que sa tête a été mise à prix. Catherine, toujours à la recherche de l'apaisement, décide d'effacer la mauvaise conduite de l'amiral et le réintègre dans son Conseil. C'est stupéfiant, mais c'est surtout habile : plus il sera près d'elle, mieux, pense la reine, elle pourra le contrôler. Mais l'amiral est cauteleux. Rapidement, il gagnera la confiance de Charles IX, et c'est ce qui causera sa perte.

Dans les retombées de cette fragile paix, Catherine marie le roi à Élisabeth d'Autriche, fille de l'empereur Ferdinand de Habsbourg. Charles IX a maintenant 20 ans. Il est grand, mince, beau, mais souvent fatigué car, comme son frère aîné François II, il souffre de tuberculose. Il tousse, crache du sang, mais cela ne l'empêche pas d'avoir une activité physique intense. Comme tous les Valois, il chasse et on le dit irascible. Mais surtout, son épouse Élisabeth découvre vite qu'il est très amoureux d'une certaine Marie Touchet qui restera sa maîtresse.

Éternelle marieuse, Catherine décide de s'occuper de l'avenir de Margot. Philippe II n'en a pas voulu pour bru, l'empereur Maximilien et le roi de Portugal ont eux aussi décliné la proposition. La reine est non seulement vexée, mais soucieuse, car sa fille risque de ne plus être mariable. Paradoxalement, c'est Charles IX qui prend en main le destin de sa sœur. Il décide qu'elle épousera Henri de Navarre. Catherine n'y voit pas d'objection. Cette union a l'intérêt de s'assurer que la Navarre et le Béarn resteront dans l'obédience française. Par ailleurs, ce mariage d'un roi huguenot et d'une princesse catholique serait un éclatant symbole de réconciliation après le fragile édit de Saint-Germain. Jeanne d'Albret, la mère d'Henri, n'est guère enthousiaste. Elle redoute l'influence sur son fils de Marguerite de Valois, car celle-ci n'a nullement l'intention d'abjurer le catholicisme et est suffisamment intelligente pour pousser son époux à renoncer à sa foi protestante. Le destin décide pour elle : Jeanne d'Albret s'éteint le 9 juin 1572, deux mois avant la date prévue pour les noces de son fils.

Si le mariage d'Henri et de Margot reste dans toutes les mémoires, c'est évidemment en raison des tragiques événements qui l'ont accompagné. L'origine du drame remonte à quelques mois plus tôt. Après son retour au Conseil qu'il avait longuement retardé, l'amiral de Coligny s'était empressé d'exercer sa forte influence sur le roi. C'était imprudent et prétentieux. Il avait convaincu Charles IX d'intervenir militairement aux Pays-Bas pour soutenir la révolte protestante contre l'Espagne. Le roi voyait là l'occasion d'exister face à sa mère qui dirigeait tout et à son frère Henri qui avait tant brillé dans son rôle de chef de guerre. Le roi accepte donc de rejoindre une coalition formée par l'Angleterre et le grand-duc de Toscane contre les Habsbourg. Très rapidement, ce projet avorte, puisque Elizabeth Ire et la Toscane se retirent. Catherine découvre soudainement que son fils est prêt à s'engager sans allié aux Pays-Bas contre l'Espagne, prenant définitivement le parti des huguenots. Elle tance son fils qui se jette à ses pieds en lui demandant pardon. Mais Coligny restant au Conseil, Catherine, qui a percé ses intentions, est certaine qu'il peut reprendre le contrôle de Charles IX et l'écarter elle-même du pouvoir. Il faut donc éliminer Coligny. Les noces royales sonneront le glas de l'amiral.

24 août 1572 : la Saint-Barthélemy ou « les noces de sang »

Le futur marié, Henri, en grand deuil de sa mère, arrive à Paris accompagné d'une importante délégation de Béarnais et de Navarrais, eux aussi en noir. Le mariage a lieu le lundi 18 août 1572 sur le parvis de Notre-Dame (différence de religion oblige), puis les époux entrent dans la cathédrale, mais seule Margot assiste à la messe. Ces épousailles, que Catherine a voulu fastueuses, vont durer plusieurs jours, les bals succédant aux fêtes. Elles doivent entériner la réconciliation entre les deux confessions. L'union ne plaît pas aux catholiques, majoritaires à la Cour et dans Paris, inquiets d'une soudaine concentration huguenote autour du

Louvre. Les Guise en veulent mortellement à Coligny d'avoir fait assassiner le duc François neuf ans plus tôt. Ils rêvent de vengeance. Ils se chargent de l'exécution de l'amiral. On prévoit que le tueur, muni d'une arquebuse, le guettera d'une fenêtre lorsqu'il quittera le Conseil au matin du vendredi 22 août. Ce Maurevert se révèle maladroit et ne parvient qu'à blesser l'amiral à la main droite et au coude gauche. La victime, transportée chez elle, est soignée par Ambroise Paré qui assure que l'amiral se remettra de ses blessures. Avec une magnifique hypocrisie, Charles IX et Catherine se rendent au chevet de l'amiral et lui promettent d'ordonner une enquête sur l'attentat. Catherine est inquiète : si l'enquête a lieu, elle risque de remonter jusqu'à elle qui n'a rien fait pour s'opposer à l'agression. Il faut donc achever Coligny. Dans l'après-midi du 23, la reine réunit ses fidèles, dont Gondi, Nevers et son fils Henri d'Anjou. C'est là qu'est prise la décision d'assassiner non seulement Coligny, mais aussi les principaux chefs réformés venus à Paris pour le mariage. Seuls deux princes protestants seront épargnés, Henri de Navarre et Henri de Condé, qui seront enfermés au Louvre. Il ne reste plus qu'à prévenir le roi pour le convaincre que cette décapitation du clan protestant est indispensable. À l'issue de ce Conseil nocturne, Charles IX aurait alors hurlé : « Vous le voulez ? Tuez-les ! Tuez-les tous ! »

On sait ce qui s'ensuivit. Si la première victime fut l'amiral de Coligny, tout ce que Paris, ville catholique, comptait de huguenots fut massacré à partir de l'aube du dimanche 24 août, jour de la Saint-Barthélemy, et pendant trois jours. On estime le nombre des victimes à trois ou quatre mille, parfois dix mille, car la province suit ce mouvement et l'horreur continue pendant l'automne.

La Saint-Barthélemy, le 24 août 1572. Ce massacre, qui fait au moins trois mille victimes dans Paris et se poursuit en province, est la pire horreur des guerres de religion.

Catherine n'avait pas imaginé – ni voulu – que quelques assassinats isolés dégénéreraient en un tel massacre. Sa responsabilité dans l'élimination de l'amiral est certaine, mais la fatalité s'en est mêlée. En effet, si Coligny était mort d'un tir d'arquebuse bien ajusté, il n'y aurait sans doute jamais eu de tragédie collective. L'attentat manqué et l'affolement qui a suivi ont entraîné les conjurés, dont Catherine, à se précipiter dans l'horreur, mais sans avoir envisagé qu'un petit nombre de crimes, dictés par la raison d'État, libérerait tant de haine. La rage populaire a transformé une opération limitée en une imprévisible répression. En admettant qu'ils aient été consultés dans la hâte de cette décision, aucun des astrologues de la reine n'a été capable de prévoir l'ampleur des conséquences. Catherine a sans doute agi – ou laissé agir en fermant les yeux – plus par calcul politique que par conviction. Ses rêves de paix sont éclaboussés de sang. Désormais, le royaume sombre dans un effroyable chaos.

Quel mariage pour Henri et Margot ! Des « noces de sang ». Le 26 septembre, Henri renonce à la foi réformée (ce ne sera pas la dernière fois !). Margot fait bonne figure. En août 1573, elle triomphe par sa beauté et son charme pour la réception de l'ambassade polonaise qui vient proposer le trône de Pologne au jeune duc d'Anjou après la mort du dernier roi de Pologne de la dynastie des Jagellons. Catherine, affairée à trouver un trône pour Henri, avait présenté sa candidature. Mais celui-ci est déchiré d'avoir à quitter la France. Il retarde son départ au maximum et part sans enthousiasme.

La reine mère est désespérée : elle vit la fin des Valois

Charles IX a sans doute été faible avec sa mère, mais il revendique la responsabilité de ce massacre « nécessaire au salut de l'État ». Hanté par des visions atroces et par des récits insoutenables, coupable aux yeux de l'opinion de la mort d'au moins mille personnes dès la première journée, le roi aimé des poètes ne se remettra pas de son acte impardonnable. Taraudé par le remords, Charles IX, monarque maudit, meurt moins de deux ans plus tard, le 30 mai 1574, à l'âge de 24 ans. Son frère, élu roi de Pologne l'année précédente, revient en France. Un retour sans se presser : il s'arrête longuement à Venise ; sa mère s'impatiente, inquiète de la vacance du trône. La reine mère, maintenant âgée de 55 ans, reste suspecte d'avoir endossé un véritable génocide. Mais après tant de tragédies, « Madame Catherine » est comblée : elle voit enfin son fils préféré ceindre la couronne de France sous le nom de Henri III et place tous ses espoirs en lui, notamment pour conserver son influence. Rapidement, la reine mère est déçue car le nouveau roi, intelligent mais excentrique, entend gouverner lui-même. Il réduit le rôle de Catherine à des missions temporaires à des fins de conciliation. C'est ainsi qu'en 1578, bien que malade, la mère du roi entreprend un nouveau voyage dans le midi de la France, fait multiplier les édits de tolérance et tente de se rapprocher de son gendre Henri de Navarre dont elle pressent le réel sens politique. N'était-il pas redevenu protestant après la Saint-Barthélemy, alors qu'il avait abjuré la foi réformée pour rester en vie ?

Au crépuscule de sa vie, Catherine est confrontée au problème de la succession au trône. Ses fils François II et Charles IX n'ayant pas eu de descendance et l'épouse d'Henri III ne lui ayant pas encore donné d'héritier, elle redoute la fin des Valois, d'autant plus que son dernier fils, Hercule-François, qui a repris le titre de duc d'Anjou en 1576, ne se préoccupe que d'attaquer les Espagnols et leur catholicisme aux Pays-Bas. Il meurt de tuberculose en Flandre le 10 juin 1584. Il était le dernier Valois. Le cauchemar de Catherine est de voir son gendre, le Béarnais, devenir l'héritier de la Couronne. Elle oublie – volontairement ! – que le Bourbon est lui aussi un descendant de Saint Louis. Elle ne peut admettre qu'un huguenot règne sur la France et voit, consternée, que la mésentente entre sa fille Margot et Henri s'aggrave. Son gendre parle de répudier sa femme, ce qui romprait l'ultime attache avec les Valois. Pour la reine mère, cette perspective est un cauchemar. L'œuvre politique de son existence risque d'être anéantie. Malade, Catherine se trouve au château de Blois l'avant-veille de Noël 1588. Elle sait que la Ligue catholique est puissante à Paris et que le duc de Guise est un véritable roi de la capitale. Il est une menace pour Henri III. Celui-ci, jaloux de son autorité et redoutant d'être déposé par ce dangereux rival, fait assassiner le duc à Blois, au matin du 23 décembre. Puis le roi descend chez sa mère, au premier étage, dans une pièce qui est aujourd'hui la seule ayant conservé son décor d'origine orné de deux cent trente-sept panneaux de bois sculpté.

Joyeusement, il lui annonce :

– Le roi de Paris est mort…

Selon une version, la reine mère, accablée, aurait répondu :

– Dieu veuille que vous ne soyez pas devenu le roi de rien du tout.

Selon une autre relation, elle serait demeurée muette, songeant sans doute à l'inquiétante réalité : après quinze ans de mariage, son fils est toujours sans enfants.

Catherine n'est pas coupable de l'assassinat du duc de Guise ni de celui de son frère le cardinal de Guise, perpétré le lendemain, sans doute, de nouveau, au nom de la raison d'État, ce qui vaudra au roi d'être excommunié.

Le 6 janvier 1589, douze jours après l'assassinat du duc de Guise, la reine mère s'éteint à l'âge de 70 ans dans ce château de Blois où elle s'était réfugiée avec le roi, sans doute anéantie par l'impardonnable faute de son fils favori. En fait, Catherine avait perdu la main et son fils tant aimé se méfiait d'elle. Henri III, trop conscient de la précarité de son trône, avait préféré la tenir à l'écart des affaires. Il savait qu'elle préférait la diplomatie à la violence. Par tous les moyens, la reine mère avait tenté de préserver l'héritage de ses fils à travers huit guerres de religion. Elle ne verra pas l'alliance de son fils Henri III avec Henri de Navarre, ni l'assassinat du roi par le moine Jacques Clément, ni la reconquête du royaume par le Béarnais, un Bourbon qui réussira enfin à réconcilier les Français. Si l'action politique de Catherine de Médicis continue de diviser les jugements (malédiction familiale pour les uns, défense de l'intérêt public pour les autres), son influence artistique est indiscutable. Entre le début de la construction du château des Tuileries, les tableaux de Clouet et les travaux de Palissy qu'elle encouragea, ainsi que l'art des jardins en lequel elle fut experte, Catherine de Médicis est aussi une reine de la Renaissance.

Elizabeth Ire d'Angleterre

L'énigme d'un siècle d'or

Elizabeth Ire, reine d'Angleterre de 1558 à 1603.
Elle rétablit l'Église anglicane pour des mobiles
plus politiques que religieux. Son règne est celui
d'un essor économique et de transformations sociales.

444.

Allégorie de la dynastie des Tudors : autour d'Henri VIII, sa fille Marie Tudor (*à gauche*) et son époux Philippe II, roi d'Espagne. À droite, son fils Édouard VI et son autre fille, Elizabeth Ire.

S'il est un mot qu'elle entendra toute son enfance et qui va altérer sa vie, c'est celui de « bâtarde ». Une gifle humiliante, une insulte infamante, qui n'empêchera pas cette fille d'Henri VIII et d'Anne Boleyn de hisser son royaume au premier rang des puissances européennes à la fin du XVIe siècle. Shakespeare, l'un de ses sujets dont l'œuvre magistrale symbolise l'époque que l'on qualifiera d'« élisabéthaine », ne pouvait qu'être fasciné par ce destin romanesque d'une princesse de la Renaissance encombré d'amours scandaleuses, de rivalités familiales, de querelles religieuses et de luttes politiques. Elle est le dernier grand monarque absolu d'Angleterre qui ait régné et gouverné, concentrant tous les pouvoirs dans un dessein d'efficacité et de grandeur. Une icône, mystérieuse et réputée inaccessible, dans une période brillante en dépit de bouleversements mondiaux.

Anne Boleyn, sa mère, est sans doute la plus célèbre des six femmes d'Henri VIII. Ancienne dame d'honneur de la reine Claude de France, l'épouse de François Ier, Anne revient en Angleterre où sa famille est bien en Cour, puisque sa propre sœur Marie avait été la maîtresse du roi quelques années plus tôt. Auprès de la reine, née Catherine d'Aragon, fille des Rois Catholiques et tante de Charles Quint, elle remplit en 1525 le même office que chez les Valois, subjuguant très vite le sensuel Henri VIII. Anne n'est pas très jolie, mais vive, gracieuse et séduisante, manipulatrice aussi, bien formée dans ce domaine à la cour du roi de France. Lassé de sa femme aragonaise qui est la veuve de son frère Arthur, Henri VIII n'a eu qu'une fille avec elle, Marie Tudor, née en 1516. Anne, fine mouche et échaudée par l'expérience de sa sœur abandonnée sitôt que séduite, se refuse au roi. Celui-ci, fou d'elle, n'a plus d'autre issue que de l'épouser. Il réclame donc l'annulation de son mariage au pape Clément VII, mais Rome refuse. La procédure va durer de 1527 à 1533. Entretemps, convaincue de la sincérité du roi, Anne Boleyn est devenue sa maîtresse à l'automne 1532. Le 25 janvier 1533, Anne, enceinte, devient secrètement la deuxième femme d'Henri VIII alors que le divorce n'est pas encore prononcé ! Anne est couronnée reine d'Angleterre, à Westminster, le 1er juin 1533, huit jours seulement après l'annulation du mariage avec Catherine d'Aragon par l'archevêque de Canterbury. Une décision que Rome ne pouvait accepter. Le roi est désormais chef suprême de l'Eglise d'Angleterre et interdiction est faite à tout Anglais d'en appeler à la papauté contre un décret d'Henri VIII. La rupture avec Rome est consommée pour les beaux yeux d'Anne Boleyn ; c'est un tournant dans l'histoire européenne.

Trois mois plus tard, la reine Anne Boleyn donne le jour à une fille, la future reine Elizabeth, demi-sœur de Marie Tudor qui est de dix-sept ans son aînée. La passion d'Henri VIII pour Anne Boleyn s'éteint rapidement ; sa deuxième épouse est accusée de plusieurs adultères, dont un inceste, possible mais non prouvé, avec son frère. Anne Boleyn est condamnée à mort et exécutée en 1536 ; Henri VIII rejoint la sanglante légende de Barbe-Bleue. Après la décapitation de sa mère, la petite Elizabeth est réputée bâtarde et il lui faudra attendre l'âge de 11 ans pour être reconnue légitime. Comment supporter cet outrage permanent ? Elle va avoir aussi un jeune demi-frère, fils de Jeanne Seymour, la troisième femme du roi, la seule qui soit morte en étant reine et de cause naturelle, la fièvre puerpérale, quelques jours après la naissance du bébé. Ce garçon, aux dons prometteurs en grec et en latin, succédera à Henri VIII sous le nom d'Édouard VI. Il est de santé fragile, miné par la tuberculose. Pendant son court règne (1547-1553), où le pouvoir est exercé par deux régents successifs puisqu'il n'a que 10 ans lorsqu'il devient roi, le protestantisme se renforce en Angleterre.

Marie Tudor et Elizabeth : filles d'Henri VIII, mais demi-sœurs

Alors qu'Henri VIII, lors de son avènement en 1509, avait été le premier souverain anglais, depuis longtemps, qui n'ait pas eu besoin de défendre ses droits à la Couronne contre d'autres prétendants, à sa disparition et malgré ses six mariages, il ne laisse aucun héritier en âge de régner. Le testament d'Henri VIII disposait qu'après son fils, l'héritière suivante serait Marie Tudor, puis Elizabeth. Cet ordre de succession était illogique et juridiquement contestable puisque, officiellement, Marie autant qu'Elizabeth était bâtarde. En effet, les deux factions, catholique et protestante, qui se partagent l'opinion, les considèrent l'une et l'autre illégitimes. Marie était née légitime, mais l'annulation du mariage du roi avec Catherine d'Aragon a fait d'elle une enfant naturelle aux yeux des réformés. Quant à Elizabeth, sa légitimation ne peut avoir aucune valeur pour les catholiques puisque sa mère Anne Boleyn n'a été unie à Henri VIII qu'en vertu d'une dissolution hypocrite suivie d'un remariage non admis par Rome. Ainsi, les deux héritières ont leurs partisans et leurs adversaires, les uns comme les autres brandissant leurs arguments religieux.

La princesse Elizabeth, vers 1546, à l'âge de 13 ans. Fille d'Henri VIII et d'Anne Boleyn, déclarée illégitime jusqu'en 1544, son enfance est triste et studieuse. Elle acquiert une vaste culture.

Pendant la minorité d'Édouard VI, la régence est d'abord assurée par Édouard Seymour, duc de Somerset, frère de Jeanne et oncle du jeune roi qui s'est déclaré « antipapiste ». Seymour, homme tolérant, est conscient de la situation troublée du royaume puisque même l'archevêque de Canterbury n'a pas encore fait un choix définitif entre les deux options spirituelles. Édouard Seymour est exécuté en 1552 et remplacé par son frère Thomas, duc de Northumberland. Ce personnage aurait demandé successivement la main d'Elizabeth puis celle de Marie pour finir par épouser la veuve d'Henri VIII, Catherine Parr. Selon une rumeur, Elizabeth, protégée et recueillie par Catherine Parr après la mort de son père, aurait subi une tentative de viol de la part de ce second régent, ce qui aurait provoqué chez elle un choc psychologique et une répulsion à l'égard des hommes. Mais cela reste hypothétique.

À la mort d'Édouard VI, à l'âge de 15 ans, en 1553, le duc de Northumberland tente d'instituer pour nouvelle héritière sa propre belle-fille, Jane Grey, une arrière-petite-fille d'Henri VII. Le désordre successoral est-il de retour ? Marie et Elizabeth s'enfuient de Londres. Le « règne » de l'usurpatrice ne dure que neuf jours ! Elle est renversée par Marie Tudor qui revient triomphalement à Londres à la tête d'une armée au côté d'Elizabeth dans un urgent besoin de retour à la volonté d'Henri VIII. Les conspirateurs seront tous mis à mort, à commencer par Northumberland, immédiatement décapité. En 1553, Marie Tudor, souveraine légitime, annule les décisions de son frère, chasse les prêtres mariés, rétablit la messe en latin et fait constater par le Parlement que le mariage de son père avec Catherine d'Aragon était le seul valable, autrement dit que sa demi-sœur Elizabeth, illégitime, ne peut prétendre à la succession royale.

Reine catholique, Marie Tudor accuse Elizabeth de complot protestant

Rétablissant les relations avec Rome, la reine envoie de nombreux anglicans au bûcher, dont deux anciens proches conseillers de son père. Sous prétexte d'une conjuration puritaine fomentée par un certain Wyatt à laquelle Elizabeth, âgée de 20 ans, est en réalité étrangère, Marie la fait enfermer à la tour de Londres, de sinistre réputation. Il ne faut pas oublier que le ressentiment de Marie envers Elizabeth s'explique : à la naissance de celle-ci, en 1533, Marie avait été exclue de la succession par son père ; Henri VIII ne lui avait restitué ses droits qu'en 1544, à la deuxième place et bien qu'elle fût indéfectiblement demeurée catholique. Prisonnière de la tour, Elizabeth y est contrainte d'abjurer la foi réformée, mais du bout des lèvres. Elle est alors libérée, assignée à résidence à Hatfield House qui avait appartenu à Henri VIII. Avec intelligence, elle met à profit son absence forcée de la Cour pour apprendre six langues dont l'italien, le français et plus tard l'espagnol et un peu d'allemand. Sa maîtrise lui permettra d'être en relations directes avec les ambassadeurs étrangers et même, devenue reine, de se passer des intermédiaires. De son père, dont la brutalité n'excluait pas le goût du raffinement, Elizabeth a reçu une éducation très soignée. Elle s'est très tôt familiarisée avec les classiques grecs et latins grâce à l'enseignement d'humanistes réputés de Cambridge.

Initiée aux arts et aux lettres, Elizabeth aime la danse et accordera une grande importance à la musique de Cour. Ainsi, éloignée de Londres, elle se prépare discrètement en se cultivant. Si Elizabeth a le tempérament passionné des Tudors, elle a appris de bonne heure l'art de se dominer, de dissimuler et de manœuvrer avec prudence. Une éducation politique inspirée de Florence.

Pendant ce temps, Marie Tudor, âme implacable de la réaction catholique, aggrave les persécutions contre les protestants ; après l'exécution d'au moins trois cents personnes, elle reçoit le surnom de « Bloody Mary » (« Marie la Sanglante »). Mais elle ne fait peut-être pas plus – et sans doute pas moins – couler le sang que son père et, plus tard, Elizabeth.

La grande erreur de Marie Tudor est de ne pas avoir senti que la classe moyenne anglaise, nouvellement promue, refuse de retourner dans l'obédience de l'Eglise romaine devenue minoritaire et de subir l'influence mystique espagnole ; les marchands n'acceptent pas davantage d'être soumis à des rivaux commerciaux aux ordres de Madrid et des Flamands, puisque la Flandre est alors sous domination espagnole. En ne le comprenant pas, Marie Tudor, qui a le tempérament sans nuance de son père, s'oppose aux idées qui plaisent au peuple : revenir à la source du christianisme et faire du moralisme un idéal politique. Mais Marie a été élevée dans le catholicisme strict et intransigeant de sa mère, alors que l'opinion, tant par conviction que par réaction, est de plus en plus favorable au protestantisme. On rappelle que, malgré sa jeunesse, l'éphémère Édouard VI correspondait avec Calvin et l'on fustige la mauvaise réputation de la papauté soupçonnée de corruption. Les idées dominantes en Angleterre sont contraires aux convictions radicales de Marie Tudor. Et les supplices qu'elle inflige ne sont pas acceptés.

Marie, reine vierge de 36 ans, a toujours refusé le mariage, jusqu'au moment où l'ambassadeur d'Espagne à Londres lui

Marie Tudor, demi-sœur aînée d'Elizabeth, vers l'âge de 28 ans, en 1544. Fille d'Henri VIII et de Catherine d'Aragon, les persécutions des protestants lui valent le surnom de « Marie la sanglante ».

démontre les avantages d'une union avec le roi Philippe II, fils et successeur de Charles Quint. Une alliance avec l'Espagne renforcerait le catholicisme, de plus en plus décrié en Angleterre.

Contre l'avis du Parlement et après avoir maté une première rébellion, Marie Tudor épouse Philippe II en 1554 dans la cathédrale de Winchester. Ce mariage, qui est son idée à elle, provoque la colère de deux évêques protestants : ils périront dans les flammes. L'Angleterre, dont l'Espagne est l'ennemie, devient alors un satellite des Habsbourg et se trouve entraînée dans leur interminable lutte contre la France des Valois. L'opinion anglaise n'apprécie pas que ses aspirations soient ainsi aliénées, ni que sa reine épouse le champion de la Contre-Réforme ; l'impopularité de Marie Tudor s'aggrave avec la perte de Calais, dernière tête de pont anglaise sur le continent, en 1558. Méprisée et délaissée par son mari, n'ayant pu mener une grossesse à terme, elle meurt à 42 ans, après cinq années de règne, ayant désigné Elizabeth pour lui succéder, ce qui était la volonté d'Henri VIII. À une souveraine catholique qui a martyrisé les anglicans succède une reine protestante, fille du véritable réformateur de la religion anglaise.

L'avènement d'Elizabeth est accueilli avec soulagement

Proclamée reine le 17 novembre 1558, elle accède donc au trône à 25 ans, plus jeune que ne l'était Marie Tudor lors de son couronnement. Elle peut désormais embrasser sa religion ; son attachement au protestantisme inspirera toute sa politique, aussi bien intérieure qu'extérieure. À ce choix s'ajoutent le machiavélisme de son père et sa hardiesse dénuée de scrupules, sa force, son goût de la splendeur. Mais Elizabeth a aussi hérité de sa mère, en particulier son magnétisme, son art du mensonge et son air provocant. D'une intelligence rare, la reine a le don de juger les hommes et les événements. Elle est pragmatique. Comme son père Henri VIII, elle est très consciente de l'avantage que représente une Église autocéphale et qui reflète un sentiment national. Quelle que soit sa croyance personnelle, même s'il lui arrive d'être sceptique, elle conçoit le protestantisme comme le ferment d'un patriotisme vigoureux. À la grande satisfaction du Parlement et du peuple ayant adopté l'anglicanisme, elle refuse donc l'offre de mariage du roi d'Espagne Philippe II, veuf distant de Marie Tudor. Ce geste politique est très apprécié et la démarche du fils de Charles Quint jugée de mauvais goût. En son Conseil privé, la reine s'entoure d'hommes expérimentés, souvent issus de la bourgeoisie marchande. Citons William Cecil, collaborateur précieux pendant près de quarante ans, futur lord Burghley et sans doute l'un des plus grands hommes d'État anglais du XVIe siècle ; puis Nicholas Bacon, chancelier de 1544 à 1579 ; Robert Dudley, comte de Leicester, qui fut sans doute un amant de la reine et resta un fidèle ami ; Walsingham, chargé de la sécurité d'Elizabeth et secrétaire d'État de 1573 à 1590 ; et enfin, le comte d'Essex. Même s'ils l'assistent et qu'elle ne gouverne pas seule, la reine dirige personnellement les affaires de l'État. Le Conseil se réunit presque chaque jour, traitant aussi bien les questions financières que religieuses, l'importante correspondance diplomatique ou les plaintes des particuliers contre une défaillance de l'administration. Des plus importants dossiers aux démarches les plus modestes, la reine incarne l'absolutisme anglais, mais demeure accessible.

Elizabeth Ire dans son costume de sacre, en 1559. Elle règne et gouverne. En 1563, elle fait publier les trente-neuf articles, confession de foi de l'anglicanisme.

Toutefois, après le règne sanglant de sa demi-sœur, Elizabeth doit agir avec prudence. Elle se méfie autant de la tendance la plus radicale du protestantisme, contestant l'autorité des évêques, imprégnée de calvinisme et dont on appellera les adeptes les « puritains », que de la minorité catholique qui dispose d'appuis en Écosse. La seconde fille d'Henri VIII recherche une voie intermédiaire. En 1559, avec l'aide du Parlement qu'elle réunit selon son bon vouloir, la reine organise l'Église anglicane en rétablissant l'Acte de suprématie élaboré par son père, mais que Marie Tudor avait abrogé. Ce « serment de suprématie », confirmant le schisme entre l'Angleterre et la papauté, doit être prêté par les ecclésiastiques, les membres du Parlement et tous les fonctionnaires. Voulant contenir les extrêmes afin de maintenir une paix indispensable, Elizabeth exclut de la fonction publique les catholiques rigoureux et les protestants radicaux. L'Église nationale est sous l'autorité suprême du monarque, donc indépendante de Rome. La reine est plus un pouvoir civil qu'une autorité spirituelle. Ce serment sera en usage pendant un peu plus de trois siècles, jusqu'à la moitié du règne de Victoria. Si Elizabeth ne rencontre pas d'obstacle à l'acceptation de l'Acte de suprématie, il en va autrement lorsque, la même année, elle rétablit aussi, dans une version modérée, le *Prayer Book* (*Livre de prière*), puis l'Acte d'uniformité du bref règne d'Édouard VI et d'inspiration nettement calviniste. Ce décret royal provoque des réactions hostiles.

Soudain, on craint pour la vie de la souveraine, alitée du 10 au 17 octobre 1562 à cause d'une épidémie de variole. Serait-ce un châtiment ? Non, puisqu'elle en réchappe ! En 1563, Elizabeth promulgue les trente-neuf articles d'une nouvelle loi adoptée par le Parlement. Ces dispositions reflètent la voie moyenne choisie par la reine entre le catholicisme romain et le calvinisme genevois. L'Église anglicane n'admettra que deux sacrements (le baptême et la communion), tandis que sont niés le purgatoire et le culte des saints. Mais pour Rome, il y a encore plus grave puisque les conciles ne sont plus infaillibles, tandis que le célibat des prêtres est abandonné. Le résultat ne tarde guère : la reine d'Angleterre est excommuniée, comme l'avait été son père. Cependant, *a priori*, il n'y a aucun fanatisme chez Elizabeth, mais une nécessité qui est de donner à son royaume l'unité religieuse. Elle agit en politique avisé, redoutant la contagion d'une guerre au nom de la foi. En remplaçant l'usage du latin, qui lui est familier, par celui de l'anglais, la souveraine rappelle qu'une langue est un irremplaçable ferment d'union.

Refusant de se marier, Elizabeth est-elle « la reine vierge » ?

Après la proposition de mariage de Philippe II, la reine a éconduit plusieurs prétendants, dont l'archiduc Charles de Habsbourg, fils de l'empereur Ferdinand et oncle de Philippe II. Plus tard, elle déclinera aussi la candidature du duc d'Alençon, frère du roi de France Henri III qui n'a pas d'enfants, donc héritier potentiel du trône, qui séjourne à Londres du 17 au 29 août 1579. Le cœur de Sa Majesté n'en battra pas plus vite et ce projet d'alliance des deux côtés de la Manche restera lettre morte. Il faut remarquer que l'idée de ce mariage n'était qu'un fantasme diplomatique puisque, lors de leur première rencontre, Elizabeth avait 46 ans et le duc d'Alençon 24. Pour lui, Elizabeth était donc une femme trop âgée et la possibilité d'avoir un héritier se trouvait très compromise. Le duc était aussi le plus jeune et le plus laid des enfants d'Henri II et de Catherine de Médicis, le visage gâté par un nez énorme et boursouflé ; il était de plus aussi turbulent que fantasque. François d'Alençon devait mourir le 10 juin 1584, miné par la tuberculose. Elizabeth, en souvenir de ses longues « fiançailles », avait envoyé une lettre de condoléances à Catherine de Médicis : « Madame, votre regret ne peut surmonter le mien. Il vous reste un enfant [Henri III], mais je ne trouve la consolation qu'en la mort qui, j'espère, me le fera bientôt rencontrer. » On peut douter de la sincérité d'Elizabeth, mais elle se posait avec beaucoup de talent en fiancée éplorée à l'âge de 51 ans.

Walsingham, très proche de la reine, s'inquiète de sa sécurité après un attentat manqué lors d'une fête en bateau sur la Tamise. L'affaire a prouvé la fragilité de la Couronne, toujours sans héritier. Mais Elizabeth n'a guère envie d'être protégée. Seuls quelques gardes l'entourent. Bénéficiant d'une grande popularité, elle aime se perdre au cœur de la foule, indifférente au risque d'un coup de poignard ou d'un carreau d'arbalète. Par l'intermédiaire d'ambassadeurs, notamment de France et d'Espagne, on continue de presser la reine à convoler et d'assurer sa descendance, donc l'avenir de la dynastie Tudor. Or, elle va sur sa quarantième année. On lui parle sans cesse de mariage, mais elle ne veut rien entendre. Il est peu probable qu'Elizabeth soit demeurée vierge, comme elle l'affirmait par défi. Le nombre, la jeunesse et la beauté de ses favoris laissent supposer qu'elle ne leur était pas indifférente. Mais elle se contentait de liaisons, certaines commencées précocement, peut-être brutalement, et prolongées au cours de son règne, ce qui semble avoir été le cas des comtes de Leicester et d'Essex. En revanche, si la reine a toujours été entourée d'hommes, elle ne les a jamais laissés la dominer intellectuellement ni politiquement. Il serait donc possible que son célibat soit, selon elle, le meilleur moyen de ne pas partager le pouvoir, puisque, préfigurant la volonté d'un Louis XIV, elle règne et gouverne. Elle en conclut qu'une reine n'a pas besoin d'être mariée. Elle ne voulait s'unir qu'à l'Angleterre. Il faut reconnaître que dans le registre du mariage, l'exemple de son père n'est pas le plus recommandable !

Elle se soucie, principalement, d'appliquer sa loi de la manière la plus libérale possible à l'égard des catholiques anglais qui se montrent loyaux. Environ huit mille prêtres acceptent d'observer ce qu'ils appellent, avec un relatif dédain, « la religion Tudor ». Si les célébrants n'assistent pas à l'office dominical, ils sont condamnés à

Elizabeth Ire dans une chaise à porteurs, lors d'une procession. L'échec cuisant de l'Invincible Armada de Philippe II d'Espagne érige la reine d'Angleterre en incarnation du patriotisme et du progrès.

payer une amende de 12 pence. Au début des mesures qu'elle a fait adopter par le Parlement, la reine exige seulement un conformisme religieux, même s'il n'est qu'apparent. Hélas ! Les événements vont la contraindre à suivre une politique beaucoup plus radicale.

Marie Stuart scandalise l'Écosse et menace Elizabeth

Depuis 1570 et l'excommunication d'Elizabeth par le pape Pie V, la papauté avait délié les Anglais de leur serment de fidélité à la « reine sans homme ». Celle-ci se heurte désormais à une double opposition : celle des calvinistes presbytériens qui refusent la hiérarchie épiscopale, et celle des catholiques d'Écosse pour qui l'âme de la révolte et de l'indépendance se nomme Marie Stuart. Rappelons que, née en 1542 au château de Linlithgow, à l'ouest d'Edimbourg, celle-ci n'avait pas connu son père, le roi Jacques V d'Écosse, mort peu après sa naissance. Immédiatement proclamée reine, elle avait d'abord grandi sous la garde de sa mère Marie de Lorraine, régente du royaume d'Écosse au nom de sa fille, puis à la cour de France, puisqu'elle avait été fiancée en 1548 au futur roi François II et l'avait épousé en 1558. Après la mort prématurée de son époux, elle avait regagné l'Écosse en 1561. Reine de France et reine d'Écosse, elle avait retrouvé ce royaume très agité par les progrès de la Réforme. Bien que rigoureusement catholique, Marie Stuart n'avait pas mis d'entrave aux prédications du sévère réformateur John Knox, mais se réservait le droit d'assister chaque jour à la messe. En 1565, elle avait épousé, selon le rite catholique, son cousin Henri Darnley, un grand jeune homme vaniteux, odieux et stupide. Rapidement, elle le détesta et prit pour amant un musicien italien, Riccio, qui était aussi son secrétaire. Jaloux de ce dernier, Darnley le fit supprimer en 1566. Edimbourg, indigné, s'étant soulevé contre ce forfait, Marie se réfugia au château pour y accoucher d'un fils, le futur Jacques VI. C'est alors que le frère bâtard de Marie, le comte de Moray, homme intelligent et pervers qui voulait le trône de sa sœur à tout prix, conçut un complot machiavélique. Il chargea un aventurier nommé Bothwell de tuer Darnley le 9 février 1567, puis poussa l'inconsciente reine à épouser, le 15 mai 1567, le meurtrier de son précédent mari ! C'était évidemment un piège : Marie Stuart serait discréditée et déshonorée aux yeux de l'opinion, car elle était au minimum complice de l'élimination de Darnley et s'excluait de la dignité royale par son stupéfiant remariage avec l'assassin présumé de son époux trois mois seulement après le meurtre de ce dernier. L'opinion catholique était outrée. Le 15 juin, une insurrection catholique éclata et les partisans de Marie Stuart avaient été défaits. Bothwell, lui, s'était enfui. La scandaleuse reine fut enfermée au château de Lochleven, sur une île. Les *lairds* (équivalent écossais des lords), protestants, exaspérés par l'inconduite de leur reine, lui avaient arraché son abdication en faveur de son fils, Jacques VI. L'honneur de l'Écosse ne pouvait être lavé que par cette renonciation à un trône qu'elle avait souillé.

Ainsi s'était construite la mauvaise réputation de la reine d'Écosse, une jolie femme, très grande comme tous les Guise, et dont la peau était si diaphane que lorsqu'elle buvait, on voyait le vin couler dans les veines de son cou ! Marie écrit des poèmes, chante d'une belle voix, mais est déconsidérée par un terrible défaut, son tempérament de feu. Ses écarts amoureux l'empêchent d'écouter des conseils avisés. Si Elizabeth est non mariée, Marie la frivole ne l'est que trop, et mal, ternissant le catholicisme ; elle est, à tous égards, l'opposée d'Elizabeth. A ce feuilleton digne d'Alexandre Dumas, il ne manquait qu'un épisode romanesque : une nuit, Marie Stuart s'évade pour gagner l'Angleterre, espérant y recevoir la protection d'Elizabeth, sa cousine. Nouvelle erreur. En effet, en raison de ses droits sur la couronne d'Angleterre et de l'absence d'héritier, Marie, petite-nièce d'Henri VIII (sa grand-mère était la sœur aînée d'Henri VIII), était une rivale dangereuse, capable de fomenter des intrigues catholiques dans l'intention d'envahir l'Angleterre, peut-être avec l'appui de troupes françaises et espagnoles. Pendant plus de dix-huit ans, elle sera maintenue en semi-captivité, traînée d'un château à l'autre, réclamant sans cesse de pouvoir rencontrer Elizabeth. Celle-ci refusera toujours de la recevoir, contrairement à ce que Schiller imaginera dans sa pièce de théâtre. Plusieurs tentatives pour délivrer la prisonnière et la placer sur le trône d'Elizabeth échouent, en particulier celle du duc de Norfolk ; il est exécuté le 2 juin 1572.

On peut s'interroger sur le comportement de Marie Stuart, d'une permanente ambiguïté. D'un côté, elle clame à Elizabeth son innocence dans le meurtre de Darnley ; de l'autre, elle se compromet avec des partisans maladroits qui cherchent à éliminer la reine d'Angleterre. Ces deux raisons – le scandale et le complot politique – suffisent à Elizabeth pour maintenir son impétueuse parente sous étroite surveillance. L'horreur des massacres de la Saint-Barthélemy en France, le 24 août 1572, qui ont fait des milliers de victimes huguenotes, ne pouvait que conforter Elizabeth dans sa répression impitoyable des catholiques. Elle allait y montrer une intolérance comparable, bien qu'inversée, à celle de Marie Tudor. L'amende pour absence au culte du dimanche est portée à 20 livres, une somme importante ; plus tard, en 1585, des prêtres « papistes » et des jésuites, sans aucun autre motif que leur état et en l'absence de toute conspiration, seront pendus. Les persécutions s'intensifient.

Elizabeth hésite pendant trois mois à faire exécuter Marie Stuart

Le procès de l'ex-reine d'Écosse est préparé sur la base d'une correspondance largement falsifiée. Ces lettres secrètes, écrites tantôt en écossais, tantôt en français, sont jugées sur une traduction anglaise. Malgré ses protestations, Marie Stuart ne peut avoir communication de ces pièces qui, lui dit-on, sont la preuve qu'elle voulait faire assassiner Elizabeth. Moray, le diabolique frère de Marie, s'est chargé de compromettre encore davantage sa sœur, en produisant de faux documents et en détruisant les originaux et leurs copies, les ministres d'Elizabeth, Cecil et Walsingham, veulent se convaincre de la culpabilité de Marie Stuart et décident qu'elle doit disparaître. Ouvert en 1586, son procès est long et compliqué. L'instruction est double. On enquête à la fois sur l'assassinat de Darnley et sur les motifs réels de l'abdication de Marie. Le médecin de l'accusée, Bourgoing, témoigne de sa maîtrise, de sa lucidité et de son courage pendant les audiences. Marie Stuart, d'une royale sérénité, jure son innocence et refuse de reconnaître ses torts. Déclarée coupable – ce qui n'est plus aussi évident aujourd'hui –, condamnée à mort, Marie Stuart subit un supplice imprévu et sans doute pire, l'attente de la mort. En effet, Elizabeth se trouve face à un dilemme. Doit-elle donner l'ordre d'exécuter

Sur cette lithographie du XIXe siècle, Marie Stuart se prépare à être décapitée dans la prison de Fotheringhay en 1587, sur ordre d'Elizabeth Ire, sa demi-sœur. Malgré ses complots, son courage face à la mort fut exemplaire.

la sentence ? Reine d'Angleterre, peut-elle prendre le risque de faire décapiter une autre reine, sa parente de surcroît ? Que penseront la France et l'Espagne ? Quelle sera la réaction catholique ? Doit-elle se montrer implacable ou bien clémente ? Et n'est-ce pas imprudent de prouver au Parlement, au peuple, au royaume que l'on peut, légalement, couper la tête d'une reine sur ordre d'une autre souveraine ? L'attitude d'Elizabeth sera un monument d'hypocrisie. Pendant trois mois, le *warrant* est sur sa table, au milieu d'un fatras de papiers. Elle sait très bien que l'ordre d'exécution est à portée de sa main et de ses yeux, n'attendant que sa signature. Elle le repousse, le dissimule, mais ne peut qu'y penser. Enfin, le 8 février 1587, elle signe, ordonnant le régicide d'une autre parente d'Henri VIII. Et c'est en catholique que celle-ci meurt sous la hache du bourreau, dans la prison de Fotheringhay. Elizabeth, pétrifiée par son geste et d'horribles détails de l'exécution, ose prétendre qu'elle a apposé son paraphe au bas d'une lettre au milieu d'autres, sans vraiment la lire, et qu'elle n'a pas été consciente d'envoyer Marie à la mort. On peut pourtant imaginer que pendant ces douze semaines, dans une attente hypocrite aussi pénible pour les deux femmes, la reine d'Angleterre eut à faire face à la hideuse nécessité de faire trancher la tête d'une femme de la même condition qu'elle. On appelle ce choix la raison d'État.

L'Invincible Armada sombre, Elizabeth est au sommet

L'exécution de Marie Stuart provoque des réactions scandalisées dans les États à majorité catholique, ce qui est le cas de l'Espagne.

Sur ordre de Philippe II, dont Elizabeth n'avait pas voulu pour époux, une flotte de cent trente navires et de dix-sept mille hommes quitte Lisbonne le 30 mai 1588. En réalité, derrière ce prétexte de solidarité religieuse et dynastique se dissimule la volonté espagnole d'en finir avec les incursions permanentes des corsaires anglais Drake et Hawkins dans l'empire colonial de Madrid. Depuis vingt ans, les galions chargés d'or et d'argent sont arraisonnés par des boucaniers qui accomplissent clandestinement des actes que la reine ne peut officiellement avouer. De plus, Elizabeth soutient les révoltés protestants des Pays-Bas espagnols. L'Armada réunie par le roi d'Espagne, prétendue invincible, est commandée par un amiral totalement incompétent. Le plan d'invasion de l'Angleterre est vite abandonné. Mais c'est bien davantage la tempête qui est le pire adversaire des Espagnols. La moitié de leurs navires font naufrage ou sont détruits. Cette étonnante victoire renforce la vocation maritime de l'Angleterre. Elizabeth déclare :

– J'ai le cœur et l'estomac d'un roi. Bien plus, d'un roi d'Angleterre !

La destruction de la flotte envoyée par Philippe II est à l'origine d'une véritable extase patriotique anglaise. Elizabeth devient une héroïne mythique, chantée par les poètes sous le nom de *Gloriana*, incarnation vivante de l'État, symbole de l'unité nationale et inspiratrice de la future plus puissante flotte de guerre européenne ; malgré la crainte de nouvelles menaces espagnoles (1596, 1597, 1599), la vocation maritime du royaume d'Elizabeth est tracée et son pays n'est plus menacé dans son indépendance. Cette suprématie s'accompagne d'un remarquable essor économique dû aux compagnies commerciales, d'une progression démographique et d'un embryon de première « révolution industrielle » avec l'installation de forges, les débuts de l'extraction de la houille et la mise en service de nouveaux métiers à tisser. La « virginité » supposée d'Elizabeth Ire incite l'un de ses favoris, le navigateur sir Walter Raleigh, découvreur d'une terre en Amérique du Nord en 1585, à la baptiser « Virginia ». Première colonie de la couronne anglaise sur le continent, la Virginie sera près de deux siècles plus tard, le berceau de l'indépendance américaine.

La monarchie s'investit dans ces progrès, la Bourse de Londres est ouverte et la reine y consacre ses propres deniers et réglemente la production de certaines corporations. Ainsi, elle surveille l'élaboration du « statut des artisans et des apprentis ». Elizabeth est aussi à l'origine du premier système d'assistance publique connu en Europe, obligeant les paroisses à venir au secours de leurs pauvres et à développer la responsabilité locale. Alors que la littérature culmine avec William Shakespeare, Ben Jonson et Christopher Marlowe et que la musique de cour s'épanouit, Elizabeth est au cœur d'une adulation sans précédent. Le visage incroyablement fardé de blanc, parée jusqu'à l'extravagance de perles, de bijoux et de somptueux atours, la reine a du mal à ne pas être jalouse des femmes plus jeunes qu'elle. Ses accès de rage sont spectaculaires, mais ils ne compromettent pas ses talents politiques pour atteindre ses objectifs.

Toutefois, les dix dernières années de son règne sont assombries par de mauvaises récoltes, la rébellion en Irlande qu'elle écrase sans apporter de solution pour l'avenir, la résurgence du chômage et une hausse des charges fiscales. L'ascension et la chute de son favori, Robert Dévereux, comte d'Essex, symbolisent cette fin de règne un peu grise. Il avait succédé dans le cœur de la reine à son beau-père Leicester. Né en 1567, il avait trente-quatre ans de moins qu'Elizabeth, mais peu lui importait : il était beau et charmant. Malheureusement, il fut très maladroit, en Irlande où il ne parvint pas à mater la révolte, puis en se mariant secrètement. Profondément blessée, Elizabeth le dépouilla de toutes ses dignités et il fut banni de la Cour. Pour se venger, l'imprudent conspira avec Jacques VI d'Écosse. Lorsqu'il fut arrêté, la reine hésita longtemps à l'absoudre. Finalement, lui aussi fut décapité.

Dans ce cas, il n'est pas certain que la raison d'État ait été le principal mobile de cette vengeance. Mais la décision la plus inattendue qu'elle est obligée de prendre est celle de sa succession. La reine s'éteint à Richmond, le 24 mars 1603, à l'âge de 70 ans, après quarante-cinq années de règne. Elle a désigné comme héritier le fils de celle qui était devenue l'une de ses ennemies les moins organisées. Déjà roi d'Écosse sous le nom de Jacques VI, il régnera comme roi d'Angleterre sous celui de Jacques Ier. Certes, il est protestant. Mais quelle revanche posthume pour Marie Stuart que son fils puisse ceindre les deux couronnes !

Elizabeth Ire vers la fin de sa vie, aux environs de 1600. L'« ère elizabéthaine » est l'une des plus brillantes de l'histoire d'Angleterre par l'épanouissement de la littérature, de la musique et de la suprématie maritime.

Christine de Suède

L'étoile du Nord

La reine Christine de Suède en 1653, à l'âge de 27 ans.
Dernière représentante de la dynastie de Vasa,
elle n'a que 6 ans à la mort de son père Gustave II Adolphe.

Le roi Gustave II Adolphe (1594-1632), l'un des plus grands conquérants de Suède, fait jurer fidélité à ses sujets envers sa fille Christine, qui est alors âgée de 5 ans.

Elle nous est surtout connue par un célèbre film de Rouben Mamoulian (1933) où Greta Garbo l'incarne d'une façon magnifique, avec un relatif souci d'exactitude historique. Un classique du noir et blanc mettant en scène une illustre reine de Suède interprétée par une légendaire star suédoise. La réunion de deux mythes. Le cinéma a rarement été aussi bien inspiré pour raconter une femme qui a étonné et dérangé tous ses contemporains. Mais la véritable Christine de Suède, qui est-elle ? Une figure passionnante, orgueilleuse, fantasque, autoritaire, provocante. Dans le passé européen, elle occupe une haute position.

Elle est la fille du plus grand conquérant de l'histoire suédoise, le roi Gustave II Adolphe, et d'une princesse allemande, née Holstein-Gottorp, fille de l'Électeur de Brandebourg. Le couple s'adore et Marie-Eléonore suit son époux dans toutes ses campagnes. Leur fille Christine a sans doute été conçue dans l'actuelle Estonie, à Tallinn, qui s'appelait alors Revel. À sa naissance, le 8 décembre 1626, personne n'ose annoncer à son père qu'il vient d'avoir une fille, car il espérait un garçon. Mais peu lui importe sa déception : il la prend dans ses bras et proclame, d'une voix forte : « Cette fille vaudra un garçon ! » Et il la traitera toujours comme un fils, l'emmenant souvent dans les camps auprès de ses soldats et lui apprenant très tôt le maniement des armes. Lui-même commandait déjà un détachement militaire à l'âge de 15 ans et administrait un duché avant de s'engager dans trois conflits contre le Danemark, la Russie et la Pologne. On comprend pourquoi Christine de Suède aura toujours une immense admiration pour son père doté d'une forte personnalité, regrettera de ne pas être un homme et méprisera les femmes, peut-être parce qu'on lui révélera qu'en voyant l'enfant qu'elle venait de mettre au monde, sa mère, dépitée, aurait soupiré : « Elle est basanée comme une petite Maure ! »

Une adolescente précoce et surdouée

À l'automne 1632, le monarque conduit ses armées au cœur de l'Allemagne actuelle. Son énergie est telle qu'on l'a surnommé « le lion du Nord ». Mais au matin du 6 novembre 1632, en plein brouillard, ce roi qui s'était tant battu pour conquérir des territoires et affirmer la place de la foi protestante est tué lors de la bataille de Lützen. Christine, son unique héritière, n'a pas encore 6 ans lorsqu'elle est proclamée reine. Avant son départ, Gustave II Adolphe avait fait jurer à l'Assemblée des nobles que sa fille serait reconnue comme souveraine s'il ne revenait pas. Fidèle à sa parole, le chancelier Axel Oxenstierna, frappé par la ressemblance de l'enfant avec son père, lui fait donner une éducation poussée en même temps qu'il exerce la tutelle. La jeune reine est d'une stupéfiante curiosité intellectuelle et travaille douze heures par jour. À 10 ans, Christine reçoit les lettres de créance de l'ambassadeur du roi Louis XIII et lui répond en latin. À 14 ans, elle apprend l'astronomie et l'alchimie, assimilant avec facilité des enseignements ardus. Elle dira plus tard : « J'étais si enfant que je ne connaissais ni mon malheur ni ma fortune, mais je me souviens pourtant que j'étais ravie de voir ces gens à mes pieds pour me baiser la main. » Comme son père, Christine impressionne son entourage ; elle est très consciente de son rôle et de sa future fonction, alors que sa position sur le trône de la dynastie Vasa est contestée par le roi de Pologne.

À 15 ans, l'adolescente maîtrise plusieurs langues, dont l'hébreu, et un an plus tard, elle se perfectionne en latin afin de lire les Saintes Écritures dans le texte. Parallèlement à ses intenses activités de l'esprit, Christine excelle en escrime, monte à cheval comme un homme et s'impose de longues courses en traîneau sur les étangs et les lacs gelés. Le contraste avec sa mère est flagrant : ne se remettant pas de son veuvage, la reine mère a un comportement étrange ; mais son principal défaut, aux yeux des Suédois, est d'être d'ascendance germanique. On en oubliait qu'elle avait donné une héritière à la prestigieuse maison de Vasa qui, un siècle plus tôt, imposait le luthéranisme en Suède.

En 1643, âgée de 17 ans, Christine a déjà appris l'art de gouverner et entre au Conseil du royaume. Par ses remarques et sa connaissance des affaires publiques, elle stupéfie les vieillards, anciens compagnons de son père. Aussi férue de théologie que de botanique, elle parle douze langues. Les conseillers ont de la peine à l'embarrasser par leurs questions, car il est exceptionnel qu'une jeune fille possède une aussi vaste culture tout en ayant le goût des exercices violents considérés comme l'apanage des hommes.

À 18 ans, Christine, « roi de Suède », voudrait être un homme

Emportée, méfiante, ambitieuse, impatiente et moqueuse, elle se rend insupportable tout en provoquant l'admiration de son entourage. En 1644, à 18 ans, Christine prend la direction de l'État en étant proclamée « roi de Suède » ! Elle se dresse contre la puissance croissante de la noblesse, même si elle feint de requérir ses avis.

Contrairement à Greta Garbo, dont le visage avait été fardé par les maquilleurs d'Hollywood, Christine n'est pas un prix de beauté. Petite, elle a une épaule plus haute que l'autre ; de plus, elle est légèrement bossue. La jeune reine essaie de dissimuler cette malformation par des accoutrements extraordinaires. Elle refuse les chaussures à talons, porte n'importe quoi, apparaît avec des vêtements tachés d'encre car elle n'arrête pas d'écrire et déteste les fanfreluches. Elle a une voix plutôt masculine qui rappelle celle de son père, dont elle a aussi le grand nez. Son allure négligée et audacieusement virile choque. Mais ses yeux gris-bleu révèlent son intelligence et son autorité. Elle séduit par sa vivacité d'esprit. Rejetant toute féminité, elle se juge ainsi : « J'ai une aversion et une antipathie invincibles pour tout ce que font et disent les femmes. Irascible, fière et railleuse, je ne fais grâce à personne. Je suis incrédule, fort peu dévote et mon tempérament ardent et impétueux ne m'a pas donné moins de penchant pour l'amour que pour l'ambition ; cependant, j'ai toujours résisté, mais uniquement par fierté et pour ne me soumettre à personne. » Et encore cet aveu d'une cinglante provocation : « J'aime les hommes non parce qu'ils sont des hommes, mais parce qu'ils ne sont pas des femmes ! » Pour parfaire son apparence de héros viril, la reine se fait couper les cheveux en brosse, ce qui cause un joli scandale ! Peu lui importe : Sa Majesté Christine est « un roi » !

Elle contredit ses ministres, dépense beaucoup, se laisse emporter par des sautes d'humeur, donc le Conseil va essayer de la marier en espérant apaiser son appétit de pouvoir et canaliser sa formidable énergie. Sa mère a un candidat, l'un des fils du roi de Danemark, mais ce pays est considéré comme un voisin resté turbulent et dominateur, même si feu le roi Gustave II Adolphe avait mis fin au contentieux du début du siècle. Un prince de Brandebourg est vite écarté parce qu'il est calviniste, alors que la Suède est luthérienne.

Cavalière intrépide, Christine de Suède dissimule sa féminité, souvent par des costumes extravagants. Ses liaisons, supposées, sont brèves et elle refuse de se marier.

Richelieu suit de près les projets de mariage de Christine

La France de Louis XIII s'était intéressée aux affaires suédoises sous le règne du père de Christine, car les deux pays s'inquiétaient de la puissance des Habsbourg. Le 22 janvier 1629, un envoyé de Richelieu, le baron de Charnacé, avait convaincu Gustave II Adolphe de chasser les Espagnols des États allemands. Devant les réticences du souverain, le cardinal garantissait le versement par la France de confortables subsides, en préservant la liberté des princes germaniques, ce qui avait scandalisé les catholiques français. Une trêve avec la Pologne s'était ensuivie. Mais, affaiblie par ses guerres, la Suède n'avait plus que le royaume des Bourbons comme allié. C'est donc avec une grande attention que Richelieu se tient informé des négociations relatives au mariage de la reine Christine. Il faut aider la Suède et connaître les aspirations personnelles de son imprévisible souveraine. Il envoie des agents discrets. Par eux, le prélat apprend que le prétendant le plus sérieux est un des cousins de la reine qui a quatre ans de plus qu'elle ; la souveraine l'apprécie beaucoup. Elle lui avait juré un amour éternel, mais ses campagnes en Allemagne avaient rendu le jeune homme brutal et buveur. En le revoyant, Christine est moins sûre de sa passion. D'ailleurs, en son absence, un autre candidat est apparu, Gabriel de La Gardie, d'une famille d'origine française. Grand, beau et courageux, il a eu un succès fou à Paris. Rentré à Stockholm, il est nommé colonel de la garde royale et l'on parle de lui comme d'un futur ambassadeur auprès du roi de France. Entre ses deux soupirants, Christine hésite, puis règle le dilemme en les refusant l'un et l'autre. En compensation, elle les couvre d'honneurs. L'un devient général, gouverneur puis ministre, et l'autre généralissime, expédié à l'étranger. Derrière cette stratégie de la fuite, il semble que la reine Christine éprouve de la répulsion à l'égard des hommes. Sa sexualité paraît complexe. Sans être, physiquement, homosexuelle, un jour, par défi, elle présente une de ses dames d'honneur comme sa « compagne de lit », simplement pour choquer. Elle dit ne pas supporter l'idée « qu'un homme use d'elle comme un paysan de son champ », ce qui donne une image plutôt rustique de l'accouplement. Plus tard, elle déguisera cette aversion physique en sentiment mystique, inspiré par l'ambition proclamée de se consacrer uniquement à Dieu. Pour les uns, cette chasteté résulte de sa nature. Se pourrait-il que cette femme, qui n'a peur de rien ni de personne, ait peur de l'amour charnel ? Il est vrai que chaque fois qu'un homme lui déclarera son amour ou son désir, elle fuira, lui offrant des dédommagements royaux pour non-aboutissement. Pour d'autres contemporains, Christine serait une libertine collectionnant les amants, s'en lassant vite et incapable d'en aimer un seul. L'instabilité amoureuse de la reine a deux conséquences. D'une part, l'octroi des titres et pensions grève le Trésor royal ; d'autre part, son refus du mariage menace son appétit de pouvoir, car sans héritier, la reine devra abdiquer. Au Louvre, Richelieu avait été instruit que la reine de Suède est une contradiction permanente ; mais le cardinal et Louis XIII sont morts en 1643, inquiets de l'avenir incertain de la couronne de Suède.

Après trente ans de guerre, l'Europe fête « la reine de la paix »

Insatisfaite et perturbée dans sa vie personnelle, Christine de Suède s'impose politiquement par les traités de Westphalie, signés en octobre 1648 après la fin de la guerre de Trente Ans. Si son père avait fait de la Baltique un « lac suédois », la souveraine apparaît comme l'un des grands vainqueurs du conflit entre protestants et catholiques qui avait dégénéré en guerre européenne. Les soldats de la reine Christine envahirent la Bavière, prirent Prague en frappant le cœur du Saint Empire catholique, mais lui donnèrent aussi la Poméranie occidentale, ainsi que les bouches de l'Oder et de la Weser. Cette fulgurante campagne mit fin à la suprématie danoise. Avec la France du jeune Louis XIV, la Suède était un des garants de l'équilibre dans les trois cent quarante-trois États allemands. La reine Christine, la seule femme représentée aux négociations de paix, devient un symbole de réconciliation religieuse dans toute l'Europe.

Désormais, elle va conquérir une autre notoriété, celle d'une reine savante. Poursuivant sa correspondance avec les penseurs, la reine décide de faire de sa Cour un foyer de rayonnement intellectuel et se tourne vers Paris. Une partie de l'intelligentsia suédoise est réticente, considérant que la culture française est inférieure à la suédoise. Sur la suggestion de l'ambassadeur de France en Hollande, Christine de Suède entre en relation avec le philosophe français René Descartes, qui vit alors à La Haye[1], sous la protection d'une princesse en exil que l'on dit aussi belle qu'intelligente et qui « avait plaisir à ouïr Descartes ». Chez la Suédoise, le désir de supplanter la protectrice de Descartes n'est pas à négliger !

En 1647, la reine fait demander à l'auteur du *Discours de la méthode* ce qui, selon lui, est le pire dans le comportement humain.

1. Il était né en 1596 dans un village également nommé La Haye, à la limite de la Touraine et du Poitou, aujourd'hui appelé La Haye-Descartes.

Christine de Suède est la seule femme participant à l'élaboration des traités de Westphalie qui mettent fin à la guerre de Trente Ans, en octobre 1648.

Il lui répond par une lettre et un petit *Traité des passions* en douze pages. Christine fait savoir au fondateur du rationalisme moderne qu'elle apprécie son travail, mais que pour l'amour, elle peut difficilement « juger d'une peinture dont elle ne connaît point l'original ». Elle invite Descartes à Stockholm. Celui-ci hésite pour deux raisons : le climat et les caprices bien connus de la souveraine. Mais on peut ajouter que, bien que célèbre, il est mal vu en Hollande et sa position est instable. Finalement, l'ancien élève des jésuites accepte d'être l'hôte de la reine de Suède et s'embarque le 1er septembre 1649. Il en est certain : la reine, la Cour et les honneurs l'attendent.

Invité par Christine de Suède, René Descartes est vite déçu

Le philosophe compte être logé au palais ou dans une de ses dépendances, mais, hélas!, la reine est trop occupée par ses leçons de grec pour recevoir dignement Descartes. Il est vexé qu'elle lui commande des vers pour un ballet, une fable sur la nature ! Lorsqu'il est enfin admis à lui enseigner sa philosophie, il est trop tard pour cet homme vieillissant et malade, supportant mal l'hiver glacial, surtout quand la reine le convoque à 5 heures du matin, prétendant être trop absorbée pour le recevoir à une heure moins pénible. Il s'affaire à préparer les statuts d'une Académie suédoise sur le modèle de celle que Richelieu venait de fonder. Il tombe malade en revenant d'une leçon au palais royal. Chétif, il est très pâle, épuisé par des quintes de toux. Victime d'une pneumonie qui l'accable pendant neuf jours, il expire le 11 février 1650, à l'âge de 54 ans. Consciente de la perte d'un esprit exceptionnel et de l'un des plus grands réformateurs de la pensée, notamment dans le domaine mathématique, la reine veut

La reine Christine de Suède, passionnée par les écrits de René Descartes, invite le philosophe français à Stockholm à l'automne 1649.

lui réserver des funérailles nationales, mais elle se heurte à l'antipathie du clergé luthérien envers ce Français catholique. Il est donc enterré discrètement et sa dépouille ne sera rapatriée en France qu'en 1667.

Est-ce par mimétisme ? Par remords inconscient d'avoir si chichement traité son hôte ? Christine tombe malade à son tour, et de nouveau se pose la question de sa succession. Elle choisit son cousin Charles-Gustave comme prince héréditaire, mais il faut d'abord qu'elle soit couronnée pour pouvoir désigner le futur souverain. Aux fêtes de son sacre – elle est couronnée en qualité de roi –, un étranger est très attentif au comportement de Christine. Il s'agit d'un jésuite portugais, le père Antonio Macedo, qui s'est glissé clandestinement parmi les membres de l'ambassade du Portugal. En effet, les jésuites sont interdits dans le royaume, mais l'époque est celle de la Contre-Réforme et les jésuites se sont juré de rendre la Scandinavie à la religion romaine. Ils estiment que cette femme est leur alliée car elle juge le luthéranisme froid et conventionnel, mais surtout le protestantisme incompatible avec les progrès de l'esprit. Et sur la reine, le catholicisme exerce une sorte de séduction : elle rêve de connaître le Vatican.

Stupéfaction à Rome : Christine veut devenir catholique !

Sa conversion et son abdication seront liées. Le 7 août 1651, après seulement sept années de règne, elle annonce au Sénat sa double décision. Consternés, les conseillers de la noblesse supplient leur fantasque souveraine de réfléchir encore. Ils y ont d'ailleurs tout intérêt, puisque la reine est garante de leurs privilèges et de leur fortune. On doit rappeler que depuis le début du siècle, les guerres continuelles ont forcé les souverains, toujours à court d'argent, à aliéner une partie des biens de la Couronne au profit de l'aristocratie. Au sein de l'assemblée, bourgeois et paysans réclament, énergiquement mais en vain, ce qu'on appelle la « réduction », c'est-à-dire le retour à la Couronne des biens engagés[1], pour reconstituer ainsi le patrimoine royal. Après un automne agité, la reine, cédant à la pression, déclare, le 18 novembre, qu'elle restera sur le trône à condition qu'on ne lui parle plus de mariage – une réaction comparable à celle d'Elizabeth Ire d'Angleterre. Son célibat, jalonné d'amours brèves, tourne à l'obsession. Toutefois, son abdication manquée affaiblit la souveraine, qui s'est montrée plus capricieuse que d'habitude. Pour réaffirmer son autorité et montrer qu'elle n'est pas une marionnette manœuvrée par ses changements d'humeur ou les exigences de la noblesse, Christine fait condamner à mort et exécuter deux hommes, un père et son fils, qui répandaient contre Sa Majesté des libelles haineux. Lorsqu'elle se sent en état de faiblesse, la reine de Suède est impitoyable. À Rome, la nouvelle de sa possible conversion fait grand bruit, d'autant plus que depuis les traités de Westphalie, le protestantisme est victorieux en Scandinavie. La papauté envoie deux théologiens à sa rencontre. Dans les années 1652-1654, la cour de Suède est très brillante. Tous les érudits d'Europe s'y pressent et beaucoup viennent de Paris. Christine a encore développé ses correspondances, notamment avec les salons littéraires des précieux et de Mlle de Scudéry. La reine commence des collections d'œuvres d'art,

---

1. Cette disposition ne sera effective qu'en 1680, avec le roi Charles XII qui régnera en souverain absolu sur « un royaume en pleine prospérité grâce à son industrie minière et métallurgique et à son commerce très actif », selon François Lebrun (in *L'Europe et le monde, XVIe, XVIIe et XVIIIe siècles*, Armand Colin, 1987 ; 3e éd. mise à jour, 1990).

Ayant abdiqué et s'étant convertie au catholicisme, Christine de Suède arrive à Rome le 20 décembre 1655. Elle est reçue par le pape Alexandre VII.

de monnaies et de livres. Ce regard, très avisé, sur le monde extérieur l'isole de plus en plus des Suédois.

La situation n'est plus tenable. Le lundi 23 février 1654, la reine fait part de sa décision, cette fois irrévocable, d'abdiquer, invoquant des raisons « que Dieu seul connaissait ». Elle annonce sa conversion au catholicisme, sa demande d'asile auprès du pape à Rome. Dans l'intervalle, elle compte s'installer aux Pays-Bas espagnols (la Belgique d'aujourd'hui) grâce à l'intervention de don Antonio Pimentel, ambassadeur d'Espagne en Suède. Immédiatement, une rumeur prétend que le diplomate est son amant, mais cela n'a plus d'importance. Personnage déconcertant, Christine suscite tous les ragots.

La reine abdique et traverse l'Europe habillée en homme

Après avoir donné une fête magnifique, Christine de Suède signe son acte d'abdication le 1er juin 1654, au château d'Uppsala. Toutefois, elle conserve sa condition royale et la propriété de ses immenses domaines, à condition de ne jamais nuire à la Suède. Le 6 juin, à 7 heures du matin, elle fait son entrée au Sénat en tenue d'apparat, comme on l'a rarement vue, avec un manteau doublé d'hermine, une couronne de perles et un globe d'or dans les mains. L'assemblée est surprise : le jour où elle renonce à sa couronne, la reine paraît enfin en femme ! Accompagnée de son successeur, elle l'écoute. Le prince Charles-Gustave (futur Charles X de Suède) prête serment. Il jure, entre autres, d'honorer Christine comme si elle était sa mère. Puis elle se dépouille des insignes de sa royauté et se présente en simple tunique blanche pour conduire son cousin vers le trône.

Le 12 juin 1654, l'ex-reine prend la direction du Danemark, escortée de quelques fidèles, uniquement des hommes. Elle est vêtue comme eux d'un justaucorps sombre avec des bottes de cavalier, l'épée au côté. Elle voyage sous l'identité du comte Dohna : personne ne la reconnaît. Après Hambourg et Anvers, elle atteint Bruxelles à la mi-juillet. Ainsi qu'elle l'avait demandé, elle se place sous la protection du roi de Hongrie et de Bohême, également empereur germanique, Ferdinand III de Habsbourg, en s'installant chez son ambassadeur. Que pense-t-on à Rome ? On sait que les Suédois l'ont vue partir avec soulagement. Certes, la curie regrette qu'elle ne soit plus une reine prête à se convertir, ce qui eût constitué une revanche éclatante sur la foi luthérienne. Les cardinaux se disent enclins à l'accueillir, mais le nouveau pape, Alexandre VII, qui se méfie de cette femme incontrôlable, fait savoir qu'il ne la recevra que si elle s'est d'abord convertie publiquement. Alors, le comte Dohna se met en route pour le long voyage vers Rome. Un curieux périple. Le 22 septembre, elle quitte Bruxelles pour Francfort et Innsbruck. Dans la capitale du Tyrol, elle entre en reine orgueilleuse accompagnée d'une délégation de la noblesse provinciale suédoise qui l'a rejointe. Est-ce ainsi, et non en humble pénitente, qu'elle va abjurer le protestantisme dans la chapelle royale d'Innsbruck le 3 novembre ?

La conversion de Christine est saluée à coups de canon !

Non. À l'étonnement de la foule, la voici en robe de soie noire, si recueillie que l'assistance verse des larmes. À sa sortie, la nouvelle catholique est saluée par une salve d'artillerie inattendue ! Cette conversion est particulièrement spectaculaire. Christine la catholique sait que la Suède réformée ne lui pardonnera jamais d'avoir renié la foi nationale et qu'elle va devoir affronter de terribles difficultés.

Avec sa manie des horaires bizarres, la convertie entre dans Rome à 2 heures du matin, le 20 novembre 1654. On lui avait recommandé la discrétion, mais à sa totale surprise, elle est conduite immédiatement chez le pape, en pleine nuit, au milieu d'une immense foule de curieux – car l'événement, il faut le souligner, est extraordinaire. Une reine nordique, renonçant au trône et abdiquant sa religion pour se mettre trois fois à genoux devant le Saint-Père, cela ne s'était encore jamais vu ! Trois fois, elle s'astreint aux génuflexions et Alexandre VII la relève avec empressement. Puis, faveur insigne et rarissime pour une femme, elle est logée au Vatican même. Elle avouera combien il est fascinant de passer la nuit au milieu de ces trésors.

Le lendemain, elle fait son entrée officielle dans Rome. Son costume d'amazone et sa suite de deux cent vingt et une personnes font sensation. Sa conversion est devenue un spectacle. Les débuts de son séjour romain sont une sorte de lune de miel. Installée au somptueux palais Farnèse (l'actuelle ambassade de France en Italie), elle y tient une cour de princes de l'Église et s'entretient avec les esprits les plus élevés. Elle veut tout voir, tout le monde veut la voir. À Rome, on ne parle plus que d'elle. Mais rapidement ses extravagances et son goût du défi lassent les plus indulgents. Dans les lieux consacrés qu'elle visite, elle parle et rit trop fort ; elle porte des robes trop décolletées et se moque des feuilles de vigne qui masquent l'intimité des statues masculines. Visitant la villa Médicis d'où l'on voit le château Saint-Ange, pour montrer qu'elle est un bon artilleur, elle tire un boulet de canon dans une fontaine ! Le boulet s'y trouve encore. Sa suite ne se tient guère mieux en brûlant des meubles du palais Farnèse parce qu'il y fait froid ! Par ailleurs, la tonitruante Christine est l'enjeu d'une rivalité entre les ambassadeurs du roi de France et du roi d'Espagne. Elle les oppose, les met en concurrence pour tenter d'obtenir d'eux de l'argent qui commence à manquer, car sa vie est – elle l'a toujours été – un gouffre de dépenses.

Le pape ne tarde pas à regretter cette conversion gênante, presque indécente et qui tourne à l'embarras général. Une épidémie de peste vient, si l'on peut dire, au secours du souverain pontife : la turbulente Christine quitte Rome en juillet 1656, laissant derrière elle peu de regrets et quelques dettes…

Fin 1655-début 1656. Christine de Suède mène une vie bruyante et dérangeante pour le Vatican, au milieu de fêtes somptueuses, comme ici au palais Barberini.

À Fontainebleau, l'indocile étrangère fait assassiner son écuyer

Arrivée à Paris le 8 septembre, elle rencontre Mazarin à Compiègne. Le cardinal, revenu de son deuxième exil plus puissant que jamais, promet à l'ancienne reine de soutenir sa candidature (exotique !) au trône de Naples, à condition qu'à sa mort ce royaume revienne au frère de Louis XIV. Ainsi, selon la Suédoise, la France pourrait affaiblir l'Espagne, alors puissance régnante à Naples. Observant Christine, le duc de Guise la décrit minutieusement : « Elle n'est pas grande, mais a la taille bien prise, la croupe fournie, le bras beau, la main blanche et bien faite, mais plus d'homme que de femme. Le visage est grand sans être défectueux. Le nez aquilin, la bouche assez grande mais pas désagréable. Ses dents passables, ses yeux fort beaux et pleins de feu. Elle est toujours fort poudrée avec force pommade. Elle affecte fort de faire l'amazone. Elle parle bien huit langues, se connaît admirablement en peinture comme en toutes choses. Enfin, c'est une personne assez extraordinaire. » Elle continue d'intriguer ceux qui l'approchent, admirateurs ou détracteurs.

De nouveau en Italie, ne pouvant retourner à Rome, officiellement à cause de la peste, mais plus sûrement en raison du souvenir détestable qu'elle y a laissé, elle s'installe à Pesaro, près de Florence. Entourée de personnages douteux, la fille du prestigieux Gustave II Adolphe se glisse dans un rôle d'aventurière de haut vol, attendant des nouvelles de Mazarin. Mais le puissant ministre, absorbé par la recherche de la paix, reste sourd à ses appels. Furieuse, elle débarque à Fontainebleau en octobre 1657 et se met à haïr un certain Monaldeschi, depuis peu son écuyer et probablement son amant. Le soupçonnant de trahison au profit de l'Espagne, elle le condamne à mort. En France, donc sur un territoire où elle n'a aucun droit, elle charge ses gardes de l'assassiner dans la grande galerie du château de Fontainebleau. Monaldeschi ayant revêtu une cotte de mailles, les coups d'épée ne suffisent pas à le tuer. Ses meurtriers doivent lui trancher la gorge. La scène, effroyable, est aussi une grave faute politique qui vaut à Christine la réputation de faire exécuter ses amants. Mazarin est effaré, mais Christine la sanglante compte encore des soutiens sur la scène européenne, ceux-ci la vénérant comme si elle était toujours la reine de Suède.

Frustrée, Christine tente de reconquérir le trône de Suède

Après ce scandale, elle quitte enfin la France en mars 1658, laissant, comme à Rome, émotion et réprobation. Que va-t-elle encore inventer ? Son successeur, mort en février 1660, n'a comme héritier qu'un enfant de 5 ans à la santé fragile. Alors, ainsi que le fera Napoléon cent cinquante ans plus tard en France, elle tente un audacieux retour en Suède, en crevant ses chevaux. Mais à Stockholm, on ne saurait accepter ses reniements incessants, sa conversion et sa déplorable versatilité. À deux reprises ses prétentions d'assurer la régence sont des échecs. Mais souffrant d'un vexant manque de couronne, elle tourne son ardent regard vers la Pologne, qui fut un adversaire et une conquête des Suédois et dont le trône est alors vacant. Dans son ambition, l'insatiable Christine est appuyée par le cardinal Azzolino, prélat d'une intelligence exceptionnelle et d'une beauté plus que troublante pour les femmes. Il est secrétaire d'État, c'est-à-dire ministre des Affaires étrangères du Vatican. La convertie compte sur lui, rappelant que la dynastie des Vasa a autrefois régné sur la Pologne. Malheureusement, sa candidature est évincée et Christine, la reine errante, ose reprendre le chemin de Rome. Elle y vivra trente ans, parmi les splendeurs du palais Corsini, dans le quartier du Trastevere. Elle y accumule des collections d'œuvres d'art constituées avec un goût très sûr. Bientôt, le deuxième étage du palais présente un cabinet des médailles célèbre dans toute l'Europe. Mécène disposant soudain de fonds dont l'origine reste mystérieuse, elle finance un théâtre, fonde l'académie des Arcades où l'on peut débattre de tout sujet, commande un festival de musique au grand violoniste Corelli, se plonge dans des expériences d'alchimie et se passionne pour l'astrologie. Elle se mêle aussi d'intrigues politiques et tente même de faire élire un pape proche de son ami le séduisant cardinal. Physiquement, son aspect est de plus en plus masculin : elle porte un justaucorps tombant sur ses genoux et d'énormes souliers. Son langage est vert, elle professe la tolérance religieuse et ne peut masquer sa jalousie à l'égard de Louis XIV, devenu « le seul vrai roi en Europe ».

Le 13 février 1689, l'inclassable Christine est frappée d'érésipèle, maladie infectieuse qui gonfle la peau. Après deux mois de souffrances, elle s'éteint à l'aube du 19 avril 1689, âgée de 63 ans. Dans Rome, la rumeur court qu'elle serait morte à la suite d'une de ses colères homériques, en frappant un de ses gardes, qui, selon elle, avait séduit une de ses suivantes. Mais on peut établir qu'informée de l'imminence de sa fin, elle avait exigé de recevoir l'extrême-onction et récité son acte de contrition à haute voix, dans toutes les langues qu'elle connaissait. Dans son testament

– où elle se déclare profondément attachée à la foi catholique –, elle fait du cardinal Azzolino son légataire universel. Il hérite de ses biens, considérables, autant que de ses dettes, qui ne le sont pas moins.

Faveur rare : la reine Christine est inhumée au Vatican

Elle avait recommandé des obsèques modestes, mais le Saint-Père, qui ne sera plus choqué par les incartades de sa turbulente ouaille, ordonne une cérémonie grandiose. Sur le char funèbre, le manteau violet brodé d'or et bordé d'hermine est posé à côté de sa couronne et de son sceptre. Des funérailles de reine. Le 23 avril, son corps est descendu dans la crypte de Saint-Pierre de Rome, accompagné à la lueur des torches par des centaines de prêtres. Dans un triple cercueil de bois et de plomb, Christine de Suède est l'une des trois femmes qui reposent au Vatican, avec Marie Clémentine Sobieski, épouse de Jacques III Stuart, et la comtesse Mathilde de Toscane, près des tombeaux des papes.

Les fabuleux trésors qu'elle avait amassés seront dispersés plus tard en Europe. Ses tableaux seront achetés par Philippe d'Orléans, le Régent pendant la minorité de Louis XV. Ils orneront sa résidence du Palais-Royal à Paris, avant d'être vendus, sous la Révolution, en Angleterre. Certaines pièces, admirables, font aujourd'hui partie des collections du duc de Sutherland.

Quel jugement porter sur cette femme étonnante ? Dans ses Mémoires, elle n'a qu'un seul interlocuteur, Dieu : « Vous m'avez faite si grande, Seigneur, que quand vous me donneriez l'empire du monde entier, il ne me satisferait pas ! » Elle a rempli son époque d'un éclat paradoxal, de ses excès et de ses fureurs. À plusieurs titres, elle est un reflet de son siècle. Son image est un mélange de grandeur baroque et de folie brutale. Poursuivant des chimères, elle a voulu tout posséder, mais elle a tout perdu, ou presque. Déçue par ses amours compliquées et aigrie par l'hypocrisie du pouvoir, elle ne trouvait de plaisir que dans la compagnie des savants et des artistes. Mais sa longue chevauchée européenne prouve qu'elle était incapable d'être sereine et apaisée. Elle n'était prête ni physiquement ni psychologiquement à connaître le bonheur. En vérité, la dernière des Vasa n'avait jamais renoncé à être reine. Elle avait un appétit désordonné et insatiable de connaissances, celui d'une femme très en avance sur son temps, sans doute profondément insatisfaite, mais attachante en ce qu'elle affronta, avec une égale volonté, la gloire et l'échec.

Marie-Thérèse de Habsbourg-Lorraine

Une réformatrice au siècle des lumières

Fille unique de l'empereur Charles VI, Marie-Thérèse doit se battre contre une partie de l'Europe, en particulier la France et la Prusse, pour faire reconnaître ses droits sur le Saint Empire romain germanique.

Marie-Thérèse d'Autriche jeune. Lorsqu'elle succède à son père à l'âge de 23 ans, on vante sa fraîcheur et son grand charme.

Au panthéon des illustres souveraines d'Europe, Marie-Thérèse tient une place à part. Si Isabelle la Catholique s'est surtout montrée intolérante, Catherine de Médicis implacable avec ses adversaires, Elizabeth Ire d'Angleterre cruelle et hypocrite, Catherine de Russie brillante, mais aussi désordonnée que la Russie, son pays d'adoption, la fille de l'empereur Charles VI échappe à de telles critiques. Certes, on lui connaît des défauts, mais on chercherait en vain une perversion ou un vice. En revanche, son énergie, sa joyeuse puissance de travail, son appétit phénoménal, sa fidélité à ce personnage sans éclat que fut son époux, ses attentions maternelles à ses seize enfants, son insolente santé, son tempérament de guerrière et sa conviction politique dans le rôle des Habsbourg sur le destin de l'Europe hissent cette femme au firmament du pouvoir. Sa mission est d'autant plus complexe que seule une partie des États héréditaires de la dynastie est intégrée dans la mosaïque hétéroclite qu'est le Saint Empire. « Plusieurs composantes essentielles du système habsbourgeois, les Pays-Bas, la Hongrie, la Transylvanie, le Banat, les possessions italiennes restent en dehors. C'est dire que le destin de la monarchie autrichienne ne se confond pas avec celui du Saint Empire[1]. » Et certains États de langue allemande tels la Bavière, la Saxe et le Hanovre cherchent visiblement à s'émanciper de la tutelle des Habsbourg.

Grande figure du XVIIIe siècle, Marie-Thérèse est une réformatrice éclairée, soucieuse, en priorité, de consolider l'unité

1. Jean-Paul Bled, *Marie-Thérèse d'Autriche*, Fayard, 2001 ; rééd. « Tempus », 2012.

impériale. Conciliant les contraires, réussissant à ne sacrifier ni sa vie personnelle ni ses obligations publiques, elle est un modèle d'équilibre entremêlant ses multiples devoirs. Mieux : selon le jugement du duc de Broglie, un maréchal de France qui prend les armes pour elle lors de la guerre de Sept Ans, Marie-Thérèse ne fut « jamais intimidée, jamais ébranlée, jamais découragée ». Elle est un monument d'activité permanente.

À 23 ans, Marie-Thérèse doit régner comme si elle était un homme

Ces trois traits de caractère forgent la personnalité de cette femme qui allait régner sur les États de la maison d'Autriche comme si elle était un homme, une situation sans précédent dans le Saint Empire romain germanique. C'est là que se situe le défi majeur qu'il lui faut relever à l'âge de 23 ans. En effet, son père Charles VI n'ayant pas eu de fils, sa succession s'annonçait compromise pour la maison de Habsbourg qui avait ceint la couronne impériale pour la première fois en 1273. Depuis cinq siècles, ils incarnaient, presque sans interruption, la dignité impériale. Allaient-ils devoir y renoncer après Charles VI ? Celui-ci multiplie donc les efforts afin de permettre à sa seule héritière de régner après lui. Il entend garantir l'avenir de la dynastie par la transmission de ses États à sa fille. On peut relever que c'est l'immense souci du règne de ce monarque qui s'était engagé dans la guerre de Succession de Pologne et y avait perdu la Lorraine, Naples et la Sicile. Charles VI est le dernier souverain incarnant l'Empire comme force capable de maintenir un ordre politique en Europe centrale face à la montée du pouvoir de princes turbulents aux prétentions absolutistes. Il redoute la dislocation de l'ensemble après sa mort. En rédigeant la pragmatique sanction de 1713, l'empereur fait reconnaître les droits de Marie-Thérèse par les diètes de ses États et par les puissances européennes qui ne se hâteront guère pour apposer leurs signatures sur cet acte déconcertant. La diète du Saint Empire, siégeant alors en permanence à Ratisbonne, est la dernière autorité qui ratifie collectivement ce testament dynastique, en 1732. Proclamant l'indivisibilité des territoires autrichiens, le père de Marie-Thérèse est soulagé ; il pense ainsi éviter la dispersion de son héritage. On le lui laisse croire à Madrid, à Saint-Pétersbourg, à Londres et à Versailles, mais du bout des lèvres ; car à la mort de Charles VI, le 20 octobre 1740, la plupart des signataires de la pragmatique sanction s'empressent de renier leurs engagements. Considérer son héritière comme un successeur mâle ? C'est là une incroyable audace, difficilement admissible. Jamais l'Empire, fondé en 962, n'a été régenté par une femme. Une archiduchesse impératrice ? Impensable ! Et, sans aucun doute, sa jeunesse (relative pour l'époque) la prive de la moindre expérience. Le fait qu'elle ait épousé, en 1736, le duc François-Etienne de Lorraine ne lui apporte, dit-on, que le soutien d'un prince intègre, bon danseur, chasseur invétéré, médiocre polyglotte, soldat malchanceux dans la dernière guerre austro-turque lancée par son beau-père, administrateur sans génie, mais honorable. Il est aimable et souriant, a de beaux traits et des yeux bleu foncé. Enfin, il se montrera aussi dévoué à son épouse que discret dans ses écarts conjugaux. Si le gouvernement de Louis XV ne se parjure pas et respecte, brièvement, la volonté de Charles VI, c'est parce que le duc de Lorraine a renoncé à son titre et à son territoire, lequel sera, à court terme, incorporé au royaume de France. Les ambitions territoriales, pour ne pas parler d'appétits, sont la clé des conflits qui vont suivre.

La dernière Habsbourg devient la première Habsbourg-Lorraine

Par son mariage, Marie-Thérèse avait d'abord suscité un nouveau patronyme, celui de Habsbourg-Lorraine, une association insolite entre la maison d'Autriche et celle des Bourbons, ennemis quasi perpétuels[1]. Quatre ans plus tard, parmi ceux qui s'opposent, immédiatement, à l'héritière et contestent le statut impérial que lui avait transmis son père, son principal ennemi est Frédéric II de Prusse, un souverain rusé et ambitieux aussi célèbre pour sa misogynie que pour son amour de la flûte et de la langue de Voltaire. Frédéric de Hohenzollern est grand dans la mesquinerie, mais il faut reconnaître que monté sur le trône prussien six mois avant Marie-Thérèse, il avait beaucoup souffert d'avoir vu la Prusse éclipsée par l'Autriche sous le règne de son père, le « Roi-Sergent ». Frédéric II entend inverser cette tendance et en faire une démonstration rapide. Au monarque de Potsdam, il est insupportable que la fille de son ennemi victorieux soit couronnée souveraine de Bohême à Prague et de Hongrie à Presbourg[2], ces deux cérémonies étant obligatoires, alors que la dévolution des fiefs autrichiens est immédiate. Le roi de Prusse raille l'inexpérience, le manque de maturité

1. À l'époque, en France, on disait de préférence « la maison de Lorraine d'Autriche » ou « Lorraine-Habsbourg », surtout, évidemment, en Lorraine.

2. Presbourg – Pressburg en allemand – est le nom de cette ville au bord du Danube, à l'époque capitale de la Hongrie. En hongrois, la dénomination est Posgony. Aujourd'hui, il s'agit de Bratislava, capitale de la Slovaquie.

et l'impertinente jeunesse de Marie-Thérèse. Mais son principal grief est qu'il s'agit d'une femme ! Dans ce domaine, la méfiance de Frédéric II est légendaire. Par les tableaux, nous connaissons surtout une Marie-Thérèse plus âgée, en mère enveloppée d'une abondante famille. Il faut donc retenir le portrait, plutôt flatteur, qu'en dresse l'ambassadeur prussien à Vienne, le comte de Podewils, au moment où l'intrépide fille de Charles VI entre sur la scène politique européenne : « Marie-Thérèse a la démarche aisée et le port majestueux, sa silhouette est imposante, sa figure ronde et pleine, ses cheveux sont blonds avec une pointe de roux, ses yeux très grands pleins de vie et de douceur, d'une couleur bleu foncé, font impression. Son nez régulier n'est ni arqué ni camus. Ses dents blanches se montrent de la façon la plus charmante quand elle rit. Bien que grande, sa bouche est plutôt jolie. Elle a la nuque et la poitrine bien faites et ses mains sont délicieuses. » En résumé, la jeune Marie-Thérèse est plutôt bien de sa personne et elle a du charme, l'arme absolue. Elle a même conservé la fraîcheur de ses 10 ans. Elle parle et écrit un allemand cocasse, un français estropié (ce que Frédéric II ne peut lui pardonner !), apprécie l'italien – et tout ce qui vient d'au-delà des Alpes –, s'exprime aussi en latin, langue très juridique que son époux massacre, mais qui lui permet de percer l'emprise intellectuelle des jésuites sur les jeunes esprits. L'impératrice ignore les autres langues de la Babel danubienne.

D'emblée, la fille de Charles VI se présente comme impératrice, alors que ses ennemis la considèrent à peine comme la femme de l'empereur, lequel n'assumera plus tard cette dignité qu'avec une délicate modestie. Le titre, certes prestigieux, ne lui confère plus aucune autorité effective depuis les traités de Westphalie en 1648. Le véritable empereur est donc une impératrice ! Leur union marque une spectaculaire transition entre une ancienne Europe et un monde dont les frontières ont été modifiées. Marie-Thérèse apporte à son mari une mosaïque de peuples, au moins une douzaine, où coexistent, entre autres et identifiables par leurs langues, des Allemands, des Tchèques, des Roumains, des Serbes, des Hongrois, des Ukrainiens, environ quatorze millions de sujets éparpillés autour d'un noyau central, l'Autriche au sens très élargi, c'est-à-dire en y incluant la Bohême et la Hongrie. Un dicton germanique affirme : « Le mariage est bon si la dot de la femme est importante ! » La situation territoriale est également compliquée puisque le puzzle englobe environ trois cents États, certains étant de minuscules principautés, d'autres des villes libres.

Frédéric II, roi de Prusse, est l'ennemi sournois de Marie-Thérèse

Si, diplomatiquement, Charles VI a été abusé en croyant avoir habilement préparé sa succession, il a laissé une situation intérieure catastrophique, une dette publique abyssale et, à une exception près, des conseillers très âgés dont la seule préoccupation est de ne plus rien entreprendre. Le plus grave est que le défunt empereur n'a pas instruit sa fille de la réalité des affaires publiques. Son éducation politique est nulle. L'héritière n'a que son intelligence et son enthousiasme ; elle est entourée d'incapables et de prétentieux, d'autant plus hostiles qu'elle sait qui sont les corrompus. Rapidement, Marie-Thérèse est confrontée à un chantage. À peine huit semaines après le décès de son père, les troupes prussiennes pénètrent en Silésie, le 16 décembre 1740, au sud de la Pologne, sans déclaration de guerre. Une surprise totale. Pour Marie-Thérèse, Frédéric II se révèle un être hypocrite (il avait fait prendre le deuil à sa Cour à l'annonce de la mort de l'empereur), un cynique, rusé, impatient et sans scrupules. Il est convaincu qu'il lui sera facile de dépouiller cette audacieuse archiduchesse. L'armée prussienne, qui doit être considérée comme la première armée régulière en Europe, a été forgée par son père, le célèbre « Roi-Sergent », pour aligner quatre-vingt mille hommes qui ont besoin d'exercice. Un contingent de vingt-trois mille soldats a franchi la frontière afin de défier Marie-Thérèse. Pourquoi attaquer la Silésie ? C'est une possession habsbourgeoise depuis deux siècles, elle est riche et une partie de sa population est protestante ou convertie au catholicisme sans conviction. Il suffirait de peu pour raviver la ferveur luthérienne de ses habitants.

L'Hommage des États silésiens à Frédéric le Grand. Le roi de Prusse, misogyne et exaspéré qu'une femme puisse régner sur le Saint Empire, envahit par surprise le sud de la Silésie autrichienne le 16 décembre 1740.

Mais le roi de Prusse est trop sûr de lui. Il pensait faire oublier ses mauvaises manières en promettant sa voix à l'époux de Marie-Thérèse lors de l'élection impériale. Vue de Potsdam, la manœuvre ne pouvait que réussir. Or, Frédéric II, si fin, si lettré, si musicien et si féru de rationalisme, commet une grande erreur psychologique vis-à-vis de la prétendante à la Couronne. À l'émissaire du monarque Hohenzollern, elle répond qu'elle aime mieux « périr que de traiter avec lui ». Une réponse qui révèle une rare énergie. Ne doit-elle pas se comporter avec détermination ? Ainsi débute le premier affrontement entre deux futures puissances rivales dans le monde germanique, l'Autriche et la Prusse ; l'Europe en sera durablement meurtrie.

À défaut de savoir politique, l'archiduchesse va vite connaître les hommes de pouvoir. À la bataille de Mollwitz[1], le 19 avril 1741, près de quinze mille Autrichiens, péniblement rassemblés, sont défaits par les Prussiens. Cependant, Frédéric II n'est pas le glorieux vainqueur qu'il aurait voulu être, d'autant moins qu'il a pris peur et s'est réfugié dans un moulin, bien loin des canons ! Sa couardise fait rire Vienne, mais c'est une piètre revanche. En deux mois, une coalition anti-Habsbourg est dressée contre Marie-Thérèse, qui voit avec amertume Frédéric II s'allier à Louis XV. Cette guerre pour la Silésie en vaut-elle la peine ? Ceux qui pensent, y compris son époux, que ce territoire ne mérite pas tant de sacrifices sont dans l'erreur. L'héritière bafouée ne cédera pas. Elle peut être battue, elle n'abandonnera pas, certifie qu'elle ne va pas « prostituer son honneur » ni « perdre le respect de l'Europe ». Frédéric II peut lui prendre la Silésie – il ne s'en

---

1. Au sud de Breslau, aujourd'hui Wroctaw, en Pologne.

privera pas ! –, elle ne capitulera jamais. Et de l'aube jusqu'à la nuit, elle travaille, cheville ouvrière d'un État qui est sur le point d'être dépecé.

Ce que ses ennemis n'ont pas compris, c'est que la providence, avare ces derniers temps, vient d'offrir à Marie-Thérèse le cadeau que les Habsbourg espéraient depuis vingt-cinq ans : un fils ! Un gros garçon, prénommé Joseph, né un mois avant le désastre de Mollwitz. Cette naissance au printemps 1741 atténuera les souffrances et les chagrins de l'horrible hiver du désenchantement. Après trois filles, dont deux vivantes, la fierté de Marie-Thérèse génitrice d'un mâle lui insuffle la force de résister aux défaites, aux infamies, aux félonies. De ses grossesses, elle tire une surprenante frénésie. À 24 ans, la robuste Habsbourg-Lorraine accouche aussi facilement qu'elle conçoit. Six heures après sa délivrance, elle annonce, avec jubilation, qu'elle serait comblée d'être de nouveau enceinte de six mois ! Elle est prête à recommencer, elle tiendra parole en donnant le jour à seize enfants. Non seulement ceux-ci assurent l'avenir dynastique, mais ils sont une revanche. Car si la monarchie autrichienne est très affaiblie, sa maîtresse est forte.

Le triomphe de Marie-Thérèse, « roi de Bohême et de Hongrie »

Maintenant, elle compte ceux qui ne l'ont pas trahie. Le calcul est rapide, seuls les Hongrois peuvent la soutenir, même si le contentieux entre Vienne et les Magyars a été vif. En se tournant vers la Hongrie, Marie-Thérèse n'a rien à perdre, car cette « terre associée à la Couronne » bénéficie d'une sorte d'autonomie interne

Marie-Thérèse passant ses troupes en revue à Heidelberg en 1745, lors de la guerre de Succession d'Autriche (1740-1748).

permettant de garantir certaines libertés. Le climat insurrectionnel entretenu, trente ans plus tôt, par Rákóczi s'était évanoui. Et l'on se souvenait que ce rebelle s'était réfugié auprès du roi de France, le jeune Louis XV, ce qui avait déplu aux Magyars. En décidant de se faire couronner à Presbourg, la fille de Charles VI choisit aussi la seule région où elle se sente en sûreté. Elle y fait son entrée le 20 juin 1741, vêtue à la hongroise, sur un cheval blanc. Des mains du primat de Hongrie, archevêque d'Esztergom, gigantesque basilique dominant le Danube qui sera modifiée au XIXe siècle, Marie-Thérèse de Habsbourg-Lorraine reçoit la couronne de saint Étienne[1]. Les dignitaires crient : *« Rex noster ! »* Par une aimable fiction, ce « notre roi ! » exprimé en latin considère que l'archiduchesse est un homme. Elle répond en latin, selon l'usage ; une chance, car cette tradition lui évite de révéler qu'elle ne parle pas hongrois ! Ce « roi Marie-Thérèse » va régner sur la Hongrie en défendant ses privilèges, après avoir brandi son épée et pointé sa lame aux quatre points cardinaux ; c'est la preuve que le monarque défendra le territoire des dangers d'où qu'ils surgissent. Avec finesse, la nouvelle souveraine a veillé à ne pas être accompagnée de son mari. François-Etienne est un étranger et il y en a eu beaucoup sur le trône hongrois. Il reste en retrait pour se faire accepter plus tard.

À plusieurs reprises, son épouse appellera les Hongrois à l'aide. Ils répondront au cours des huit années de la guerre de Succession d'Autriche, jusqu'en 1748. Lorsque les troupes franco-bavaroises s'emparent de Prague et que la diète tchèque reconnaît Charles-

1. Depuis la fin 2011, la couronne de saint Étienne, reléguée dans un musée sous l'ère communiste, est exposée sous la grande coupole du parlement de Budapest. Une garde militaire lui rend les honneurs toutes les deux heures.

Albert de Bavière comme roi de Bohême, la situation de Marie-Thérèse est catastrophique : le prochain empereur risque d'être un Bavarois, un Wittelsbach, alors que depuis 1526 les neuf empereurs Habsbourg avaient tous été couronnés à Prague. À peine celui qu'elle appelle un « imposteur » a-t-il été investi de la dignité impériale, le 24 janvier 1742, que Marie-Thérèse, agissant comme un général en chef, envoie ses troupes reprendre la Bohême aux cris, toujours en latin, de : « Nous mourons pour Marie-Thérèse ! » Les forces rassemblées, que l'on peut qualifier d'austro-hongroises, constituent une première dans l'histoire. Le 12 mai 1743, le « roi de Hongrie » est couronné « roi de Bohême » dans Prague en liesse.

Une mère attentive et moderne qui recommande la vaccination

Dans cet univers masculin, elle est une femme politiquement isolée à qui Dieu a confié une mission. Son grand talent – elle l'aura jusqu'au bout – est d'être le personnage qu'elle doit être et que nul n'attendait. Les circonstances l'ont drapée dans le rôle d'une héroïne de tragédie antique faisant respecter la volonté de son père. Mais elle a d'autant moins de répit qu'étant une épouse heureuse en amour, elle est presque toujours enceinte ou en train de donner le sein au dernier-né, entre deux conseils de gouvernement, dans l'urgence et l'angoisse. Elle est une mère nourricière qui est aussi celle de ses populations disparates. Dans son testament politique, elle résumera sa philosophie : « Quoique aimant ma famille et mes enfants, je n'aurais pas hésité à être avant tout la mère de mes États et à leur donner la préférence si cela avait été nécessaire. » Sa vie privée est rognée par ses responsabilités. Sans arrêt, elle passe du berceau à la table couverte de cartes commentées par ses généraux, stupéfaits de son dynamisme. Le Conseil vit à l'heure de la maternité, une « maternité permanente », selon le mot, cynique, de Frédéric II peu intéressé par la gestation. La maman n'a qu'un regret, celui de ne pouvoir être en campagne auprès de ses soldats quand elle attend un enfant.

Même si l'on sait que la cour de Vienne est très familiale et que le XVIIIe siècle n'a pas les pudeurs affichées par les époques suivantes, Marie-Thérèse offre un spectacle étonnant à ses conseillers. Une manœuvre diplomatique ? D'abord, un enfant à nourrir ! De l'argent à trouver pour la solde de ses troupes ? Oui, si on peut lui enlever l'inquiétude d'un enfant malade. Si la mère délègue à une gouvernante la responsabilité de veiller sur ses enfants (sept naîtront entre 1737 et 1745, dont deux garçons), elle exige d'être informée sans délai de leur santé. Marie-Thérèse et son époux seront très atteints par la mortalité infantile, élevée à l'époque ; sur seize enfants, ils en perdront six et cela en dépit de la vaccination contre la variole, très rare et risquée, que cette mère attentive et moderne fait pratiquer sur sa progéniture.

L'embonpoint la gagnera vite, immortalisant son imposante silhouette enrobée dans des reflets de taffetas. Son médecin personnel, le Hollandais Gerard Van Swieten, essaie d'empêcher l'impératrice de trop manger. Il s'installe à côté de la souveraine. Au fur et à mesure qu'elle absorbe les aliments, il prend les mêmes en quantités identiques et les mélange dans un seau d'or pour que Sa Majesté comprenne ce qui se passe dans son estomac ! Malgré cette expérience, le physicien aux idées nouvelles échoue ! Le seul régime que s'impose Marie-Thérèse consiste à travailler, à faire bonne chère et à se divertir. Les fêtes équestres au Manège d'hiver du palais de la Hofburg, à Vienne, les bals, le jeu et les spectacles sont une passion de l'impératrice, aussi forte physiquement que moralement. Très économe pour elle-même, l'impératrice dépense sans compter dès que le prestige de l'État l'impose. Dans sa vie quotidienne, un diplomate observe : « Elle n'a pas le souci de sa beauté, elle se préoccupe tout aussi peu de son habillement ; en dehors des jours de gala, elle s'habille très simplement et la Cour suit son exemple. »

L'un de ses plaisirs est de vivre à Schönbrunn. Depuis le moulin du XIVe siècle et le petit manoir du XVe, cette résidence d'été, alors en pleine campagne, a connu bien des malheurs : relais de chasse dévasté par les Hongrois, il fut reconstruit, puis incendié par les Turcs, avant que des travaux y soient entrepris sous le règne de Charles VI. Sa fille les continue, revêtant les murs d'une couleur qu'on appellera le « jaune Marie-Thérèse », très prisé dans l'Europe centrale. Elle compte aménager un jardin et une gloriette qui surmontera la colline derrière le château modifié par l'architecte italien Pacassi.

Généreuse, l'esprit clair, ignorant la jalousie, cette maîtresse femme reste obsédée par la Silésie. La récupération de ce territoire est une idée fixe, une faiblesse. De défaite en incertitude, elle finit par signer le traité de Dresde du 21 décembre 1745 qui attribue la région tant disputée à la Prusse. L'échec de Marie-Thérèse est compensé par l'annonce de Frédéric II aux autorités de Vienne : il reconnaît comme régulière l'élection de François Ier, l'époux de la perdante, à la tête de l'Empire.

Elle n'est pas l'épouse de l'empereur, mais l'impératrice régnante

Ainsi, le mari de Marie-Thérèse est proclamé empereur. Mais l'histoire retiendra que l'impératrice ne se contente pas d'être son épouse. Elle est la véritable souveraine de cette multinationale.

Très représentative de son époque, le siècle des lumières, elle en épouse les idées avec souplesse et pragmatisme. Soucieuse de renforcer l'autorité de l'État par la centralisation et le développement d'une administration enfin efficace, elle a vite écarté son excellent époux du pouvoir réel. Elle l'aime, l'accompagne à la chasse, apprécie qu'il surveille l'éducation de leurs enfants (le dernier, Maximilien-François, est né en 1756, un an après Antonia, la future Marie-Antoinette) et encourage ses travaux en sciences naturelles qui sont déjà une passion chez les Habsbourg. L'impératrice crée diverses institutions, en particulier le « Theresianum » en 1766, ancêtre de notre École nationale d'administration. Si Sa Majesté autorise la fondation d'un collège de jésuites à Vienne, c'est en raison de son enseignement en allemand, la langue qui unifiera des peuples différents, mais aussi parce que l'étude de l'histoire porte principalement sur l'Europe des Temps modernes et non sur l'Antiquité. Les élèves doivent connaître le monde dans lequel ils vivront. Toutefois, jugeant que trop de jeunes gens qui pourraient être utiles aux affaires publiques s'enferment dans des couvents, la souveraine finira par se résigner à expulser la Compagnie de Jésus en 1773. Vienne a cependant conservé ce symbole de la Contre-Réforme et de sa transcription artistique qu'est le baroque triomphant. Sa prolifération de baldaquins, de fausses tentures, d'interminables drapés, de tribunes superposées, de niches, le tout surchargé de dorures et de couleurs tendres confèrent aux églises l'apparence d'un théâtre. Cette débauche ornementale est à l'opposé de la simplicité des goûts de Marie-Thérèse dont la résidence, dans l'aile dite Léopoldine du palais impérial, est sombre, vétuste, sans circulation d'air.

Le 18 août 1765, alors qu'il se trouve au Tyrol, François-Etienne s'effondre et expire en quelques minutes. Il avait 57 ans. À leur neuvième fille et douzième enfant, l'archiduchesse Marie-Josèphe, l'impératrice, secouée de sanglots, confie : « Tu perds un père incom-

François Ier, empereur effacé du Saint Empire, et son épouse, l'énergique impératrice et reine Marie-Thérèse, posent, en 1756, avec leurs onze enfants (ils en ont eu seize) sur la terrasse du château de Schönbrunn.

parable et moi un époux, un ami, le seul objet de mon amour. Depuis quarante-deux ans, nos cœurs, nos sentiments n'avaient qu'un seul et même but ; nous avons été élevés ensemble ; toute mon infortune depuis vingt-cinq ans ne me paraissait supportable que parce que je l'avais pour soutien. » En s'effaçant volontairement, François-Etienne n'en avait été que plus présent dans la vie de sa femme.

Une mère marieuse qui sacrifie ses enfants à la raison d'État

Selon la tradition habsbourgeoise, l'impératrice a toujours considéré que les archiducs et les archiduchesses qu'elle avait mis au monde devaient, par leurs mariages, consolider la place de la dynastie. Le rang du mari ou de l'épouse importe plus que la relation amoureuse entre les jeunes gens. Pions sur l'échiquier européen, ils peuvent être interchangeables. Cette stratégie d'alliances matrimoniales ne donnera pas que des résultats heureux.

Marie-Thérèse est une veuve tellement inconsolable que l'on craint qu'elle n'abdique. Mais elle se ressaisit et partage le pouvoir avec son fils Joseph II. Le 20 novembre 1780, celui qui sera son successeur est à son chevet. Depuis cinq jours, il veille son imposante mère. À 63 ans, Marie-Thérèse sait qu'elle vit ses derniers moments. Elle a voulu se lever, mais s'est effondrée sur un canapé inconfortable. Son fils lui fait remarquer :

— Votre Majesté est mal couchée…

Et lui demande tout de même si elle est bien installée. D'une parfaite sérénité, elle lui répond :

— Suffisamment pour mourir.

En 1888, sous le règne de François-Joseph, après douze ans de travaux qui allaient, encore une fois, transformer Vienne, un monument fut inauguré sur la place Marie-Thérèse, entre le musée des Beaux-Arts et celui des Sciences naturelles. Sur vingt mètres, le sculpteur allemand Caspar von Zumbusch a placé, au sens propre, trois catégories d'hommes aux pieds de l'impératrice. On compte quatre généraux, quatre chanceliers et enfin seize célébrités incarnant divers talents, dont Mozart, l'enfant prodige qui avait sauté sur ses genoux après un éblouissant récital. Pas une seule femme ! Vivante, elle avait eu peu de rivales. À défaut de remporter des victoires contre le roi de Prusse, elle avait intégré la Hongrie et la Bohême dans l'obédience habsbourgeoise,

Au château de Schönbrunn, le 13 octobre 1762, Joseph, le fils aîné de Marie-Thérèse, présente le jeune Mozart, âgé de 6 ans, qui va donner un récital devant l'impératrice-reine passionnée de musique.

imposé la volonté de son père, forgé l'unité impériale et aboli bien des frontières sociologiques. Que Napoléon, dans un silence respectueux, se soit découvert et recueilli devant deux tombeaux, celui de Frédéric II à Potsdam et celui, théâtral, de Marie-Thérèse et de son mari assis dans leur lit et se regardant, dans la crypte des Capucins à Vienne, est révélateur. Fille du dernier mâle de la dynastie des Habsbourg, longtemps contestée parce qu'elle était une femme qui avait su le rester, Marie-Thérèse méritait, définitivement, les « mêmes honneurs » que les hommes.

Catherine II de Russie

Une Romanov d'importation

La Grande Catherine, âgée de 40 ans, en 1770.
Originaire d'une petite principauté allemande, épouse
du grand-duc Pierre, futur Pierre III, qu'elle éliminera,
elle s'est convertie à la religion orthodoxe.

Pierre III (1728-1762), petit-fils de Pierre le Grand, né à Kiel, dans un duché allemand des bords de la Baltique, est un admirateur passionné du roi de Prusse Frédéric II.

Comment mieux résumer et définir avec le plus d'exactitude cette personnalité exceptionnelle, sinon en rappelant l'ordre qu'elle donne à ses médecins, un matin, après une nuit d'insomnie :

— Saignez-moi de ma dernière goutte de sang allemand pour que je n'aie plus que du sang russe dans les veines !

Les chirurgiens s'exécutent en silence. Ce qu'ils pratiquent n'est pas qu'une thérapeutique en usage depuis le XIe siècle. Cette soignée constitue une véritable transfusion politique. L'opération est à l'échelle d'un monde et doit permettre à l'intéressée d'achever sa métamorphose. En effet, si Catherine II règne sur l'Empire russe, si elle est la cinquième femme sur le trône des Romanov, elle est la première qui n'ait pas une goutte de sang slave. Un défi à l'histoire et à elle-même, pour affronter une situation peu confortable. Car l'héritière imprévue de Pierre le Grand n'en est pas la descendante. Certes, elle ne parviendra jamais à se débarrasser de son accent germanique du Nord, mais elle observe toutes les traditions orthodoxes et introduit même à la Cour le port de la robe nationale pour les femmes.

— Je dois tout à la Russie, assure-t-elle. Même mon prénom Catherine !

C'est la vérité. Comme il est vrai que la Russie lui devra une expansion qui en fera l'une des grandes puissances d'Europe.

L'enfance d'un chef

Avant de disparaître le 25 décembre 1761, Élisabeth Petrovna, fille de Pierre le Grand et allègre impératrice qualifiée de Vénus autocrate, avait désigné son neveu pour lui succéder, car elle avait trop souffert des ambiguïtés successorales pour ne pas laisser une situation indiscutable. Du moins l'avait-elle souhaité. Fils de sa sœur Anna, Pierre était né le 10 février 1728 à Kiel, dans le duché allemand septentrional de Holstein-Gottorp dont la baie ouvre sur la Baltique. Sa mère était morte quand il avait trois mois. Son père ne s'était guère intéressé à lui, confiant son éducation à des officiers cruels et ignares, avant de décéder en 1739. Pierre, petit-fils de Pierre le Grand, avait 11 ans et son avenir se présentait d'une façon pénible. Chétif, terrorisé parce qu'il était constamment puni, le jeune duc se mit à détester tout ce qu'on avait voulu lui inculquer maladroitement, en particulier les sciences. Très tôt, s'estimant brimé, il annonça qu'il dresserait les gens et serait implacable. La vengeance d'un jeune homme maltraité qui en veut à la terre entière. Il répétait qu'il organiserait des parades militaires à la prussienne, boirait comme un cosaque et connaîtrait beaucoup de femmes. Et on était prié de ne pas le déranger quand il jouait du violon, sa passion qui, hélas !, n'adoucissait pas son humeur. En réalité, dès son adolescence, Pierre s'était révélé têtu, d'une intelligence limitée, capricieux et infantile. Sans doute son enfance sinistre et spartiate et le manque d'affection en avaient-ils fait un personnage sournois et dissimulateur. Une forme d'autodéfense.

Une solide princesse allemande, surnommée « Fiké »

À ces circonstances défavorables s'ajoute le sentiment d'être un étranger. Pierre est né en territoire allemand et son père est allemand. Devenue impératrice, sa tante Élisabeth l'a fait venir en Russie, et ce luthérien a été obligé de se convertir à la religion orthodoxe. Rebaptisé Piotr Fedorovitch le 7 novembre 1742, il a été déclaré l'héritier du trône des Romanov. À Saint-Pétersbourg, il était malheureux, ne s'animant que lorsque l'on évoquait devant lui Frédéric II, le roi de Prusse, son idole. Désespéré par la guerre de Sept Ans qui opposait sa tante au despote éclairé de Potsdam, il avait pris parti pour ce dernier, choquant Élisabeth qui, inquiète, le faisait surveiller. À 28 ans, Piotr était un prince héritier russe littéralement subjugué par l'esprit et l'organisation prussiens, leur vouant une admiration teintée de crainte dont on recensera plusieurs exemples. Pour lui, la Russie n'était pas assez germanisée. À 34 ans, le nouveau tsar Pierre III était, autant par le sang que par tempérament, ce que l'on pourrait appeler un « Romanov allemand ».

Dès son avènement, en 1762, il se hâte de signer la paix avec Frédéric II, lui restituant la Prusse-Orientale. C'est peu de dire que tous ceux qui ont combattu sous le drapeau russe et sont entrés en conquérants dans Berlin sont furieux de s'être battus « pour le roi de Prusse ». La stupeur se mue en colère lorsque l'on apprend que le nouveau souverain impose aux Russes des uniformes prussiens et des ordres en allemand. On s'interroge : la défunte impératrice se serait-elle lourdement fourvoyée en choisissant un attardé mental pour lui succéder ?

En fait, non. Élisabeth avait prévu, si l'on peut dire, un garde-fou, mais qui n'était pas facile à déceler. Une quinzaine d'années plus tôt, l'impératrice, consciente des multiples défaillances et bizarreries de son neveu exalté, lui avait cherché une épouse qui compenserait ses fragilités. Par l'intermédiaire du baron de

Münchhausen, chargé de dénicher l'oiseau rare, Élisabeth avait marié son instable neveu, le 25 août 1745, à une solide princesse allemande, née le 21 avril 1729 à Stettin, capitale de la Poméranie occidentale, sur l'Oder[1]. Elle se nomme Sophie Augusta Frédérique d'Anhalt-Zerbst. Son père, un impécunieux général major de l'armée prussienne, commande un régiment. Sa mère, Johanna Élisabeth, appartient à la maison princière des Holstein-Gottorp. Elle passe pour volage, intrigante, toujours en désaccord avec son mari qui a vingt-deux ans de plus qu'elle. Des commérages de l'époque assurent que la future Catherine II serait la fille de Frédéric II, ce qui est peu crédible. Plus vraisemblablement, si l'on met en doute la paternité officielle, son véritable géniteur serait un diplomate russe, Ivan Betskoi, dont elle baisait toujours les mains en entrant dans une pièce où il se trouvait. Devenue impératrice, elle permettait même à cet homme de s'asseoir en sa présence, alors que les hauts dignitaires restaient debout. Dans sa famille, Sophie Frédérique est surnommée « Fiké ». Elle reçoit une excellente éducation, parle et écrit très bien le français, peut converser en italien et comprend l'anglais. Sachant attirer l'attention quand il le faut, elle est dotée d'un fort caractère. On ne lui connaît qu'un point faible : elle n'a pas l'oreille musicale. Mais son intelligence est fulgurante : « À

1. Colonie germanique dès le XIIe siècle, cédée à la Suède par les traités de Westphalie en 1648, la ville fut reprise par l'Électeur de Brandebourg en 1677, rendue à la Suède en 1679, puis annexée à la Prusse par la paix de Stockholm en 1720. Occupée par les Français de 1806 à 1813, Stettin a été attribuée à la Pologne par la conférence de Potsdam en 1945 et sa population allemande évacuée. Depuis, son nom polonais est Szczecin.

défaut de dot, la princesse Sophie avait apporté un cerveau digne de celui de Pierre le Grand[1]. »

Pierre préfère la compagnie de ses chevaux à celle de Catherine

Quel contraste avec son époux, ce maniaque immature et obsédé de germanophilie ! Mariée à 16 ans, la nouvelle grande-duchesse héritière, convertie à l'orthodoxie, se choisit le prénom de Ekaterina en hommage à l'épouse de Pierre le Grand, donc à la Russie. L'attention, délicate, est appréciée. On vante immédiatement l'esprit, la finesse et la vaste culture de la jeune femme venue de la petite principauté poméranienne ; mais bientôt l'histoire lui reconnaîtra deux autres traits : l'ambition et l'égoïsme. Les qualités de l'épouse de Pierre lui valent d'être jalousée et un peu isolée dans cette cour hostile. Le grand-duc est-il satisfait, voire comblé, que son épouse soit d'origine allemande ? À la surprise générale, il est peu empressé auprès d'elle, souffrant, selon certains ragots, d'une infirmité physique rendant les rapports laborieux. Après neuf ans de mariage, on prétend que Catherine serait toujours vierge, jusqu'à ce que, en 1754, elle mette au monde un fils, le futur Paul Ier. Il est notoire que la grande-duchesse n'inspire aucun désir réel à Pierre, qui lui préfère la compagnie de ses chevaux et de ses chiens. Cette attitude se greffe sur l'adulation du grand-duc pour Frédéric II, une idée fixe qui « dépasse toute expression », selon les dépêches que les ambassadeurs de France et d'Angleterre

1. Ghislain de Diesbach, *Les Secrets du Gotha* (édition révisée et mise à jour), Perrin, 2012.

Catherine, épouse du grand-duc héritier, vers l'âge de 30 ans. Elle en a 33 lorsqu'elle s'empare du pouvoir en juillet 1762 et se substitue à son mari, le discrédité Pierre III.

envoient à leurs ministres. A force de glorifier les Prussiens, Pierre l'exalté insulte les Russes, vexés de devoir, en permanence, prendre exemple sur les usages de Potsdam et l'art de vivre berlinois. Le désarroi fait place à la peur quand le mari de Catherine, agissant comme si Saint-Pétersbourg était assiégé (ce qui n'est pas le cas !), plonge l'admirable cité dans une atmosphère étrange de guerre artificielle, en multipliant les fracassantes salves d'artillerie. Du matin au soir, sur les rives de la Neva, la canonnade terrorise les habitants. Le sommet de ce délire est l'ordre lancé par Pierre III de faire tirer cent grosses pièces de canon en même temps, risquant d'ébranler les quais, les canaux et les premiers ponts.

Pour tenter d'apaiser les inquiétants fantasmes de son mari, Catherine veille à se montrer le moins germanique possible envers lui. Mais dès le début de 1762, immédiatement après le décès de l'impératrice Élisabeth, qui laisse le souvenir d'un règne glorieux marqué par des splendeurs architecturales, il apparaît que Catherine est nettement plus apte que Pierre à monter sur le trône rouge et or des Romanov. Depuis quelque temps, elle se montre peu, lassée de vivre avec un détraqué qui la menace. Une autre raison justifie sa prudence : elle a pris un amant et attend un enfant de lui. Pierre, qui ne remarque rien, s'affiche avec celle qu'il présente comme sa maîtresse, une femme commune et laide. Profitant des lubies du déséquilibré devenu tsar, Catherine cache sa grossesse dans un petit appartement du nouveau palais d'Hiver. Tant qu'elle est enceinte, elle ne peut se mêler des affaires publiques, mais s'en tient informée avec minutie.

Pierre III exige maintenant que les popes rasent leur barbe et leur impose de devenir des « orthodoxes luthériens » ! Cet étrange clergé rejoint vite la foule des mécontents. Personne ne peut plus douter que l'empereur débile, qui ne respecte même pas les anciennes traditions que Pierre le Grand avait épargnées, ne conduise la Russie au chaos. Même pour ses visiteurs ou ses hôtes, par exemple dans un des pavillons de Peterhof, le souverain lunatique élabore une réglementation absurde sur l'art et la manière de se coucher dans un lit ! On peut craindre qu'il cherche à régenter la vitesse du vent !

Avec un talent de dissimulatrice, Catherine élimine son mari

L'accouchement de la tsarine tient à la fois du burlesque et de Machiavel. Prise par les douleurs, elle fomente avec son valet Chkourine une audacieuse mise en scène pour détourner l'attention de son époux que les cris du nouveau-né risqueraient d'intriguer. Puisque, tel un émule de Néron, Pierre III est fasciné par les incendies, au soir du 11 avril 1762 le serviteur de Catherine met le feu à sa propre masure, évidemment en bois, et tout le quartier brûle ! Pierre le Fou et son amante sont attirés par le sinistre. Quel spectacle exaltant ! Pendant ce temps, Catherine la Rusée donne le jour à une enfant illégitime, évacuée en lieu sûr par le dévoué domestique. C'est sans doute au cours de cette nuit théâtrale que l'épouse du tsar affiche la mesure de son habileté et de sa détermination. Un diplomate autrichien dira : « Il est à peine possible que, sous des dehors calmes, elle ne cache pas quelque secrète entreprise. » En effet : la tsarine prépare la déposition de son aberrant mari et se pose en victime innocente d'un homme insensé. Le 9 juin, lors d'un dîner à Oranienbaum (aujourd'hui Lomonossov), le tsar la traite publiquement d'imbécile. Fatale erreur, à tous égards ! Dans toute conspiration, il faut de l'argent, notamment pour convaincre les indécis. Sollicitée, l'Angleterre prête cent mille roubles par l'intermédiaire d'un marchand heureux de participer à cette œuvre d'assainissement. Il y a urgence, puisque le tsar menace d'emprisonner sa femme dans un couvent, veut déclarer la guerre au Danemark et fait passer en cour martiale un rat qui a osé bouleverser l'alignement de ses soldats de plomb !

Le vendredi 28 juin, Catherine est à Peterhof avec ses dames d'honneur. Les quatre frères Orlov jouent un rôle décisif dans le complot. À 6 heures du matin, Alexeï, le cadet et amant de la tsarine, surgit dans sa chambre.

— Madame, il est temps de vous préparer. Tout est prêt pour votre accession au trône.

Elle n'hésite pas, ne prend pas le temps de faire sa toilette (elle emploie ce mot français dans ses Mémoires) et s'engouffre dans une voiture attelée à cinq chevaux. À Saint-Pétersbourg, elle est attendue par des régiments acquis à sa cause. À la caserne Ismaïlovski, près de quatorze mille hommes l'acclament. On lui baise les mains, un pope la bénit. Après un *Te Deum* à Notre-Dame-de-Kazan, Catherine apparaît sur les marches de l'ancienne collégiale, se proclame impératrice autocrate et se rend au palais d'Hiver. Astucieusement, elle apparaît à une fenêtre tenant son fils légitime, Paul, qui a 8 ans. Tous les dignitaires et chefs militaires prêtent serment. Psychologiquement, le coup d'État est une réussite et le palais d'Hiver entre dans l'histoire par une première prise de pouvoir sans que le sang soit versé. Une révolution de palais ? Non, une révolution, subtile, dans un palais.

Mais que faire de Pierre III ? Après une nuit d'ivresse, il est arrivé à Peterhof accompagné pour faire arrêter sa femme. C'est trop tard. Malgré son esprit malade, il comprend qu'il est perdu. Dans la nuit, Catherine, en uniforme de la Garde, revient à Peterhof et y obtient l'abdication de son mari fantoche. Les mille cinq cents hommes qui gardent le palais, tous originaires du Holstein, son pays natal, ne font pas un geste pour le défendre. Pitoyable, Pierre demande que sa maîtresse puisse rester avec lui. Catherine refuse. Alors, d'un ton pathétique, il supplie qu'on lui laisse son caniche, Mopsy, son serviteur, Narcissius, et son violon. L'impératrice accepte.

Doués pour la mise en scène, les frères Orlov organisent la seconde entrée de la nouvelle impératrice dans sa capitale. Elle

Le couronnement de l'impératrice Catherine II le 12 septembre 1762. Cinquième femme sur le trône des Romanov depuis Pierre le Grand, elle est la première qui gouverne elle-même.

est méconnaissable, telle qu'on la voit sur un célèbre portrait équestre du peintre Erichsen. Cheval blanc, selle rouge et argent, pourpoint et culotte verts du régiment Preobrajenski, coiffée d'un tricorne et l'épée à la main, Catherine porte l'uniforme de colonel. Pendant une quarantaine d'heures, elle n'a rien mangé, rien bu et n'a pas dormi. Le samedi soir, elle se couche enfin. Épuisée. Satisfaite. À la tête de l'armée, elle a mis fin au règne démentiel de Pierre III. Celui-ci est enfermé dans un palais à une douzaine de kilomètres de Peterhof. Le 6 juillet, on apprend que le tsar déchu est mort de « coliques hémorroïdales ». Personne ne croira à cette version car, ainsi qu'Alexeï Orlov aura la naïveté de l'écrire dans un courrier à Catherine, Pierre a été étranglé. Sur ordre de Catherine, ou s'agit-il d'un excès de zèle ? Plusieurs officiers ont été complices de cet assassinat. Avait-elle aimé ce piètre mari ? « À la vérité, écrira-t-elle plus tard, je crois que la couronne de Russie m'attirait beaucoup plus que sa personne. » À 33 ans, celle qui devient impératrice sous le nom de Catherine II porte le poids de l'Empire russe et d'un terrible soupçon à perpétuité.

Catherine II travaille de douze à quatorze heures par jour

Pendant dix-huit ans, la grande-duchesse Ekaterina a été tenue à l'écart du pouvoir, mais elle a beaucoup appris. Son apparente soumission n'était qu'un patient apprentissage. Désormais, elle entend régner et gouverner en faisant appliquer la loi et l'ordre. Le peuple russe compte quelque vingt-cinq millions de sujets désemparés et désorientés par un règne de folie qui, pourtant, n'a duré que six mois. Cent quatre-vingt-six jours d'extravagances.

Impératrice de Russie
d'origine allemande,
Catherine II doit ménag
la susceptibilité russe. Sa
métamorphose n'est pas
seulement, comme ici,
dans le choix de vêtemen
traditionnels.

Catherine II n'a pas de remords, seulement des inquiétudes. Qu'elle ait fait tuer ou laissé occire le tsar qu'elle avait déposé, il s'agit du père de son fils légitime, le grand-duc Paul. C'est à la fois un cas de conscience personnel et une fâcheuse notoriété diplomatique moins d'une semaine après sa prise de pouvoir. Lorsque la nouvelle de cet événement tragique atteint les chancelleries, l'Europe est troublée, inquiète. L'impératrice doit faire oublier sa réputation de meurtrière et se glisser dans la légende impériale russe, un siècle et demi après le choix de Michel Romanov comme premier tsar de la dynastie en 1613.

Ébloui par sa personnalité, comme d'autres contemporains illustres, le prince de Ligne, prodigieux épistolier du siècle des lumières, magistral dans l'art de faire des mots sur les puissants, va la surnommer « Catherine le Grand ». Elle-même, consciente que ses origines germaniques peuvent la desservir au moindre faux pas, avoue que son cerveau « est plus mâle que femelle ». Son sens de l'État et sa parfaite maîtrise d'elle-même vont l'aider à dissoudre les réticences internes, d'autant que cette travailleuse acharnée ne prend jamais une décision sans avoir été complètement instruite de l'affaire, mais sans perdre de temps. Catherine II sait bien que le véritable adversaire des Russes n'est ni la Prusse, ni la Suède, ni même l'Empire ottoman, mais la paresse qui engourdit l'immense Russie dans l'immobilisme.

Lors d'un de ses premiers conseils de gouvernement, elle constate, effarée, qu'aucune carte générale de l'Empire n'a été dressée et que le nombre des villes n'est pas exactement recensé. Son entourage bourdonne comme une ruche, elle est la reine des abeilles et la ruche est son symbole préféré ; il illustre la couverture du manuel qu'elle rédige pour les propositions de nouvelles lois. Comme Pierre le Grand, elle fustige Moscou, « siège de la fainéantise », car elle entend être comprise et obéie sans retard. De l'ancienne capitale, l'impératrice dit encore : « Voilà donc un amas de populace de toute espèce, toujours prête à s'opposer au bon ordre et qui s'ameute pour la moindre bagatelle. À Saint-Pétersbourg, le peuple est plus docile, plus poli, moins superstitieux, plus accoutumé aux étrangers. » Mais sa répulsion pour Moscou ne lui interdit pas d'être couronnée conformément à la tradition, le 12 septembre 1762, dans l'admirable cathédrale de la Dormition, au Kremlin[1]. La cérémonie consolide son pouvoir en le parant de la légitimité sacrée.

Même si elle prétend être devenue russe, Catherine II ne se ferme pas au monde extérieur. Et si Saint-Pétersbourg déploie un urbanisme élégant, spectaculaire et unique, c'est l'impératrice qui va y faire naître une vie de l'esprit plus qu'une vie de cour, élevant la cité au rang de phare des lumières européennes. Puisqu'elle est suspectée d'un crime, la souveraine doit purifier sa réputation face à des diplomates perplexes ; elle a donc besoin d'écrivains, car ce sont eux qui font voyager les idées. Elle avait 14 ans lorsque sa gouvernante, descendante d'émigrés huguenots, lui a enseigné les vers de Corneille et recommandé les romans précieux de Mlle de Scudéry. Autant par plaisir intellectuel que par calcul politique, l'impératrice a fait son choix. Allemande de naissance, Russe par destination, elle se veut Française de pensée. Neuf jours – neuf jours seulement ! – après l'abdication de son mari et au moment où il disparaît, l'impératrice invite le philosophe Denis Diderot à venir à Saint-Pétersbourg et à y

---

1. Si, depuis 1703, Saint-Pétersbourg est la nouvelle capitale politique et diplomatique, Moscou conserve son rang de capitale religieuse où furent couronnés tous les tsars, jusqu'au dernier, Nicolas II.

achever la publication de l'*Encyclopédie*, interrompue en France par la censure au nom de Louis XV. Catherine la Libérale?

Voilà qui est finement joué et devrait convaincre les sceptiques. Diderot s'interroge : quel air respire-t-on à Saint-Pétersbourg? Est-ce vraiment celui de la liberté? Et toutes ces rumeurs d'assassinats? Pierre le Grand avait lui-même fait torturer et exécuter son propre fils qu'il soupçonnait de complot. Et la nouvelle souveraine est aussi suspectée d'avoir, au moins, permis la mise à mort de l'infortuné tsar Ivan VI, un petit-neveu de l'impératrice Anna. Il avait 24 ans et était emprisonné depuis des années. Cette atmosphère n'est guère engageante. Et quel voyage! Diderot hésite. Son ami d'Alembert, également sollicité, refuse malgré la promesse de vingt mille roubles et le rang d'ambassadeur. Froissée par le peu d'enthousiasme de messieurs les philosophes, Catherine II fait répandre le bruit que les écrivains qu'elle a invités ne sont que des peureux. Puis, apprenant que, en raison de difficultés financières, Diderot doit se séparer de sa bibliothèque et qu'il en demande quinze mille livres, elle ordonne à son ambassadeur le prince Galitzine de la lui acheter mille de plus et de lui laisser tous ses volumes, sous forme d'usufruit, pendant cinquante ans (jusqu'en 1815!). Et elle a ce mot délicat :

— Ce serait une cruauté de séparer un savant de ses livres.

Invité par l'impératrice, Diderot devient son agent artistique

Sa Majesté impériale ajoutant encore mille livres de rente annuelle, le philosophe se sent obligé d'aller remercier sa bienfaitrice. En mai 1773, âgé de 60 ans, Diderot part enfin. Son voyage dure plus de trois mois. Au palais d'Hiver, chaque fin d'après-midi pendant une heure, le maître d'œuvre de l'*Encyclopédie* s'entretient de politique avec son illustre hôtesse. L'œil en feu, Diderot bouscule le protocole, prenant la main de Catherine II, lui secouant le bras et tapant sur la table comme s'il était dans une taverne ! De ces audiences très rapprochées, elle sort « les genoux meurtris et des taches bleues sur les cuisses » ! Les hématomes philosophiques n'étant ni plaisants ni excitants, l'impératrice fait installer une seconde petite table entre elle et son visiteur. Enflammé, Diderot appelle la tsarine « ma bonne dame » ! Celle-ci, plus amusée que choquée, accepte de répondre à un questionnaire en quatre-vingt-huit points élaboré par le Français pour vérifier les connaissances de la « Sémiramis du Nord » sur son vaste pays. Catherine II lui fait aimablement remarquer qu'il n'est qu'un théoricien ignorant de la réalité et même un intellectuel utopiste : « [Il est facile de proposer des réformes] sur le papier qui souffre tout, est tout uni, souple et n'oppose d'obstacle ni à votre imagination ni à votre plume, tandis que moi, pauvre impératrice, je travaille sur la peau humaine qui est bien autrement irritable et chatouilleuse. » Parce qu'elle s'est nourrie de bonnes lectures, l'élève dépasse le maître : « Monsieur Diderot, j'ai entendu avec le plus grand plaisir tout ce que votre brillant esprit vous a inspiré, mais avec vos grands principes que je comprends très bien, on ferait de beaux livres et de mauvaises besognes. »

Toutefois, si l'impératrice n'est pas prête à accorder des générosités excessives, grâce à son éducation et à ses multiples relations européennes la tsarine professe des idées libérales très en avance sur la mentalité russe. À la fin de son règne, plus de huit cent mille serfs auront été affranchis, tandis que les peines corporelles infligées aux seigneurs condamnés par la justice sont supprimées. Catherine II est ferme dans l'application des lois et subtile dans leur élaboration. Diderot a passé six mois à Saint-Pétersbourg pour essayer de convaincre l'impératrice d'accepter les idées

Francophile, adepte de la philosophie des lumières, Catherine II invite Diderot (ici en 1767) à poursuivre à Saint-Pétersbourg la publication de l'*Encyclopédie* censurée en France.

nouvelles. Durant le long hiver russe 1773-1774, le philosophe l'accable de questions. Un examen permanent ! Quand l'entêté Denis lui suggère de réunir les représentants du peuple pour la conseiller, la souveraine agite la main en signe de dénégation et lui dit, en souriant :

— Monsieur, je ne veux pas d'un parlement à la mode anglaise !

Diderot repartira, souffrant de maux d'estomac, mais ayant noué avec Catherine II une relation particulière. Désormais, il ne cesse de chanter ses louanges. À Paris, il devient son correspondant artistique et son acheteur d'œuvres d'art. Depuis une dizaine d'années, l'impératrice a commencé à rassembler des tableaux dans un ravissant bâtiment qu'elle a nommé, en français, son « Petit Ermitage ». Sa collection est presque née par hasard, lorsqu'elle avait été avertie que le roi de Prusse n'avait pas réglé l'achat de deux cent vingt-cinq merveilles à un marchand de Berlin. Elle s'était empressée de les acquérir, amusée de donner une leçon au caractériel roi de Prusse. Ce qu'elle constitue n'est pas un musée, mais un ensemble privé, élaboré pour son seul plaisir. Enfin presque car, dans une lettre où elle relate ses émotions devant tant de chefs-d'œuvre, elle souligne : « Il n'y a que les souris et moi à jouir de ces richesses ! » Aussi, lorsque Diderot est informé de la vente à Paris de quatre cents tableaux exceptionnels, il fait prévenir l'impératrice. Arbitre, agent, négociateur, il s'affaire à envoyer à Saint-Pétersbourg un Raphaël, quatre Véronèse, douze Rubens, sept Van Dyck, trois Watteau, huit Rembrandt, cinq Poussin, des Le Nain, des Claude Lorrain, le tout payé quatre cent soixante mille livres, soit la moitié de leur valeur. En 1774, l'Ermitage compte déjà plus de deux mille toiles.

Catherine II collectionne les amants intelligents et utiles

Pendant sa longue absence, Diderot avait tenu à rassurer son épouse, car la tsarine avait déjà une réputation – justifiée – de mangeuse d'hommes, en décrivant Catherine II d'une manière peu flatteuse : « Petite, elle a le front grand et haut, de grosses joues soufflées, des yeux ni grands ni petits, un peu enfermés dans leurs orbites, les sourcils et les cheveux noirs, le nez épaté, la bouche grande, les dents gâtées, le cou rond et droit, la poitrine convexe, point de taille, de la promptitude dans les mouvements, un peu de grâce, nulle noblesse. » À la séduction du pouvoir, l'impératrice ajoute un fort tempérament. La cohorte de ses amants est impressionnante : on peut citer deux frères Orlov, le roi de Pologne Poniatowski et Potemkine. La souveraine est aussi généreuse qu'ardente, mais le statut de favori n'est pas une sinécure. Si, à chaque liaison, l'heureux soupirant reçoit le grade d'aide de camp général, un appartement au-dessous de celui de sa bienfaitrice, mais communiquant par un escalier secret, cent mille roubles d'encouragement à la fidélité plus douze mille roubles supplémentaires chaque mois, l'intéressé ne peut, en revanche, sortir du palais d'Hiver sans lui en demander l'autorisation. Il ne peut pas s'entretenir avec d'autres femmes et, s'il accepte d'être invité chez des amis, la maîtresse de maison doit, impérativement, souper ailleurs ! La concurrence est surveillée. Les hommes que choisit Catherine ne sont pas nécessairement beaux (Potemkine est laid), mais ils sont brillants et aptes à atteindre un objectif politique ou militaire. Parfois, ils réunissent des qualités intellectuelles et

Le prince Grigori Aleksandrovitch Potemkine en 1780. De tous les favoris de Catherine II (de 1774 à 1776), il est celui qui contribue le plus à la gloire de son règne.

physiques, mais jamais elle ne confiera une parcelle de pouvoir, une responsabilité ou un haut commandement à un personnage médiocre. Elle a le talent de distinguer les compétences, qu'il s'agisse de traiter une affaire gouvernementale ou de satisfaire ses plaisirs personnels. Tous ont joué un rôle dans sa vie, mais elle veillait à les remettre à leur place. « Une nuit que l'un d'eux l'étreignait en disant, transporté d'orgueil : "Je tiens toute la Russie entre mes bras !", elle rabattit aussitôt son enthousiasme en répliquant : "Non, tu ne tiens que Catherine."[1] » Encore plus significative est l'anecdote d'un soldat de la Garde qui, voyant une femme à contre-jour semblant rêver à une fenêtre du palais un soir d'été, s'était approché pour l'enlacer brusquement. La silhouette s'était retournée : c'était l'impératrice ! Le soldat, effrayé, était tombé à genoux. « Ah ! se serait-il écrié, si Votre Majesté a le cœur aussi dur que les fesses, je suis un homme perdu ! » Bien au contraire, « ce mot fit sa fortune, il fut nommé capitaine et créé baron[2] ».

En fait, Catherine II est rarement heureuse dans sa vie privée. Evoquant son dernier favori, le prince Zoubov – qui a trente-huit ans de moins qu'elle ! –, la sensuelle tsarine écrit : « Je poursuis les intérêts de l'État en formant des jeunes gens. » L'appétit sexuel de l'impératrice est vite devenu légendaire. Lors de la Seconde Guerre mondiale, d'incroyables gravures et dessins – dont l'authenticité reste à démontrer et qui pourraient relever d'une sordide propagande – furent prétendument découverts dans les ruines du palais de Pouchkine (redevenu Tsarskoïe Selo), illus-

1. Ghislain de Diesbach, *op. cit.*
2. *Ibid.*

trant des scènes invraisemblables, ahurissantes, monstrueuses, voire zoophiles : l'impératrice saillie par un étalon suspendu à un gigantesque harnais! Quand la disgrâce s'abat sur le favori, il reçoit l'ordre de voyager, puisque la vue de Catherine lui est désormais interdite. Cependant, des « récompenses » sonnantes et trébuchantes, sortes d'indemnités de licenciement amoureux, adoucissent son éloignement.

Par ses victoires militaires, elle devient « Catherine la Grande »

Où puise-t-elle son énergie? Elle ne se repose jamais. Escortée de ses deux petits lévriers anglais, elle étudie en permanence les affaires de l'État, écrit continuellement (même des pièces de théâtre pour l'éducation du peuple) et ne s'attarde guère à table – bien qu'elle mange avec une surprenante lenteur –, à 14 heures pour le déjeuner, à 21 heures pour le souper. À son entourage, elle explique que c'est pour mieux reconstituer ses forces. Elle en a besoin, car sa politique étrangère la conduit à mener des guerres d'expansion sur les deux fronts qui seront une constante dans les visées de l'Empire russe : d'abord la Pologne, qu'elle annexe en partie, puis des victoires contre la Suède en mer Baltique, et enfin l'ouverture sur la mer Noire, le vieux rêve de Pierre le Grand. Avec Potemkine et Souvorov qui battent les Ottomans, la Russie s'empare, en 1783, de la Crimée et poursuit la colonisation de l'Ukraine où seront aménagés les ports de Sébastopol et d'Odessa. De 1788 à 1795, la Russie de Catherine II se hisse au rang de l'État le plus puissant et le plus peuplé d'Europe. Saint-Pétersbourg se mue en une authentique capitale politique et diplomatique ; la tsarine lui confère également un rôle définitif de métropole artistique, bien qu'elle semble préférer le faste à la création. L'éblouissante cité est la marque indélébile de l'un des plus glorieux règnes des Romanov (germanisés !), l'un des plus bénéfiques pour la Russie et certainement l'un des plus brillants de l'histoire européenne. La Grande Catherine ne s'interdit aucun sujet, abordant le monde avec une curiosité boulimique. Le génial Mikhaïl Lomonossov, une sorte d'émule russe de Léonard de Vinci, reçoit l'impératrice dans son cabinet d'expériences en tous genres, encombré d'instruments de mesure, de fours ronronnants et de récipients. Un antre de magie. Cet homme – qui sait tout et devine le reste – révèle à Catherine II les secrets de la mosaïque.

Afin d'ancrer son règne au plus profond de l'histoire russe, elle met en valeur ce que l'on pourrait appeler la continuité nationaliste. Au sculpteur français Falconet, ami de Diderot, elle commande une statue équestre de Pierre le Grand, *Le Cavalier d'airain*, qui est en bronze. Sur son cheval cabré face à la Neva, le tsar résiste autant aux invasions qu'aux maux de la Russie, symbolisés par un serpent qu'il piétine. Lors d'une fête grandiose à l'été 1782, la foule découvre, sur le côté gauche du socle, une inscription en latin : « A Pierre Ier, Catherine IIe. » Depuis, la statue, thème d'un futur magnifique poème de Pouchkine et emblème de la ville, est aussi l'hommage d'une femme qui voulait être l'héritière politique de Pierre le Grand et aurait mérité d'être reconnue comme sa fille.

Les nouvelles de la Révolution française ne réjouissent guère l'impératrice. Son humeur s'en ressent. Une France sans roi ? Quelle rupture ! Elle accuse la « peste française », fustige la franc-maçonnerie, très répandue en Russie. Le 4 novembre 1796, la tsarine vieillissante – mais qui n'admet pas son état – est victime d'une hémorragie cérébrale. On la retrouve inanimée dans un obscur corridor. Elle est morte seule, après trente-quatre ans d'un règne foisonnant. Elle a hissé la Russie et le pouvoir d'une femme à un degré rarement égalé. Son succès tient, sans doute, à la combinaison d'un solide bon sens masculin et de la finesse de l'instinct féminin. « Elle représente un âge d'or pour la Russie[1]. »

Dans Saint-Pétersbourg, en cette fin tourmentée du siècle des lumières, la plus étincelante lumière du Nord s'est éteinte.

1. Hélène Carrère d'Encausse, de l'Académie française, *Catherine II*, Fayard, 2005.

En 1782, la Grande Catherine veut souligner la continuité politique entre Pierre le Grand et celle qui, n'étant pas sa descendante, est son héritière. Au sculpteur français Falconet, ami de Diderot, elle commande ce *Cavalier d'airain* devenu un emblème de Saint-Pétersbourg.

Marie-Antoinette, dernière reine de France

De l'insouciance à la tragédie

Marie-Antoinette en 1778, par Mme Vigée-Lebrun, portraitiste attitrée de la reine. Née à Vienne en 1755, cette archiduchesse d'Autriche n'était pas préparée à affronter les intrigues de Versailles.

Portrait inachevé de Marie-Antoinette en 1792 par Alexandre Kucharski. C'est l'évasion des Tuileries, le 10 août, qui empêche l'artiste de finir son œuvre. On remarque, en bas à gauche, la trace d'un coup de pique révolutionnaire.

Paris, prison de la Conciergerie, 16 octobre 1793, 4 heures et demie du matin. Lettre de la reine, appelée par dérision « la veuve Capet » depuis l'exécution de Louis XVI neuf mois plus tôt, à sa belle-sœur, Madame Élisabeth : « C'est à vous, ma sœur, que j'écris pour la dernière fois. Je viens d'être condamnée, non pas à une mort honteuse, elle ne l'est que pour les criminels, mais à aller rejoindre votre frère. Comme lui innocente, j'espère montrer la même fermeté que lui dans ses derniers moments. Je suis calme comme on l'est quand la conscience ne reproche rien. J'ai un profond regret d'abandonner mes pauvres enfants. Recevez pour eux deux ici ma bénédiction. Que mon fils n'oublie jamais les derniers mots de son père que je lui répète expressément. Qu'il ne cherche jamais à venger notre mort. Je sais combien cet enfant doit vous avoir fait de la peine. Pardonnez-lui, ma chère sœur, et pensez à l'âge qu'il a et combien il est facile de faire dire à un enfant ce qu'on veut et même ce qu'il ne comprend pas. Je meurs dans la religion catholique apostolique et romaine, dans celle de mes pères, dans celle où j'ai été élevée, ne sachant pas s'il existe encore ici des prêtres de cette religion. Je demande sincèrement pardon à Dieu de toutes les fautes que j'ai pu commettre depuis que j'existe. Je pardonne à tous mes ennemis le mal qu'ils m'ont fait. »

Pour écrire sa dernière lettre, la condamnée n'a eu que quelques instants. À 5 heures, un tambour bat le rappel. À 7 heures, des soldats sont en place sur tout le parcours qui la conduira de la Conciergerie, par la rue Saint-Honoré, vers l'ancienne place Louis-XV devenue place de la Révolution. À 7 heures et demie, un prêtre jureur s'approche de Marie-Antoinette ; elle refuse son ministère, l'ecclésiastique ayant vendu son âme à la Révolution. Le bourreau Sanson coupe les cheveux de la reine à ras au-dessous de son bonnet. Son visage, creusé, est pâle, les pommettes et les yeux sont rougis par la fatigue ; ses mains sont liées dans le dos. Gravissant les quelques marches qui mènent à la cour du Mai proche de la Sainte-Chapelle, elle monte dans la charrette qui va la conduire au supplice. Le roi avait eu droit à un carrosse. Sur son passage, depuis une fenêtre, le peintre David esquisse, au crayon, l'ultime et saisissant portrait de la reine. Depuis quatre ans, les épreuves et les drames l'ont vieillie. Elle n'a pas 38 ans. Un peu avant midi et quart, elle monte à l'échafaud.

Une archiduchesse d'Autriche très morale, mais peu instruite

Elle était née le jour des Morts, le 2 novembre 1755, à Vienne. Quinzième et avant-dernier enfant de l'impératrice Marie-Thérèse d'Autriche et de son mari François de Habsbourg-Lorraine, Maria Antonia Josepha Johanna grandit au milieu de ses frères et sœurs, dans l'atmosphère d'une cour familiale qui, l'été, vit au château de Schönbrunn, réaménagé sur ordre de Marie-Thérèse. C'est dans un de ses salons que la jeune archiduchesse avait vu et entendu Mozart démontrer son génie musical précoce et sauter sur les genoux de sa mère, aussi débordante de bonne humeur que le jeune prodige.

Maria Antonia n'a pas 10 ans quand disparaît son père, que l'on appelait l'empereur, même si en réalité le pouvoir était exercé par l'impératrice. Celle-ci décide de partager la dignité impériale, plus symbolique que réelle, avec son fils Joseph. À 24 ans, le frère aîné d'Antonia assure principalement, avec sa mère, la direction des affaires de l'Autriche, menacée par la Prusse et son roi très militaire, Frédéric II.

L'archiduchesse Maria Antonia de Habsbourg-Lorraine à Vienne, à l'âge de 7 ans, en 1762. Son instruction, gravement négligée, et son insouciance seront un handicap fatal à sa popularité.

Un an plus tard, la quatrième fille de Marie-Thérèse est, sans en être consciente, l'enjeu de l'alliance inattendue entre les Bourbons et les Habsbourg, dont l'artisan est le chancelier Kaunitz. Celui-ci vise à contrer l'entente anglo-prussienne dans la guerre de Sept Ans. L'impératrice est une marieuse dans la tradition des Habsbourg, plus adroits dans les alliances matrimoniales que dans les conflits armés. Ses enfants, garçons et filles, sont, en somme, interchangeables. Des pions sur l'échiquier européen. L'essentiel étant de les répartir habilement et qu'ils ceignent une couronne.

Afin de garantir la paix avec la France, signée le 1er mai 1756, Marie-Thérèse envisage de marier Antonia au dauphin Louis, petit-fils de Louis XV. En charge des Affaires étrangères, le ministre Choiseul s'accorde avec Vienne pour organiser cette union au nom de la raison d'État. C'est alors que Marie-Thérèse se rend compte que sa fille, d'une solide santé et d'une parfaite élévation morale, n'a reçu qu'une instruction négligée, gravement insuffisante pour paraître à la cour de Versailles et y épouser l'héritier du trône. Sous l'autorité bienveillante de la comtesse de Lerchenfeld, Maria Antonia est supposée rattraper de grands retards. Alors qu'à la cour des Habsbourg on pratique couramment trois langues, c'est à peine si l'archiduchesse sait lire et écrire en allemand, son français est pitoyable et son italien incompréhensible. Maria Antonia a du mal à former ses lettres et à retenir l'orthographe. Elle a 11 ans. Gluck, le maître de chapelle de la Cour, l'initie – sans succès ! – au clavecin et son ami Noverre, un Français danseur et chorégraphe qui a ébloui Londres, obtient de meilleurs résultats en apprenant à la jeune fille les principales figures de la danse qui sont prisées à Versailles. À cet emploi du temps d'où la futilité est exclue s'ajoutent des leçons de chant et de diction plutôt laborieuses. Mais ce n'est pas tout : voici, dépêché de France, l'abbé de Vermond, un précepteur subtil arrivé en novembre 1768, qui doit s'assurer que la future dauphine est instruite dans la vraie religion et retiendra ce qu'il lui faut savoir de l'histoire de France, de sa monarchie et des usages de Versailles, beaucoup plus rigides que ceux de Vienne. De plus, la cour de France subit l'influence de favorites, créatures ignorées par la maison d'Autriche. Cette éducation tardive est sévère et sans doute mal assimilée, car personne n'avait enseigné à l'archiduchesse la notion de l'effort. À Mercy-Argenteau, l'ambassadeur de l'impératrice auprès de Versailles, l'abbé de Vermond écrit de son élève qu'« elle avait plus d'esprit qu'on ne lui en avait cru pendant longtemps. Malheureusement, cet esprit n'avait été accoutumé à aucune contention jusqu'à 12 ans. Un peu de paresse et beaucoup de légèreté m'ont rendu son instruction plus difficile. J'ai commencé pendant six semaines par le principe des belles-lettres. Elle m'entendait bien lorsque je lui présentais des idées éclaircies ; son jugement était toujours juste, mais je ne pouvais l'accoutumer à approfondir un objet, quoique je sentisse qu'elle en était capable. J'ai cru voir qu'on ne pouvait appliquer son esprit qu'en l'amusant[1] ».

Le dauphin de France est un mari peu empressé

La princesse n'est pas très grande et un peu maigre ; elle a un teint de rose, est gaie et pleine de charme à défaut d'être vraiment jolie. Elle a le front haut et la célèbre « lippe Habsbourg » que de

1. Evelyne Lever, *Louis XVI*, Fayard, 1985.

grands peintres, comme Titien, avaient alourdie dans la représentation de ses ancêtres. Son principal défaut est d'être insouciante et l'impératrice, contrariée, la met en garde contre cette tendance. Le 13 juin 1769, après trois années de négociations, la chancellerie viennoise reçoit de Versailles la demande en mariage au nom du dauphin de France. Dix mois s'écoulent avant le départ pour la France. Est-ce un pressentiment ? Maria Antonia, oubliant ses trois jours de retraite pendant la semaine sainte, se divertit de bals et de fêtes, comme si elle était sûre de ne jamais revoir sa mère. Pour cette future reine de France, Vienne se pare de séductions inoubliables. Six jours plus tard, selon l'usage, en l'église des Augustins, la paroisse de la Cour, se déroule le mariage par procuration. Le dauphin est représenté par un frère de Maria Antonia, l'archiduc Ferdinand. Puis, le 21 avril 1770, l'archiduchesse de 15 ans quitte Vienne en carrosse, escortée de trois cent soixante-seize cavaliers. Ultime recommandation de l'impératrice : que sa fille soit pieuse, discrète et ne donne « point de scandale ».

Mais dans l'immédiat, c'est une jeune fille apeurée qui franchit le Rhin, se jette en pleurant dans les bras de la comtesse de Noailles choisie comme sa dame d'honneur. Un premier contact rébarbatif avec un fantôme omniprésent qui empoisonnera la vie de la dauphine puis de la reine et qu'elle surnomme immédiatement, avec son accent des bords du Danube, « Madame l'Étiquette ». Ne voulant plus s'exprimer qu'en français, Maria Antonia se mue en Marie-Antoinette. C'est à Compiègne, le 14 mai, qu'elle rencontre son futur époux, après une révérence au roi Louis XV. Si le grand-père est chaleureux, le petit-fils, qui n'a qu'un an de plus qu'elle, semble gêné, maladroit, peu

Marie-Antoinette avant 1770, à environ 15 ans, avant son mariage avec le dauphin, futur Louis XVI. À son départ de Vienne, sa mère, l'impératrice Marie-Thérèse, lui recommande d'éviter « tout scandale ».

empressé. Il est grand (contrairement à une propagande longtemps répandue par une postérité mesquine), embarrassé de son corps ; c'est un jeune homme généreux et bon, très cultivé, mais piètre orateur. Un taiseux qui ouvre plus volontiers la bouche pour se nourrir. Maintes fois, Louis XV, qui reste l'élégance même, lui a recommandé de « ne pas trop se charger l'estomac ». En vain. Retenons qu'au lendemain du mariage, le dauphin ne se comporte guère comme un marié ou du moins un amoureux : il part tôt le matin à la chasse avec le roi, laissant Marie-Antoinette. Il ne s'inquiétera que d'une chose : « Avez-vous bien dormi ? » Pas un signe de tendresse ne sera perceptible, alors que les mariés ont partagé le même lit. Si la fatigue résultant des festivités est une explication, l'extrême jeunesse des deux époux est leur premier handicap, ce dont on ne voudra pas tenir compte.

Mais l'événement qui restera dans les mémoires publiques se situe le 30 mai. Versailles a eu ses noces, Paris attend ses réjouissances. Place Louis-XV, une foule considérable est rassemblée, attendant un spectacle. Les frères Ruggieri tirent un somptueux feu d'artifice. Un début d'incendie, accidentel, provoque une panique dans l'obscurité. Des centaines de Parisiens affolés reculent vers la Madeleine, alors que des centaines d'autres débouchent de la rue Royale, arrivant des boulevards où la fête bat son plein depuis plusieurs jours. La bousculade est immédiate. Des gens sont piétinés, des femmes et des enfants sont étouffés pendant que des cochers et des chevaux emballés essaient de forcer le passage au milieu des hurlements. On compte cent trente-deux morts. Un mauvais présage.

À Versailles, Marie-Antoinette affronte les pièges de la Cour

Avec « Madame l'Étiquette », la jeune dauphine pensait être en face de son ennemie permanente. Elle découvre, à ses dépens, qu'il y a pire, sous la forme de deux clans qui s'opposent : Mesdames, autrement dit les trois filles non mariées de Louis XV d'une part, et Mme Du Barry, la favorite du roi, d'autre part. Dans un premier temps, Marie-Antoinette, déconcertée par la rivalité des coteries que l'on ignorait à Vienne, se range naturellement du côté des filles du Bien-Aimé, bien qu'elles n'aient pas approuvé le mariage autrichien du dauphin. Le souverain apprécie la fraîcheur de la dauphine, pardonne son inexpérience et se montre attendri par sa spontanéité. Mais très vite, Marie-Antoinette, sans doute sincèrement scandalisée que le roi ait une passion dévorante pour sa maîtresse, commet l'erreur de lui montrer son hostilité. Or, Jeanne Bécu, devenue après bien des péripéties et une existence sulfureuse la comtesse Du Barry, n'a été présentée officiellement à la Cour que le samedi 22 avril 1769. Mais en peu de temps, elle exerce un tel pouvoir amoureux sur Louis XV que le monarque, veuf de Marie Leszczyńska, songerait, dit-on, à épouser sa nouvelle favorite. Ravissante ancienne modiste aux amants connus, la Du Barry est intelligente, affable et donne le meilleur ton en s'intéressant aux arts, favorisant la vogue du néoclassicisme. Et à la différence de la dauphine, elle a reçu une excellente éducation[1]. Marie-Antoinette se met à haïr celle qui tient le cœur et les

1. Contrairement à l'image, fausse et ridicule, d'une « fille de saloon » donnée dans le film de Sophia Coppola *Marie-Antoinette* (2006).

sens du roi, multipliant les incidents et les scandales sans autre résultat que de révéler à la Cour son manque de maturité. Face à la courtisanerie, une spécialité de Versailles, Marie-Antoinette se délecte naïvement des pamphlets orduriers visant la favorite, sans se douter qu'un jour c'est elle-même, devenue reine, qui en fera les frais. La Du Barry, plus prudente que la Pompadour, se refuse toujours à ce que l'on démasque les auteurs des calomnies dont on l'accable et interdit que l'on prenne des sanctions contre eux.

La reine Marie-Antoinette prenant une leçon de harpe à Versailles. Son charme ne résiste pas à ses maladresses. Peu ouverte à l'esprit des lumières, elle est accusée d'une conduite légère, réelle ou supposée.

On peut penser que, dans sa situation intime où il semble qu'elle ne connaisse que frustrations et désillusions, la fille de Marie-Thérèse trouve une compensation dans ces cabales. La Du Barry ne pouvant, protocolairement, s'adresser à la dauphine, c'est celle-ci, chapitrée par Mercy-Argenteau, qui l'apostrophe dans la galerie des Glaces. La favorite s'incline, la dauphine lance une sorte de *mea culpa* pour tenter de s'attirer les bontés de la protégée royale :

– Il y a bien du monde aujourd'hui à Versailles.

Marie-Antoinette ne s'est pas donné beaucoup de mal ! À Vienne, l'impératrice, régulièrement informée par Mercy-Argenteau, supplie la dauphine de ne pas se mêler de politique, car elle risquerait de compromettre le précieux et fragile renversement d'alliance entre la France et l'Autriche. Marie-Antoinette serait mieux avisée d'être une femme pour son mari et, dès que possible, une procréatrice pour la dynastie. En réalité, la dauphine est constamment surveillée par sa mère et Mercy-Argenteau. « L'échange épistolaire mensuel entre la mère et la fille se double d'un échange entre l'ambassadeur et sa souveraine. Les rapports, très étoffés, de Mercy sont en partie double : les uns pouvaient être lus par quelques tiers proches, les autres réservés à elle seule (Marie-Thérèse) sous la suscription *Tibi Soli*. La jeune femme ne peut pas lever le petit doigt sans que la chose soit répercutée à Vienne et suscite conseils ou reproches[1]. » La toile d'araignée tissée autour de Marie-Antoinette va la rendre dissimulatrice et l'entraîner à cacher à sa mère tout ce qui pourrait lui déplaire.

1. Simone Bertière, « Un couple disjoint », contribution au colloque *Marie-Antoinette face à l'histoire* que j'ai organisé et animé à la Sorbonne le 30 septembre 2006 (actes publiés par les Éditions François-Xavier de Guibert, 2008).

Épouse distante, Marie-Antoinette est une excellente mère

On sait que pendant les huit premières années de leur union, le dauphin et sa femme n'eurent pas de rapports physiques complets. Seule une intervention assez brutale du frère de Marie-Antoinette, l'empereur Joseph II, venu spécialement à Versailles, débloqua enfin la situation. Contrairement à ce que prétendit plus tard Stefan Zweig, qui n'eut accès qu'à une partie des archives secrètes, le roi ne souffrait d'aucune malformation et n'avait pas besoin de subir une légère opération. La réalité était plus simple. Marie-Antoinette était très menue, son mari un colosse, leurs rapports intimes se révélaient douloureux. Lui était aux « deux tiers » son époux, il ne concluait pas. Et si, finalement, cette situation de fausse intimité et de mariage non accompli convenait à la dauphine puis à la reine ? Simone Bertière a développé une thèse très intéressante sur ce « couple disjoint ». Les exemples que Marie-Antoinette avait eus autour d'elle l'horrifiaient : Marie Leszczyńska avait eu dix enfants en dix ans et, pour toute reconnaissance, elle s'était vue supplantée par la Pompadour en favorite. Marie-Josèphe de Saxe, mère du dauphin, avait accouché de huit enfants et finit par en mourir prématurément. Pouvoir échapper au cauchemar des maternités à répétition, quelle chance pour Marie-Antoinette ! À la mort de Louis XV, le 10 mai 1774, la dauphine n'a pas 20 ans. « Trois ans durant, comme prise de folie, elle se livra au malheureux "tourbillon des plaisirs" qui scandalisa Paris et l'Europe entière. Elle fuyait ouvertement son mari. Il se levait tôt pour aller à la chasse et se couchait ponctuellement à onze heures. C'était le moment où elle partait pour le spectacle, s'asseyait à une table de jeu. Elle ne gagnait son lit qu'au petit matin et en émergeait vers midi. Elle courait sans lui les bals masqués de l'opéra ou frayait avec les parieurs sur les champs de courses. [...] Inconsciente, elle n'hésitait pas à traiter son mari de "pauvre homme" dans une lettre à un vieil ami autrichien qui jugea sage d'en avertir l'impératrice[1]. » Il s'agissait d'une fuite en avant, mélange de caprice et de soif d'étourdissement avec un mépris pour l'homme qu'on lui avait imposé, passionné de chasse et de mécanique. Cette réalité aurait une conséquence qu'il faut rappeler : pour la première fois depuis le règne de Louis XIV, le roi n'aura pas de favorite et le comportement léger de la reine l'exposera directement à d'innombrables critiques ; lorsqu'elle modifiera son attitude, il sera trop tard. Sa personnalité continuera d'alimenter des rumeurs et des calomnies, souvent abjectes et infondées. Ses coteries et ses dépenses lui attirent maints ennemis. Pour elle, Versailles ne devient supportable que dans « son » Petit Trianon, construit par Gabriel sous Louis XV, son vrai royaume à l'intérieur du domaine. Louis XVI en fait présent à son épouse lors de leur avènement en 1774 avec ces mots : « Vous aimez les fleurs : j'ai un bouquet à vous offrir, c'est le Petit Trianon. » À partir de 1783, Marie-Antoinette fait construire, à proximité, le Hameau de la Reine, un petit village dont les maisonnettes de torchis aux toits de chaume sont inspirées de celles que le prince de Condé avait fait construire dans le parc du château de Chantilly. On y trouve une laiterie, une pêcherie, une ferme et une maison destinée à la reine ; Marie-Antoinette peut y « jouer à la fermière », modifiant

1. *Ibid.*

Marie-Antoinette et ses enfants par Mme Vigée-Lebrun en 1787. De gauche à droite : Marie-Thérèse, née en 1778, future « Madame Royale », Louis, futur Louis XVII, né en 1785 et le dauphin Louis-Joseph, né en 1781. Ce dernier montre le berceau vide de sa sœur, Marie-Sophie, morte à un an, en 1787.

pour l'occasion la mode et imposant de simples robes de mousseline blanche, confectionnées par sa modiste, Mlle Bertin, et de légers chapeaux de paille. L'accès est limité aux intimes de la souveraine, le roi lui-même y vient en invité. La vie y est artificiellement pastorale, dans une simplicité prônée par Jean-Jacques Rousseau.

Quatre ans après leur accession au trône – et grâce aux conseils empressés et aux admonestations du frère de Marie-Antoinette –, Louis XVI et Marie-Antoinette sont enfin parents d'une petite fille, Marie-Thérèse, surnommée « Mousseline », née en 1778, la future « Madame Royale ». En 1781, la reine met au monde le dauphin Louis-Joseph, un enfant fragile et atteint de tuberculose. Puis, un nouveau petit garçon naît en 1785, Louis, « Chou d'amour », le futur Louis XVII. Enfin, une autre petite fille, Marie-Sophie, née en 1786, meurt l'année suivante. Un émouvant et magnifique tableau d'Élisabeth Vigée-Lebrun représente la reine et ses trois enfants survivants, le dauphin Louis pointant le doigt vers un berceau vide, soulignant la douleur de la famille. Deux ans plus tard, en juin 1789, le dauphin meurt. On oublie souvent que le roi et la reine furent éprouvés par la disparition de ce fils et se trouvaient en grand deuil au moment de la réunion des états généraux. Mais ce drame va les rapprocher avant la tourmente révolutionnaire.

L'affaire du collier aggrave l'impopularité de la reine

Cependant, si la naissance des enfants a conforté la reine dans son statut et l'a révélée comme une excellente mère, leur témoignant beaucoup d'affection et de tendresse, elle n'a pas totalement fait rompre Marie-Antoinette avec son mode de vie frivole, sa réputation de coquette dispendieuse ni avec ses tentatives d'incursions dans le domaine politique. Ayant assuré la continuité de la dynastie, elle se risque à se mêler de nominations et de renvois, parfois sans succès. Ainsi, elle n'obtiendra jamais le retour de Choiseul aux affaires ; en revanche, en 1783, elle persuade Louis XVI de nommer le baron de Breteuil, ancien ambassadeur à Vienne et tout dévoué à la reine, ministre et secrétaire d'État à la maison du roi. Hélas ! il faut aussi parler de l'emprise qu'exerce sur la reine le clan Polignac. La belle duchesse Yolande de Polignac, dont Marie-Antoinette fait une confidente et une amie de cœur qu'elle couvre de bienfaits ainsi que le reste de sa famille, exerce une influence déplorable sur la reine. Elle aggrave le discrédit de la souveraine. En 1782, la duchesse est nommée gouvernante des Enfants de France, une fonction essentielle, impliquant une confiance totale en une personne qui ne la mérite peut-être pas.

Le scandale le plus retentissant de cette période reste la fameuse affaire du collier. C'est totalement injuste, car la reine n'avait rien à se reprocher à ce sujet et n'était au courant de rien. Mais si l'affaire a pu être montée, c'est à cause du comportement habituel de la reine qui avait ses favoris et aussi ses exclus, tel le cardinal de Rohan, pourtant grand aumônier de France. Sa conduite scandaleuse lorsqu'il était ambassadeur à Vienne avait tant indigné Marie-Thérèse qu'elle avait demandé son rappel. Marie-Antoinette ne lui avait jamais pardonné son inconduite. Une aventurière, la comtesse de La Motte, aidée d'un autre aventurier, le prétendu guérisseur mystique Cagliostro, avait fait

Copie du collier, objet de la ténébreuse affaire du collier (1785-1786) dans laquelle la reine se trouve impliquée malgré elle. Elle n'avait, sur ce point, rien à se reprocher. Mais à cause de son goût du luxe, personne ne crut à son innocence.

miroiter au cardinal de Rohan la possibilité de rentrer en grâce auprès de la reine s'il lui offrait un collier de diamants d'une valeur de 1 600 000 livres que les joailliers Boehmer et Bassange avaient déjà tenté vainement de placer auprès de Louis XV pour la Du Barry, puis auprès de Louis XVI pour la reine. Celle-ci l'avait refusé, jugeant son prix excessif en ces temps de déficit. Au cardinal, la comtesse de La Motte allégua que la reine, en réalité, mourait d'envie de posséder ce collier. Une fausse lettre de Marie-Antoinette, puis une entrevue nocturne dans un bosquet de Versailles avec une fille étrangère à Versailles, une « barboteuse des rues », habillée et coiffée comme Marie-Antoinette, suffirent à abuser le prélat qui accepta d'acheter le collier à crédit. Ce joyau fut remis à la comtesse de La Motte qui s'empressa de dessertir les pierres et de les vendre à Londres. Le cardinal ne pouvant faire face à une échéance, les joailliers décidèrent de s'adresser directement à la reine pour être payé. Marie-Antoinette et le roi furent effarés de ce piège. Mais au lieu de garder l'affaire secrète – ce qui eût été possible –, Louis XVI fit arrêter le cardinal de Rohan et ses complices. Croyant bien faire, le roi exigea un procès exemplaire. Le résultat fut désastreux. Le cardinal de Rohan devint une sorte de martyr et fut acquitté par le Parlement le 31 mai 1786. Il n'avait été que naïf et dupe. Mais Louis XVI le priva de toutes ses charges et l'exila à l'abbaye de la Chaise-Dieu, bien loin de Versailles. La comtesse de La Motte fut fouettée, marquée au fer comme les filles de mauvaise vie et enfermée pour toujours à la prison pour femmes de La Salpêtrière, d'où elle s'évada très vite ! Cagliostro fut simplement expulsé. Il y avait deux vraies victimes dans cette affaire, la reine et la monarchie. Une fois de plus, on accusa la légèreté de Marie-Antoinette et son goût du luxe. Et, en fait, personne ne crut à l'innocence de la reine. C'était grave.

1788 : la reine a le pressentiment qu'elle porte malheur

Le 26 août de la même année, Calonne, contrôleur général des Finances, tente de résorber le déficit en proposant une véritable révolution fiscale, puisqu'il s'agit de taxer les ordres privilégiés (le clergé et la noblesse), de réformer l'agriculture et le commerce et d'en finir avec les particularismes provinciaux. Son projet est de proposer un impôt, appelé subvention territoriale, qui frapperait tous les revenus fonciers, à quelque ordre qu'appartiennent les propriétaires. Une « révolution royale ». Il faut rappeler que la situation critique des finances du royaume s'explique, largement, par l'aide que le roi a fournie aux « Insurgents », les révoltés des colonies anglaises d'Amérique du Nord. Louis XVI suit son ministre et le programme est proposé à l'approbation de l'Assemblée des notables. « Marie-Antoinette, qui détestait Calonne pour lui avoir résisté au moment de l'acquisition du château de Saint-Cloud, et ne pas l'avoir soutenue lors de l'affaire du collier, prit fait et cause pour les notables, animée par un de ses proches, l'archevêque de Toulouse, Mgr de Loménie de Brienne. L'obstruction du haut clergé et des aristocrates, les attaques personnelles vinrent à bout du contrôleur général[1]. » Calonne s'en va. Il est remplacé par Loménie de Brienne, mais le roi est très affecté par cet échec. Il avait cru en cette réforme et il avait raison. Le souverain, homme de bon sens, avait compris les besoins du royaume ; ce n'était pas le cas de la reine. En août 1788, Loménie de Brienne doit partir à son tour. Il faut donc rappeler Necker, que Louis XVI déteste. Préférant ne pas intervenir, il charge Marie-Antoinette de faire revenir le banquier genevois. Elle écrit à Mercy-Argenteau : « Je tremble, passez-moi cette faiblesse, de ce que c'est moi qui le fais revenir. Mon sort est de porter malheur… » Même Necker ne parvient pas à juguler la crise financière. Il faut donc convoquer les états généraux, qui n'avaient pas été réunis depuis 1614.

1. Jean-Christian Petitfils, « Marie-Antoinette et la politique », actes du colloque cité.

Pour comprendre l'attitude de Marie-Antoinette à l'ouverture des états généraux le 5 mai 1789, il faut se souvenir qu'elle se sent doublement étrangère, en dépit de tous ses efforts depuis dix-neuf ans. Des libelles diffamatoires, insultants et souvent obscènes, circulent partout dans Paris et à Versailles, jusque dans les appartements de la reine, surnommée « l'Autrichienne », accusée d'entretenir trop de relations avec Vienne et de ne pas avoir choisi, définitivement, de défendre les intérêts français. Elle est décrite comme fourbe, tyrannique, ridiculisant le roi et toujours aussi dépensière, voire lascive, paresseuse et infidèle. De plus, il lui est reproché de subir la mauvaise influence du comte d'Artois, le dernier frère de Louis XVI et surtout le plus léger et le plus séduisant. Et le moins subtil. Il encourage, dit-on, les mauvais penchants de sa belle-sœur. Par ailleurs, le fils aîné du couple royal, Louis-Joseph, le dauphin, est mourant. Le roi est bouleversé, Marie-Antoinette est murée dans une angoisse insupportable. Une mère accablée qui n'a d'autre préoccupation que son enfant dont la vie s'éteint. Ces deux constats aveuglent la reine, l'empêchant de comprendre la gravité de la situation. Elle se fige dans son orgueil, ne voyant que des agitateurs qui admirent Beaumarchais et des factieux prétendant incarner la légitimité populaire face à la légitimité royale. Depuis la dernière réunion des états généraux, sous le règne de Louis XIII, la société française s'était transformée. Une bourgeoisie, riche et active, avait émergé ; le tiers état représente une masse économiquement non négligeable, beaucoup plus importante que le clergé et la noblesse réunis. À la question posée du doublement du nombre des délégués du tiers état, le parlement de Paris s'était prononcé négativement, en septembre 1788. L'opinion fut si révoltée par cette décision que Louis XVI avait réuni un conseil d'État à la fin de l'année. Le roi avait tranché en faveur du doublement et Marie-Antoinette l'avait approuvé.

Le 3 juin 1789, à Meudon, à 1 heure du matin, le dauphin succombe, âgé de 8 ans. Les états généraux se sont proclamés Assemblée nationale en s'appropriant le pouvoir jusque-là détenu par le roi ; celui-ci, influencé par la reine (elle-même sous l'emprise des Polignac et du comte d'Artois), décide d'une séance royale à l'Assemblée le 23 juin. Ayant accordé des concessions fiscales, le roi considère qu'il ne peut faire davantage. La reine intervient pour faire revenir Necker à Versailles où il est acclamé. Mais ce n'est qu'un sursis. Le 11 juillet, Louis XVI renvoie Necker, et Breteuil lui succède encore une fois. Ce gouvernement est l'incarnation de l'aile dure de la Cour. L'annonce du renvoi de Necker, combinée à une pénurie de pain, provoque à Paris une insurrection, des pillages et la désertion de gardes-françaises. Le 14, la Bastille est prise d'assaut. Le gouverneur de la vieille forteresse, M. de Launay, se rend. Il sera massacré et sa tête, plantée sur une pique, est promenée dans toute la ville. Louis XVI ne l'apprend que dans la soirée. Il refuse de quitter Versailles pour Metz – une occasion perdue qu'il regrettera –, mais son frère Artois, les Polignac et d'illustres familles quittent la Cour. L'émigration commence le 16 juillet.

Le 17, Louis XVI ayant accepté de se rendre seul dans sa « bonne ville de Paris », la reine est très inquiète, certaine que le roi ne reviendra pas. Elle a même préparé un discours qu'elle prononcera à l'Assemblée si Louis était retenu contre son gré à

Paris : « Messieurs, je viens vous remettre l'épouse et la famille de votre souverain ; ne souffrez pas que l'on désunisse sur la terre ce qui a été uni dans le ciel[1]... » Le roi reviendra, mais ayant accepté d'accrocher une cocarde tricolore à son chapeau, il a consacré, sans doute inconsciemment, l'effondrement de l'Ancien Régime.

1789 : le dernier été à Versailles

De nombreux courtisans ont fui la révolte qui pourrait tourner à la révolution. Le château devient un immense vaisseau abandonné par une partie de son équipage. Cette atmosphère, crépusculaire, a été remarquablement décrite par Chantal Thomas dans son livre *Les Adieux à la reine*, intelligemment adapté au cinéma par le réalisateur Benoît Jacquot[2]. Or, si la résidence royale vit ses dernières semaines dans un calme trompeur, avec des serviteurs qui essaient de savoir ce qui se passe, telle la lectrice de Marie-Antoinette évoquée par Chantal Thomas, Versailles est, en réalité, une curiosité dans la situation française. À Paris, l'excitation meurtrière continue. Le 23 juillet, sur la place de l'Hôtel-de-Ville, Foullon, adjoint au ministère de la Guerre, et son gendre Bertier, intendant de Paris, sont massacrés. Le cœur de Bertier est jeté sur le bureau de l'Hôtel de Ville. Dans les provinces, fin juillet, une terreur panique se répand à travers les campagnes. Un fait est certain : les paysans s'arment pour lutter

1. Jean-Christian Petitfils, *Louis XVI*, Perrin, 2010.

2. Le film, avec Diane Kruger, Léa Seydoux et Virginie Ledoyen, est sorti en salles au printemps 2012 sous le même titre que le livre, publié aux éditions du Seuil et qui a reçu le prix Femina en 2002.

Marie-Antoinette dans le parc de Trianon en 1775. Louis XVI lui a offert le Petit Trianon un an plus tôt. En 1783, elle fait construire le Hameau de la Reine pour y mener une vie artificiellement pastorale.

contre des périls qui existent. Lesquels ? Il est non moins établi que beaucoup de gens vont grossir ces dangers, entretenir une véritable grande peur et alimenter en rumeurs ces craintes qui vont nourrir des jacqueries. Partout, on crie « Aux armes ! », on sonne le tocsin sans que l'on sache exactement pourquoi. Crainte de brigands ? Crainte de régiments étrangers arrivant pour secourir la famille royale et massacrer la population affamée ? On sait seulement que pour être armés, les « braves gens », qui n'avaient que peu de fusils sinon pour braconner et peu de poudre car elle était chère, devaient courir au château du seigneur voisin ou aux arsenaux. C'est ainsi, d'une façon *a priori* inexplicable et spontanée, que la « grande peur » devient la répétition d'une mobilisation générale qui met en place la géographie révolutionnaire. Les 30 et 31 juillet, les gardes-françaises abandonnent Versailles avec armes et bagages. Le château n'est plus réellement défendu.

D'ailleurs, Versailles n'est plus Versailles. Les appartements sont vidés, fermés par des cadenas. Les couloirs et les antichambres sont déserts. La sacro-sainte étiquette n'est plus appliquée et les valets sont désinvoltes. Pendant cet été, la reine va beaucoup se rendre à son cher Petit Trianon. Les députés de l'Assemblée viennent visiter ces lieux qu'ils ne connaissent que par les pamphlets qui dénonçaient la gabegie de Marie-Antoinette. Ils s'étonnent de ne trouver, dans le salon prétendument garni de pierres précieuses, qu'un décor de perles de verre. Ils en seraient presque désappointés. La reine va souvent au Hameau où, vêtue d'une simple robe de linon blanc et d'une coiffe de dentelle, elle impressionne encore tous ceux qu'elle rencontre, même s'ils nourrissent les pires préjugés à son égard.

Au soir du 1er octobre, un banquet est offert par les officiers de la garnison de Versailles à leurs camarades du régiment de Flandre arrivé de Douai pour protéger la famille royale. Le banquet se déroule dans la salle de l'Opéra. Le roi, la reine et leurs deux enfants y sont acclamés. On chante. Les échos de cette soirée, qui a apporté un grand réconfort à Louis XVI et à Marie-Antoinette, vont être amplifiés et déformés. À Paris, selon un député qui n'y était pas, elle sera transformée en « orgie insensée dont la prudence s'effraie et dont la misère murmure ». Certains assurent que dans l'ivresse on aurait foulé aux pieds la cocarde tricolore et que des jeunes gens de la garde nationale de Versailles auraient retourné ce nouveau symbole pour arborer une cocarde blanche. Cette fausse nouvelle, soigneusement répandue, met Paris en ébullition, un Paris où le pain manque. La reine, à Trianon, ignore tout de cette nouvelle « désinformation ». Marie-Antoinette voit arriver un page envoyé du château et qui, tout essoufflé, lui annonce que Paris marche sur Versailles. À Paris, le ciel est chargé, la pluie tombe sans arrêt. Nous sommes le 5 octobre, en fin d'après-midi. Dans ce défilé d'environ cinq à six mille femmes déchaînées, nombreuses sont celles qui s'en prennent à la reine. Marie-Antoinette est la cible principale de leur colère. Trempées et crottées, certaines interpellent les passants : « Voyez comme nous sommes arrangées. La bougresse nous le paiera cher ! » D'autres hurlent : « Comme je serais heureuse si je pouvais lui ouvrir le ventre avec ce couteau et lui arracher le cœur en lui fourrant le bras jusqu'au coude ! » En début de soirée, la ville est envahie. Une trentaine de femmes sont reçues à l'Assemblée. Mounier, qui préside les débats, en conduit cinq auprès du roi qui tenait conseil chez la reine. Il les réconforte et demande qu'on fasse venir des farines de Senlis et de Lagny. Dans la nuit, le roi hésite : doit-il quitter Versailles ? Faut-il partir pour Rambouillet ? Finalement, Louis XVI reste. Peu avant minuit, La Fayette se présente au château. Le roi savait que le héros de l'indépendance américaine marchait derrière les « poissardes » avec environ vingt mille hommes appartenant à la milice nationale, mais à quelle fin ? Défendre le roi ? Défendre la populace ? La Fayette le sait-il lui-même ?

De Versailles aux Tuileries, un calvaire de sept heures

Le général se présente devant Louis XVI, lui dit qu'il n'a pu empêcher les manifestantes d'atteindre Versailles et qu'il est venu pour le protéger. Il prie Louis XVI de lui confier la garde des postes extérieurs du château. Le roi accepte et tous vont se coucher.

À 6 heures du matin, le château est envahi par les femmes, la porte de la cour des princes étant restée inexpliquablement ouverte. Un page est décapité, un garde tué. Marie-Antoinette, habillée en hâte, emprunte le passage secret pour se réfugier chez le roi ; celui-ci, qui était parti chercher le dauphin, le voit arriver dans les bras de la nouvelle gouvernante des Enfants de France, Mme de Tourzel. Marie-Antoinette entend des hurlements : « Point de quartier ! A mort ! Nous voulons couper la tête de la reine, fricasser son cœur et son foie et cela ne finira pas là ! »

Dans la cour de Marbre, la foule se déchaîne : « Le roi à Paris ! À mort l'Autrichienne ! » La Fayette, enfin réveillé, s'entretient avec Louis XVI et c'est sans doute à ce moment que le roi décide de se

Caricature de 1791 représentant Marie-Antoinette en autruche, « La poule d'autruche, d'Autriche », avec cette légende venimeuse : « Je digère l'or, l'argent avec facilité mais la constitution je ne puis l'avaler. »

rendre à Paris. La foule crie : « Le roi au balcon ! » Avec courage, il s'y présente. La foule crie : « Vive le roi ! À Paris ! À Paris ! », puis réclame la reine. La Fayette va la chercher. Marie-Antoinette paraît au balcon accompagnée de La Fayette qui apaise la foule et baise sa main. La foule se calme. On crie : « Vive le roi ! Vive le dauphin ! », et quelques : « Vive la reine ! » La haine semble se dissiper. Courageusement, Marie-Antoinette salue, désarmant la férocité, bravant une foule prête à tout. Finalement, toute la famille royale est au balcon. Louis XVI annonce, pour une fois d'une voix forte : « J'irai à Paris avec ma femme et mes enfants. C'est à l'amour de mes fidèles sujets que je confie ce que j'ai de plus précieux. » La foule, décidément versatile, acclame le souverain.

En début d'après-midi de ce 6 octobre, l'immense cortège – une centaine de voitures et des chariots de blé et de farine – se met en route. Un interminable calvaire : il faudra sept heures pour atteindre les Tuileries. « Le boulanger, la boulangère et le petit mitron » sont précédés de porteurs des têtes coupées de deux gardes, fichées sur des piques. Louis XVI, Marie-Antoinette et leurs enfants quittent Versailles pour toujours. Avant de partir, la reine avait avoué son appréhension à une amie : « Je sens que nous ne reviendrons plus ici... Mes pressentiments ne m'ont jamais trompée. »

Arrivés à 22 heures, ils découvrent un palais démeublé et non préparé pour les accueillir. Ils dorment sur des lits de fortune et devront s'organiser. Le lendemain, 7 octobre, le roi et la reine se montrent au balcon des Tuileries. Ils sont acclamés par le peuple parisien. À l'ambassadeur Mercy-Argenteau, Marie-Antoinette écrit : « En oubliant où nous sommes et comment nous y sommes arrivés, nous devons être contents du mouvement du peuple, surtout ce matin. J'espère, si le pain ne manque pas, que beaucoup de choses se remettront. Je parle au peuple : milice, poissardes, tous me tendent la main, je la leur donne… » L'installation, qui est améliorée grâce à tout ce que l'on a fait venir de Versailles, rapproche parents et enfants. Ils vont mener une existence plus familiale et beaucoup moins rigide qu'à Versailles. L'Assemblée nationale, qui a quitté Versailles elle aussi, tient séance dans le manège des Tuileries. Comme à Versailles, le roi et les représentants de la nation sont voisins. Grâce à Mirabeau, une liste civile est votée en faveur de la famille royale : 25 millions de livres par an, une somme considérable qui lui permet de reconstituer une vie de cour avec une domesticité et un service d'honneur importants. Des cérémonies sont rétablies, tel le rite du grand couvert deux fois par semaine. Mais, Marie-Antoinette en est consciente, il ne s'agit que d'apparences et la monarchie est désormais sous surveillance. L'intimité est aussi une solitude. La famille royale se passe de courtisans, elle a donc besoin d'alliés.

À Saint-Cloud, un rendez-vous secret de la reine avec Mirabeau

Depuis l'été précédent, l'exubérant Méridional et remarquable tribun qu'est l'aristocrate Mirabeau n'avait cessé de rappeler les prérogatives royales. Élu député du tiers état à Aix-en-Provence, il avait fait entendre sa voix puissante dans des apostrophes devenues célèbres. Avec sa nature violente et passionnée, il s'était réclamé de Montesquieu et de la monarchie anglaise et prônait l'équilibre des pouvoirs qui ne permettrait ni à l'Assemblée de dévorer le roi ni à l'Assemblée d'annihiler le roi. Soupçonné par les « patriotes » d'être un traître, accusé par l'entourage du roi d'avoir œuvré pour le duc d'Orléans (le futur Philippe Égalité) lors des journées d'octobre et d'avoir obligé son cousin Louis XVI à quitter Versailles, Mirabeau, dès mai 1790, joue un double jeu d'opposant public et de conseiller privé. Mais il est aussi un homme perpétuellement englué dans des besoins d'argent. Si, à cette date, il obéit à ses convictions politiques profondes, il n'est pas désintéressé : grâce à l'insistance de la reine, le roi paie une partie de ses dettes et lui verse une pension mensuelle, largesses qui accréditeront la thèse d'un Mirabeau agent royaliste.

La famille royale ayant reçu l'autorisation de passer l'été à Saint-Cloud, Mirabeau fait savoir à la reine qu'il souhaite la rencontrer. Secrètement. Cette demande semble curieuse, si l'on se souvient qu'il avait eu « des mots très durs contre Marie-Antoinette, dans le débat constitutionnel, pour la borner dans sa condition de citoyenne ordinaire, mais c'était pour rehausser la fonction royale ; cela n'a jamais été contre la femme qu'il admire depuis qu'il l'a vue à Versailles dans tout l'éclat de sa majesté[1] ». Le samedi 3 juillet 1790, l'audience clandestine se déroule, pense-t-on, dans un salon du rez-de-chaussée du château. Mirabeau, dont la vie n'est qu'une succession de désordres, est trop élégant pour cette entrevue, parfumé à l'excès, enrubanné et emplumé comme pour se rendre à une fête, mais c'est peut-être pour détourner l'attention de son visage grêlé par la petite vérole (la variole) dont la laideur, qualifiée de « diabolique », exerce, il est vrai, une sorte de fascination. Si l'ambigu visiteur a cherché à rencontrer Marie-Antoinette, c'est par admiration pour son courage face à l'émeute.

1. Jean-Paul Desprat, *Mirabeau, l'excès et le retrait*, Perrin, 2008.

Il a même écrit : « Le roi n'a qu'un homme, c'est sa femme. J'aime à croire qu'elle ne voudrait pas de la vie sans la couronne, mais ce dont je suis bien sûr, c'est qu'elle ne conservera pas la vie si elle ne conserve pas sa couronne[1]. »

Théâtral devant cette femme malheureuse, inquiète et nullement dupe d'être, comme tous les siens, un otage de l'Assemblée, Mirabeau se jette à genoux, baisant le bas de sa robe. Marie-Antoinette, d'une parfaite maîtrise d'elle-même, répond d'une belle manière par un compliment qu'aurait apprécié sa mère Marie-Thérèse : « Auprès d'un ennemi ordinaire, d'un homme qui aurait juré la perte de la monarchie sans apprécier l'utilité sociale dont elle est auprès d'un grand peuple, je ferais en ce moment la démarche la plus déplacée, mais quand on parle à un Mirabeau… Même quand je vous croyais de mes ennemis, j'ai toujours mis une différence entre vous et tous les autres. »

Comme la reine, Mirabeau se méfie de La Fayette. À Marie-Antoinette, il détaille un plan de fuite, l'essentiel étant de quitter Paris et de disposer de troupes sûres et fidèles. La souveraine écoute. L'exposé l'intéresse, parfois la passionne, car l'orateur est persuasif ; elle semble rassurée, mais ne dit rien. On peut remarquer qu'à la différence de Louis XVI, la reine a parfaitement compris l'évolution des mentalités et que seule une forme de monarchie partagée pouvait sauver la Couronne. Fait-elle confiance à cet homme si complexe, si fanfaron et si imprévisible ?

On ne peut l'affirmer, mais, visiblement, sa visite est encourageante et Mirabeau est plus que séduit par l'attitude réaliste de la reine, vaillante au milieu des menaces et des incertitudes. Elle se lève,

1. *Ibid.*

l'entrevue est terminée. Mirabeau, surprenant, s'agenouille dans un baisemain, se dit désolé des peines qu'il a pu, autrefois, causer à la souveraine, mais c'était un autre temps. Et, selon Jean-Paul Desprat, le ci-devant comte de Mirabeau, les yeux clos, murmure :

– Madame, la monarchie est sauvée !

On ne saura jamais si Marie-Antoinette l'a vraiment cru ni si Mirabeau était sincère. Exalté, il s'était mis plus au service de la reine que de la Couronne, mais Marie-Antoinette continue de s'en remettre au roi. C'est lui qui décide, hélas toujours avec retard. Peu après, ce rendez-vous, auquel le roi a peut-être assisté, cesse d'être secret. Mirabeau est démasqué, considéré par certains comme un traître, par d'autres comme un sauveur du monarque qu'il veut réconcilier avec la Révolution. Ce rendez-vous n'aura aucun résultat pratique. Il aura seulement démontré à la reine la nécessité d'une monarchie constitutionnelle, mais sans la convaincre réellement ni, surtout, avoir l'adhésion du roi. Le couple royal hésite, la France aussi[1].

La reine demande à Fersen d'organiser la fuite royale

Le 18 avril 1791, le roi ayant été empêché de quitter les Tuileries pour faire ses Pâques à Saint-Cloud et son carrosse bloqué

1. Mirabeau meurt brusquement le 2 avril 1791 à 42 ans, usé par le travail et les excès. Sa disparition provoque un tel choc que l'Assemblée décrète que ses restes seront transférés en l'église Sainte-Geneviève transformée en Panthéon pour la sépulture des « grands hommes ». Mais quand on découvre, en 1792, dans l'armoire de fer aux Tuileries, les preuves de ses relations avec le roi, la Convention ordonne que son corps en soit retiré.

Le comte Axel de Fersen (1755-1810), fils d'un maréchal de Suède. Amoureux de Marie-Antoinette – soupçonné, sans preuve, d'être son amant –, il organise, en juin 1791, la fuite de la famille royale qui s'achève par son arrestation à Varennes.

pendant deux heures, il se range à l'idée de la reine : il faut quitter Paris. Louis XVI accepte de se rendre à Montmédy pour rejoindre les troupes fidèles commandées par Bouillé. L'organisateur de cette expédition est un officier suédois, le comte Axel de Fersen, tout dévoué à la reine, son ami de cœur depuis fort longtemps. Fut-il son amant comme on l'a beaucoup dit ? Aucune preuve n'a été trouvée. Ils ne se virent pas beaucoup à Versailles, mais ils s'y rencontrèrent. Quoi qu'il se soit passé, Fersen s'est révélé un soutien absolu et sans faille dès la tourmente révolutionnaire. À Mercy-Argenteau, réfugié à Bruxelles, la reine écrit, à propos des incidents aux Tuileries et de l'humiliation qu'elle a subie avec le roi : « L'événement qui vient de se passer nous confirme plus que jamais dans nos projets... Notre position est affreuse ! Il faut absolument la fuir dans le mois prochain. Le roi le désire encore plus que moi. » Au soir du 20 juin, dans une mise en scène parfaitement organisée par Fersen, le roi, la reine, Madame Royale, le dauphin et Madame Élisabeth, déguisés en domestiques, partent, accompagnés de Mme de Tourzel. Ils se retrouvent à la barrière Saint-Martin pour s'engouffrer, après minuit, dans une berline sous la protection de trois gardes. Mais l'affaire commence mal : les fugitifs ont déjà deux heures de retard au moment où ils quittent enfin Paris. À Châlons, le retard est de quatre heures. Un peu partout, le roi est reconnu et heureux du respect qu'on lui porte à plusieurs reprises. Mais il ne se hâte pas, perdant un temps précieux. À 6 heures du soir, à Pont-de-Somme-Vesle, le détachement de hussards qui devait protéger le roi est parti, pensant que l'aventure a été reportée au lendemain.

Comme on le sait, l'affaire s'achève lamentablement à Varennes-sur-Argonne. À 23 h 10, la royauté en fuite est arrêtée.

Le 25 juin, ramenée à Paris comme toute l'équipée, Marie-Antoinette enlève son chapeau. Ses cheveux, blond cendré il y a encore cinq jours, ont blanchi « comme ceux d'une femme de 70 ans ». Les Tuileries sont devenues une prison.

Au retour du fiasco de Varennes, Marie-Antoinette accepte l'aide secrète de Barnave, un avocat grenoblois devenu député du tiers état. Il est effrayé par la tournure populaire qu'a prise la Révolution et est partisan, comme Mirabeau, d'une monarchie constitutionnelle. Il prouve à l'Assemblée que Louis XVI n'a pas tenté de s'enfuir ni de quitter la France, mais seulement de s'installer loin de Paris. La reine ne sait que trop combien son mari est désarmé et abattu après l'échec de Varennes. C'est à elle d'agir. Marie-Antoinette demande son aide à Barnave, car elle se sent « isolée et ne pouvant voir personne ». Elle va correspondre avec le député conciliant et apprendre qu'il a envoyé une note à Vienne, assurant le frère de la reine, l'empereur Léopold, que plusieurs membres de la Constituante désirent rétablir Louis XVI dans la plénitude de ses droits. Le 14 septembre 1791, le roi doit jurer de respecter la Constitution qu'il a signée deux ans plus tôt à Versailles. La reine, qui y voit un triomphe de la bourgeoisie, déclare que ce texte est un « tissu d'insolences et d'absurdités impraticables ». Le 18, le couple royal est acclamé sur les Champs-Elysées. Le soir même, à l'opéra où l'on donne *Psyché*, créée à Versailles sous le règne de Louis XIV, Marie-Antoinette sourit pour la première fois depuis qu'elle a quitté Versailles. Mais l'agitation contre-révolutionnaire dans l'Ouest et l'accroissement de l'émigration poussent l'Assemblée à entrer en conflit avec l'Autriche. Le 1er mars 1792, après la mort soudaine de l'empereur Léopold, c'est son fils François II qui lui succède. Ce neveu de Marie-Antoinette va se montrer beaucoup plus belliqueux et moins patient que son père. Toutefois, les manœuvres des beaux-frères de la reine, les comtes de Provence et d'Artois, qui ont émigré, ne facilitent pas les contacts de la reine et nuisent à la réputation du couple royal soupçonné de trahir la France. À la tribune de l'Assemblée, Vergniaud, terrifiant, menace la reine de l'échafaud.

25 juillet 1792 : la reine inspire le manifeste de Brunswick

Le nouvel empereur Habsbourg ayant fait connaître ses exigences, Louis XVI, « vaincu par l'opinion », écrira Mme de Staël, est contraint, les larmes aux yeux, de proposer à l'Assemblée de déclarer la guerre le 20 avril 1792. Par une subtilité, le texte parle seulement « du roi de Bohême et de Hongrie », et non de l'empereur, ce qui pourrait, éventuellement, entraîner une mosaïque d'États dans le conflit. L'illusion ne dure guère, car le 25 juillet, de Coblence, le duc de Brunswick, général en chef des armées prussiennes et autrichiennes, signe un manifeste rédigé par un émigré, sous la pression de Marie-Antoinette. Ce manifeste menace le peuple de Paris, avertissant que « s'il était fait le moindre outrage à Leurs Majestés le roi et la reine », Paris serait livré « à une exécution militaire et à une subversion totale ». Cette proclamation est connue à Paris le 1er août. Ce qui devait effrayer les « révolutionnaires patriotes » met le feu aux poudres et le résultat est l'inverse de celui escompté. La déchéance de Louis XVI est réclamée ainsi que celle de la « panthère autrichienne ». Le couple royal est accusé de collusion avec l'ennemi qui vient d'envahir l'est du pays. Alors que le 20 juin une insurrection avait échoué aux Tuileries et que Marie-Antoinette, stoïque à une table, s'était montrée intrépide, la foule, cette fois, exaspérée et menaçante, se presse vers le palais. On supplie le roi de se rendre à l'Assemblée où il sera en sûreté. Levant ses yeux de myope vers la reine, il lance un ordre à sa famille :

– Marchons !

Il sort le premier, Marie-Antoinette et le dauphin suivent, puis la sœur du roi, Madame Élisabeth, donnant le bras à sa nièce.

La garde suisse s'incline. Pour la dernière fois. À peine la famille royale est-elle partie que l'assaut est donné par des sections de sans-culottes, des fédérés, des révolutionnaires venus de province. Le canon tonne, les mousquets crachent. Les gardes suisses sont massacrés. Le roi et sa famille sont prisonniers de l'Assemblée. Le 10 août 1792, après des siècles de monarchie, celle-ci n'existe plus. Marie-Antoinette dira le lendemain à Mme Campan, sa première femme de chambre, en désignant le dauphin et sa sœur :

– Pauvres enfants ! Qu'il est cruel de ne pas leur transmettre un si bel héritage et de se dire qu'il finit avec nous !

Le 13, la famille est transférée au Temple, qui comporte un vaste palais ayant appartenu au comte d'Artois et une vieille tour féodale. Ici encore, Marie-Antoinette a un pressentiment en disant à Mme de Tourzel : « Vous verrez qu'ils nous mettront dans la tour, dont ils feront une véritable prison ! J'ai toujours eu une telle horreur pour cette tour que j'ai prié mille fois M. le comte d'Artois de la faire abattre. »

Marie-Antoinette vivra une épreuve particulièrement atroce lorsque, pendant les massacres de prisonniers de Septembre, sa grande amie la princesse de Lamballe sera décapitée et sa tête, brandie sur une pique, ostensiblement promenée sous ses fenêtres. Après la proclamation de la République le 22 septembre, on sait que le procès de Louis XVI s'achève, en janvier 1793, par sa condamnation à mort.

Madame Royale racontera que son père, après avoir passé la soirée avec eux, n'a pas voulu vivre sa dernière nuit en compagnie de sa famille. « Il avait besoin de calme. » Au matin du 21 janvier, il renonce à voir sa femme, ses enfants et sa sœur une dernière fois, pour « leur épargner la douleur d'une séparation si cruelle ». Marie-Antoinette obtient de porter le grand deuil. Elle est désormais appelée la « veuve Capet ». Le 3 juillet 1793, on lui enlève son fils, qu'elle appelle Louis XVII, confié au ménage du cordonnier Simon qui a mission d'en faire un parfait sans-culotte. Le 5 août, elle est conduite à la Conciergerie. Elle sait que son procès, une triste parodie de justice, n'aboutira qu'à sa mort. Mais le 12 octobre, devant le tribunal révolutionnaire, cette femme fait preuve d'une ferme dignité. Aux accusations politiques, souvent fondées, se mêlent des calomnies abominables allant jusqu'à l'inceste avec son fils. Courageusement, elle réfute ces allégations sordides. « J'en appelle à toutes les mères ! » lance-t-elle, impressionnant l'auditoire. Elle se défend avec une rare énergie et retourne la salle en sa faveur lorsqu'elle conteste les horreurs qu'on lui impute. Fersen aura tout tenté, envisageant même une intervention armée pour délivrer Marie-Antoinette. Une conspiration, dite « des perruquiers », échoue aussi. Une brochure « anonyme » circule, Mme de Staël en est l'auteur : « La condamnation de la reine serait un crime inutile et par cela même plus avilissant. On y verrait ou le besoin de la férocité ou la terreur panique du remords. »

Le mercredi 16 octobre 1793 (Quintidi 25 Vendémiaire An II), en fin de matinée, une foule dense stationne sur la place de la Révolution. Après être descendue, sans l'aide de quiconque, du tombereau qui l'a transportée, la reine gravit rapidement les marches de l'échafaud. Quatre minutes plus tard, à midi et quart, le couteau tombe. Après des siècles de monarchie, personne ne crie : « Vive la reine ! » La reine, comme le roi, ne sont morts qu'une fois.

La dernière représentation de Marie-Antoinette appelée la « veuve Capet », le 16 octobre 1793, alors qu'elle est conduite à l'échafaud. Le peintre David, admirateur de Robespierre, dessine, sur le passage de la charrette, ce saisissant témoignage.

Victoria

Une couronne bien assurée

Née en 1819, reine de Grande-Bretagne et d'Irlande à 18 ans, Victoria (ici en 1859) règne pendant soixante-quatre ans. Première impératrice des Indes en 1876, elle symbolise la puissance britannique.

Victoria, ici princesse héritière en 1836, succède un an plus tard à son oncle le roi Guillaume IV de Hanovre. Sa mère est la sœur du roi des Belges Léopold Ier.

Fin mars 2012, à Londres, le palais de Kensington était de nouveau ouvert au public après d'importants travaux. Personne n'aurait osé concevoir le jubilé de diamant d'Elizabeth II sans évoquer le précédent, celui de son arrière-arrière-grand-mère Victoria, et le palais de Kensington. Ce bâtiment, édifié en briques à la fin du XVIIe siècle, agrémenté de superbes jardins tracés au XVIIIe a conservé un charme presque campagnard. Une aile complète du palais est consacrée à Victoria, celle de ses anciens appartements. Elle y a vécu une enfance austère, sans cesse surveillée, rappelée à l'ordre par sa mère et le favori de celle-ci, ne pouvant descendre un escalier sans donner le bras à une suivante. C'est dans sa chambre, aujourd'hui le salon nord, que le 20 juin 1837, à 3 h 30 du matin, Victoria est réveillée et informée qu'elle est devenue reine de Grande-Bretagne à l'instant du décès de son oncle le roi Guillaume IV. Cinq minutes avant, elle était encore un pion sur l'échiquier européen, une altesse royale tiraillée entre divers intérêts, mais déjà attachée à déjouer leurs pièges. Désormais, au lieu de simples révérences, elle aurait aussi droit à des génuflexions. Elle a 18 ans et, selon les commérages, elle serait desservie par sa jeunesse autant que par sa petite taille – à peine 1,53 mètre. Ce « petit bout de femme » va pourtant étonner le monde par son énergie, son autorité et son application à sa tâche. Elle incarnera plus d'un demi-siècle de mutations économiques, culturelles et sociales. Elle symbolisera la première puissance industrielle mondiale ; sous son règne, le plus long de l'histoire britannique, l'Angleterre, le pays de Galles, l'Écosse et même le nord de l'Irlande s'activent en une manufacture titanesque, confectionnant, transformant, vendant et expédiant des articles et des marchandises réclamés au-delà des mers. Reine pendant soixante-quatre ans, première impératrice des Indes en 1876, Victoria est alors la souveraine d'un cinquième des terres émergées du globe et du quart de la population mondiale. La révolution technique de la photographie, du télégraphe puis du cinéma permettra d'inonder cet univers de l'image de Victoria. Jamais l'effigie d'un monarque n'a été aussi présente aux yeux de ses sujets, même les plus lointains. Comme Périclès, Elizabeth Ire et Louis XIV, Victoria donne son prénom à son temps. L'ère victorienne est fascinante par ses multiples contradictions. Ce n'est guère surprenant : Victoria est elle-même une femme complexe, bien différente des clichés de dignité, de rigidité et de puritanisme.

Nièce du roi d'Angleterre et du roi des Belges, Victoria est un enjeu

C'est donc au palais de Kensington qu'elle voit le jour, le 24 mai 1819. Alexandrina Victoria est la fille du duc et de la duchesse de Kent. Elle ne connaîtra pas son père, qui meurt quelques mois après sa naissance. Le duc était le troisième frère du roi George IV de Grande-Bretagne. Ce monarque est un Hanovre dont la dynastie règne depuis 1714 à la fois sur la Grande-Bretagne et le duché de Hanovre, dans le nord de l'Allemagne. Une curiosité : ces deux territoires, bien que séparés par la mer du Nord, constituent un royaume. La mère de Victoria est une Saxe-Cobourg-Gotha, sœur du roi des Belges Léopold Ier. Par ses deux parents, Victoria est donc d'ascendance allemande. Dès sa naissance, elle est l'héritière du trône d'Angleterre, puisque le roi George IV n'a eu qu'une fille, morte en 1817, et que son frère Guillaume, qui lui succédera en

1830, n'a pas d'enfants. Toutefois, la menace d'une régence assurée par sa mère jusqu'à sa majorité pèse sur Victoria. Une mère qui empêche sa fille de prendre la moindre initiative et, avec son secrétaire sir John Conroy – qui est, dit-on, son amant –, met en place au palais un dispositif de surveillance étroite que Victoria dénommera « le système Kensington », une cascade d'interdictions et d'obligations que la jeune fille supporte mal. Même ses promenades dans les jardins, alors inaccessibles au public, sont organisées sous une vigilance pointilleuse. L'ambitieux favori pense que si la mère de Victoria était régente, il aurait sur celle-ci une influence considérable et exercerait, en fait, le pouvoir. Petite-fille du roi George III, le « roi fou » qui avait perdu la tête et les colonies d'Amérique, nièce de Guillaume IV qui succède à son frère George IV en 1830, la princesse Victoria est aussi, par sa mère, la nièce du roi des Belges Léopold Ier, dont la première épouse, Charlotte, avait été l'héritière du trône d'Angleterre jusqu'à sa mort en 1817. Remarié à la princesse Louise d'Orléans, fille du roi des Français Louis-Philippe, le premier roi des Belges suit attentivement ce qui se passe autour de Victoria – il est informé par sa sœur la duchesse de Kent –, la Belgique, récemment indépendante, ayant besoin du soutien de l'Angleterre.

À l'âge de 11 ans, au moment de l'accès au trône de Guillaume IV, Victoria comprend qu'elle est devenue l'héritière directe, qu'elle sera reine et qu'il n'y aura pas de régence si elle atteint sa majorité avant la mort du nouveau souverain. Elle écrit dans son journal, qu'elle tiendra toute sa vie : « Je serai sage » – peut-être en réaction au comportement scandaleux et décadent du roi qui vient de mourir, son autre oncle, George IV. Dès lors, l'étau visant à la contrôler va se resserrer autour d'elle. Sir John Conroy, l'âme damnée de sa mère, tente de lui faire signer un billet rédigé par lui dans lequel la princesse s'engage à le choisir comme secrétaire privé. Bien que malade et au fond de son lit, Victoria refuse avec énergie, pour le plus grand dépit de sa mère et de Conroy. Elle a déjà du caractère !

Le roi Guillaume IV, hâbleur, vantard et pas très fin, a beaucoup de tendresse pour sa nièce et héritière qu'il apprécie autant qu'il déteste l'intrigante duchesse de Kent. Il défend Victoria en stigmatisant publiquement les manigances de sa mère et tente de l'attirer à la cour de Windsor, alors que la duchesse et Conroy la cloîtrent à Kensington Palace. Victoria atteint enfin sa majorité, 18 ans, le 24 mai 1837. Il était temps ! Le roi peut mourir, il n'y aura pas de régence.

Reine à 18 ans, Victoria décide de faire « ce qui est juste et bien »

Comme s'il avait attendu cet anniversaire pour disparaître, Guillaume IV s'éteint moins d'un mois plus tard. Il est à noter que si Victoria devient reine d'Angleterre, son troisième oncle, Ernest, duc de Cumberland, devient roi de Hanovre, et seulement roi de Hanovre, pour la première fois depuis 1714. C'est en effet à l'occasion de l'avènement de Victoria, en 1837, que le duché allemand de Hanovre, qui exclut les femmes de la succession, se sépare définitivement de la Grande-Bretagne, rompant le lien dynastique et territorial. Victoria est donc une Hanovre qui régnera, à son intronisation, uniquement sur la couronne britannique. Dès son avènement, à l'aube du 20 juin 1837, quelques heures seulement après l'annonce du décès de Guillaume IV, Victoria réunit son premier conseil privé dans le salon rouge du palais de Kensington.

Un tableau du peintre sir David Wilkie a immortalisé cette scène où une jeune reine, qui est aussi une jeune fille, est assise face à près d'une trentaine d'hommes âgés, la plupart debout. Ils sont la sagesse et l'expérience. Elle est le contraire, mais Victoria a déjà fait preuve de détermination. En deuil depuis quelques heures, elle est en noir, mais, sans doute pour renforcer l'impression de sa jeunesse et de sa vulnérabilité et peut-être aussi pour mettre en valeur l'émergence d'une force, le peintre a préféré l'habiller de blanc : la candeur affrontant le monde de compromis que sont le régime parlementaire et la monarchie constitutionnelle.

20 juin 1837, au palais de Kensington à Londres, Victoria, reine depuis quelques heures, tient son premier Conseil de la Couronne. Pour renforcer l'impression de jeunesse, le peintre la représente en blanc alors qu'elle est en deuil.

Le jour de son couronnement à Westminster, le 28 juin 1838, la jeune reine est si petite que lorsqu'elle prend place sur le trône pour recevoir l'onction puis sa couronne, ses pieds ne peuvent atteindre le coussin qui avait été prévu pour conforter son assise. Elle se jure, toujours dans son journal, qu'à partir de cette date elle fera « ce qui est juste et bien ».

Victoria n'est pas grisée par les fastes de la cérémonie ni par le fait d'être coiffée de la couronne. Elle écrira, à propos d'une déli-

28 juin 1838 : le couronnement de Victoria à Westminster. Elle est le trente-sixième souverain britannique. Elle nommera dix Premiers ministres.

cate attention de son Premier ministre, lord Melbourne, au cours de cette journée : « Il me demanda gentiment si j'étais fatiguée, me dit que l'épée qu'il portait, l'épée d'État, était extrêmement lourde. Je lui dis que la couronne m'avait fait assez mal. » L'après-midi même du couronnement, lord Melbourne retrouve sa reine en train de baigner son chien, le king-charles Dash, dans une bassine, au milieu d'un salon, comme elle le fait chaque semaine.

Dès l'été 1837, Victoria quitte le palais de Kensington pour s'installer dans celui de Buckingham. Ancien vaste manoir en briques édifié en 1702 par le duc de Buckingham sous le nom de Buckingham House, il avait été racheté soixante ans plus tard par la famille royale, puis agrandi en un somptueux palais en 1825, conservant le bâtiment d'origine. Mais il n'avait jamais été habité. La jeune reine charge son architecte, Edward Blore, de surélever la construction et fait fermer la cour d'honneur par une aile formant façade, longue de 110 mètres, pastiche de la Renaissance italienne. Victoria est le premier souverain britannique à habiter Buckingham Palace, promu résidence officielle. Sitôt installée, Victoria manifeste sa volonté d'écarter sa mère en lui assignant des appartements éloignés des siens. La duchesse n'a pas accès à la salle du Conseil ; elle est définitivement marginalisée.

Le prestige de Victoria est discrédité à cause de son entourage

Victoria découvre la difficulté de sa position lors de deux incidents impliquant ses dames d'honneur. Lorsqu'elle était devenue reine, lord Melbourne s'était chargé de recruter des femmes parmi les épouses de ses soutiens politiques, le parti libéral. Or, au début de 1839, lord Melbourne est contraint de démissionner, son cabinet ayant été mis en difficulté. Pour la jeune reine, c'est une catastrophe. Elle s'était beaucoup attachée à lord Melbourne qui avait toute sa confiance, l'avait initiée à la politique et avait fait son éducation constitutionnelle. Victoria est d'autant plus déstabilisée que le remplaçant de Melbourne est le tory sir Robert Peel, qu'elle déteste. Peel en est parfaitement conscient. A la souveraine, il demande de changer ses dames d'honneur pour qu'elles reflètent les options du nouveau gouvernement. La reine refuse fermement et prévient lord Melbourne. C'est le début d'un petit scandale politique. Victoria tient bon. Elle conserve un trop mauvais souvenir du « système Kensington » pour accepter d'être manipulée dans ce qu'elle considère comme une affaire personnelle. C'est la première fois qu'elle s'oppose au chef du gouvernement. Peel doit renoncer et Melbourne redeviendra Premier ministre le 10 mai 1839. Cet épisode marque le premier désaccord non seulement avec le Premier ministre, mais aussi avec l'opinion publique, ce qui est beaucoup plus grave.

Une seconde affaire va encore discréditer le prestige de la reine. Elle concerne la dame de compagnie de sa mère, Flora Hastings. Celle-ci, totalement dévouée à la duchesse de Kent et à sir John Conroy, s'était déjà attiré l'antipathie de la jeune souveraine. Néanmoins, Flora Hastings entre au service de Sa Majesté le 10 janvier 1839. Aussitôt, le cercle des dames d'honneur se délecte d'une rumeur : lady Flora, officiellement célibataire, serait enceinte ! La reine est horrifiée, d'autant que le potin suggère que le père de l'enfant ne serait autre que le « monstrueux démon incarné », autrement dit Conroy, la bête noire de Victoria ! La silhouette de lady Flora présente un certain embonpoint. Serait-ce donc vrai ? L'affaire ira si loin que la dame d'honneur sera examinée par un médecin. Et le 17 février 1839, le diagnostic tombe : non seulement lady Flora n'attend pas d'enfant, mais elle est vierge ! Le scandale est énorme. Comment les dames d'honneur les plus titrées de la Cour, le Premier ministre et la reine elle-même ont-ils pu donner crédit à de tels ragots et infliger à Flora Hastings un traitement aussi dégradant ? La triste farce vire à la tragédie quand on découvre la cause de sa taille enrobée : la malheureuse souffre d'une infection généralisée et en meurt le 5 juillet.

Le manque de pondération de Victoria, qui a parfois de violents accès de colère, et son intransigeance dans ces deux affaires lui font beaucoup de tort. La presse se déchaîne. Il est temps pour Victoria de restaurer sa popularité après ses débuts chaotiques. Il est temps aussi, pour elle, de se trouver un époux. Selon un usage fort répandu à l'époque, Victoria avait été « fiancée » dès sa naissance à l'un de ses cousins, Albert de Saxe-Cobourg-Gotha, le cadet de cette famille ; son aîné, Ernest, est l'héritier de la petite principauté. Albert n'a donc rien à espérer sinon un riche mariage, si possible avec une princesse régnante. Ce projet d'union reste dans la tête du roi des Belges, Albert étant aussi un neveu de Léopold Ier. Ce dernier est conscient de l'influence politique qu'il pourrait exercer sur ce couple de jeunes neveux. Sa sœur, la duchesse de Kent, partage évidemment ses vues. Une première visite des deux frères Ernest et Albert avait été organisée en 1836, à la grande fureur du roi Guillaume IV qui ne voulait absolument pas entendre parler d'une alliance Saxe-Cobourg-Gotha car il détestait Léopold Ier. Victoria avait surtout été séduite par Ernest, et un peu aussi, tout de même, par Albert. Elle partageait son goût pour la musique de

Schubert, le ballet romantique et l'opéra italien. Il s'était ensuivi une correspondance (surveillée !) entre les deux cousins, mais qui demeurait anodine. Rien ne venait officiellement confirmer le statut de fiancé éventuel d'Albert. C'est donc après ses cuisants débuts de souveraine que Victoria décide de faire revenir Albert à Londres, à l'automne 1839. Elle est séduite. Le 10 octobre, la reine écrit dans son journal : « Albert est tout à fait charmant, excessivement beau, avec de magnifiques yeux bleus, un nez ravissant, une jolie bouche, une fine moustache et de très petits favoris. Il a une belle stature, des épaules larges, la taille fine. Mon cœur est pris. » Victoria souffre de complexes physiques. Navrée de sa petite taille, elle se plaint à lord Melbourne : « Tout le monde grandit sauf moi ! » Ses yeux bleus sont un peu globuleux ; ses bras sont dodus et elle tente de camoufler ses mains grassouillettes en les couvrant de bagues qui l'empêchent de manger. En théorie, car, depuis son adolescence, la princesse a tendance à prendre du poids. Le Premier ministre lui suggère de ne se nourrir que lorsqu'elle a faim. Réponse de Victoria : « Mais alors, je mangerais toute la journée ! » Elle ne tolère les portraits d'elle que la bouche fermée. Son visage n'est pas ravissant, mais la reine a du charme et une fraîcheur délicieuse. Si Victoria rajeunit la vieille monarchie, elle a surtout la mission de la consolider.

Un fiancé allemand pour Victoria : Albert de Saxe-Cobourg-Gotha

Albert a-t-il seulement le choix ? Depuis 1836, ce projet de mariage n'était pas conclu. Si le prince avait été refusé par Victoria en 1839, il risquait de devenir, comme il l'a écrit lui-même, « un objet de ridicule ». Est-il amoureux ? « Quant à elle, elle savait bien qu'abstraction faite des flatteries de ses courtisans, ses charmes n'avaient rien d'irrésistible. D'ailleurs, Albert ne se leurrait pas sur ce point, mais Victoria était reine et, vue à travers cette lorgnette, sa menue personne semblait parée d'un éclat spécial[1]. » Très éprise, elle demande au prince s'il veut bien l'épouser. Il s'écrie en allemand : « Mon amour est sans calcul. » Le 23 novembre 1839, devant le Conseil privé, Victoria annonce ses fiançailles, ce qui provoque une réaction de méfiance de la part du Parlement vis-à-vis de ce prince allemand catholique et sans fortune. Les Hanovre n'avaient pas laissé de bons souvenirs. Alors, un mari Saxe-Cobourg-Gotha pour la reine, c'est vraiment trop de germanité au sommet de l'État. Westminster refuse à Albert ce que demandait la reine, un titre de pair du royaume et celui de « roi consort ». Le mariage est fixé au 10 février 1840. Auparavant, Albert renonce à son état de prince allemand et est naturalisé anglais ; la reine épouse donc un de ses sujets. Victoria décide de se marier en blanc alors que, selon la tradition, elle aurait dû porter une robe rouge symbolisant sa dignité de monarque. Elle choisit la modestie d'une simple robe de satin blanc ornée de dentelles, avec une courte traîne, ne voulant pas éclipser ni rabaisser son époux. Ainsi, lance-t-elle une mode : c'est à partir de ses noces que la robe blanche de la mariée triomphera partout en Occident. Albert lui a offert une broche constituée d'un magnifique saphir serti de diamants qu'elle portera non seulement le jour de son mariage, mais très régulièrement. La cérémonie a lieu dans la chapelle du palais de Saint-James à Londres, puis, sous la pluie, les mariés rejoignent Buckingham Palace. Après le déjeuner,

---

1. Stanley Weintraub, *Victoria (une biographie intime)*, trad. Béatrice Vierne, Robert Laffont, 1988.

La reine Victoria et son époux le prince Albert dans les années 1850. Le couple est très uni. Le 25 juin 1857, la souveraine confère à Albert le titre de prince consort.

le couple part pour le château de Windsor. Les mariés y passeront leur lune de miel et Windsor deviendra vite leur demeure favorite proche de Londres. Le château sera la deuxième résidence officielle du souverain et de la famille royale. C'est toujours le cas.

Albert aurait souhaité que ce voyage de noces dure au moins une semaine, mais Victoria, bien qu'éperdue d'amour et enthousiasmée par son tout nouveau bonheur conjugal, objecte qu'elle ne peut s'éloigner des affaires de l'Etat plus de trois jours. Albert souffre de l'inexistence de son statut. Lorsqu'il constitue sa maison, il n'a même pas droit d'exprimer son avis ; on lui impose l'ancien secrétaire particulier de lord Melbourne. Victoria approuve cette décision. Il s'ensuit sa première querelle avec Albert, à qui il est rappelé qu'il n'est que le mari de la reine. Le 21 mars, la reine s'aperçoit de sa grossesse.

Le 10 juin 1840, alors que le couple se promène dans une voiture découverte en se rendant à Constitution Hill, un jeune homme leur tire dessus. Il manque Victoria. Pour protéger la reine, Albert la projette sur le plancher du landau alors que l'inconnu continue de faire feu. Il est arrêté. C'est un déséquilibré. Le prince est légèrement blessé. L'incident augmente la double popularité de la reine et de son époux. Victoria, enceinte de quatre mois, a eu très peur. Elle accouche le 21 novembre 1840 d'une fille, prénommée Victoria Adélaïde, mais que les Britanniques appelleront « Vicky ». La reine, qui n'aime pas être enceinte car, dit-elle, elle se sent « comme une vache ou un chien », aura neuf enfants, mais n'en allaitera aucun. Peu à peu, avec patience et tact, le prince Albert s'impose par la réorganisation de l'intendance des palais, passablement anarchique, ses remarques de bon sens, sa discrétion et son esprit méthodique. Par sa douceur, le mari de la reine parvient à la conseiller et à l'influencer ; ils finiront par régner à deux et l'on verra même Albert rencontrer des ministres. Victoria aura bientôt une totale confiance en son mari, au point qu'elle lui confiera un double des clés des *boxes*, ces boîtes de cuir rouge frappées au monogramme de la souveraine, qui contiennent les copies des dépêches, télégrammes et notes confidentielles relatives aux affaires publiques que transmet le cabinet à la souveraine, celle-ci devant être informée de tout ce qui est important.

Avec l'Exposition de 1851, le prince Albert gagne autorité et respect

Le royaume, en pleine deuxième révolution industrielle, est en proie à une agitation sociale ; des émeutes ont lieu dans les villes ouvrières, par exemple à Manchester et dans les cités surpeuplées par l'exode rural, alors que la reine a accouché d'un fils, le futur Édouard VII, le 9 novembre 1841. Ces troubles sont – on l'oublie souvent – à l'origine de nouveaux attentats contre Victoria : deux en 1842, un autre en 1849 perpétré par l'Irlandais William Hamilton. Et en juillet 1850, un dénommé Robert Pate réussit à frapper la reine d'un coup de canne. Les mauvaises récoltes en Irlande provoquent une crise économique. Le Premier ministre, le conservateur Peel avec lequel Victoria finit par s'entendre, est sensible à la diminution des taxes sur l'importation des céréales, ce qui mécontente les propriétaires terriens, mais c'est la seule solution pour lutter contre la disette qui s'est abattue sur l'Irlande. Au cours de ses entretiens politiques issus de l'alternance entre les conservateurs et les libéraux, la reine réalise qu'il est souvent inutile de s'opposer au gouvernement ; son rôle, aussi central qu'inamovible, va s'étayer sur trois prérogatives auxquelles elle apporte toute son attention : être consultée, encourager et avertir. Des privilèges toujours en usage et qui sont à la base de l'autorité personnelle du monarque.

Si les insurrections révolutionnaires qui ont bouleversé plusieurs Etats européens en 1848 et 1849 ont épargné le royaume britannique, les revendications ouvrières ne sont pas satisfaites et chaque jour des cortèges, nourris par l'émergence des syndicats, se font plus menaçants en Grande-Bretagne. Le prince Albert est convaincu que le chômage est aggravé par la diminution des commandes publiques, en particulier dans les grands travaux. Eux seuls pourront procurer des emplois et faire retomber l'agitation sociale. Le mari de Victoria, souvent pessimiste, mais d'une générosité sincère et attentif au désespoir des miséreux, va s'inspirer de la IIe République française. Née dans l'émeute qui avait contraint le roi Louis-Philippe à s'enfuir des Tuileries en fiacre et à se réfugier en Angleterre, elle proposait la création d'ateliers nationaux. Adaptant ce projet, le prince Albert a l'idée d'une grande exposition à la gloire de l'industrie, du commerce et du savoir-faire d'outre-Manche. Il s'agit de mobiliser et de fédérer « toutes les énergies disponibles et toutes les bonnes volontés au service d'une manifestation dont l'ampleur et la qualité symboliseraient la puissance d'une Angleterre qui, tirant sa force de son charbon, de son fer et de sa laine, était devenue "l'atelier du monde"[1] ».

Balayant le risque d'une catastrophe financière annoncée par la presse, le prince, en accord avec la reine, constitue une commission

1. Guy Gauthier, *Victoria, l'apogée de l'Angleterre*, France Empire, 2000.

Londres, 1er mai 1851. Victoria inaugure l'Exposition au *Crystal Palace*, au sud de Hyde Park. La réussite de cette manifestation est largement due à l'enthousiasme et à l'initiative du prince Albert.

qu'il préside (naturellement !) et choisit un terrain au sud de Hyde Park pour faire construire, sous la direction de l'architecte Joseph Paxton, un extraordinaire bâtiment, d'une conception aussi originale qu'audacieuse. Les fonds privés, recueillis par Albert lors de conférences, affluent dès le printemps 1850. Peu à peu, dans le ciel londonien, s'élève ce qu'un journaliste nommera, astucieusement, le *Crystal Palace* en raison de ses 110 000 mètres carrés de vitrages fixés sur des armatures de fonte. En un an, une sorte de cathédrale transparente du progrès sort de terre, œuvre de deux mille cinq cents ouvriers. Le 1er mai 1851, l'Exposition est inaugurée par une reine Victoria vêtue de rose (pour qu'on la voie !), radieuse et reconnaissante de l'élan qu'Albert a su donner à son pays, réveillant ses formidables capacités. La foule est enthousiaste, chante le *God Save the Queen*, puis accompagne l'*Alleluia* du *Messie* de Haendel, ce musicien allemand devenu sujet du roi d'Angleterre sous le règne des Stuarts. Pourtant, Victoria n'apprécie pas cette œuvre de Haendel. A l'âge de 16 ans, en septembre 1835, après une audition du *Messie* dans la cathédrale d'York, elle avait jugé qu'en dehors de quelques chœurs et d'un ou deux chants, sa musique était « lourde et fatigante », lui préférant les talents de « l'école italienne tels Rossini, Bellini, Donizetti[1] ».

À 32 ans et après quatorze années de règne, Victoria, en inaugurant l'Exposition, suscite une allégresse dépassant la fierté patriotique. Elle écrit : « Ce jour aura été le plus grand de notre histoire. Il aura offert le spectacle le plus beau, le plus imposant et le plus touchant qu'on n'ait jamais vu. [...] Le cher nom d'Albert est immortalisé par cette grande conception, qui lui appartient en propre, et mon cher pays a montré qu'il en était digne. » *The Great Exhibition of the Works of Industry of all Nations* est un immense succès personnel pour le prince Albert, mais aussi pour la reine ; par sa personnalité et l'image de son couple, tel le tableau de Winterhalter de 1846 les représentant assis côte à côte et formant une véritable équipe, Victoria s'impose définitivement à l'opinion et à la politique.

Si l'on ajoute le bénéfice récolté (un quart de million de livres sterling), Albert se révèle un chef d'entreprise avisé. La reine et son mari sont désormais identifiés au réveil d'Albion et les politiciens les plus réticents, voire les plus négatifs à l'égard du prince, doivent reconnaître la réussite exemplaire de ce duo. Même lord Palmerston, secrétaire d'Etat au Foreign Office avec lequel Victoria n'est guère à l'aise car il avait décrié le projet d'Albert, doit s'incli-

1. *Victoria Revealed*, ouvrage collectif, Historic Royal Places, 2012.

ner en reconnaissant, dès le soir de l'inauguration dans Londres résonnant des fanfares : « Ce jour est un jour glorieux pour l'Angleterre. » Il était établi que l'outre-mer fournirait les matières premières puis les marchés pour les produits manufacturés dans la mère patrie. Maîtrisée, la révolution industrielle ne serait donc pas suivie d'une révolution politique. On ne pourra plus manipuler la reine ni tenir son époux pour une simple pièce rapportée. Sans titre ni fonction officielle, le prince Albert est devenu indispensable. Le retentissement de l'Exposition – la première dédiée à l'industrie – va bien au-delà des îles britanniques. Sur 520 mètres de long, 125 de large et 55 000 mètres carrés, le *Crystal Palace* est à la fois le temple de la foi en l'avenir et un centre d'import-export des idées et des produits. On y vient des Etats-Unis d'Amérique, et en France, le prince président Louis-Napoléon Bonaparte, séduit par cette remarquable réalisation, s'enthousiasme lui aussi pour l'organisation d'une Exposition universelle. Pendant six mois, plus de quatorze mille artisans, ateliers, sociétés et compagnies attirent six millions de personnes vers une manifestation sans précédent, fascinées par la rencontre inattendue entre les fontaines lumineuses, les plantes exotiques, les machines à vapeur, les métiers à tisser et les wagonnets poussés au fond des mines. L'exposition est une vitrine de la technique et de la prospérité qui marqueront l'ère victorienne. La reine incarne désormais la stabilité politique au-dessus des partis.

Une vie de famille nombreuse, un modèle pour le royaume

Dès le premier Noël suivant leur mariage et la naissance de leur fille Vicky, Albert invente à Windsor un nouveau rite ; il importe en fait une tradition germanique, celle de l'arbre de Noël, également adoptée en France à la cour de Louis-Philippe grâce à une de ses belles-filles allemandes. Sur des guéridons juponnés, on dispose les cadeaux sous des sapins décorés de bougies allumées, de petits personnages et d'objets en papier mâché[1]. Très vite, entre 1840 et 1857, de cette union sans nuage naissent neuf enfants qui – il faut le dire car c'est rare à l'époque – atteindront tous l'âge adulte. Après Vicky, née en 1840, qui sera la mère du futur Guillaume II, gracieuse et charmante, de tempérament rebelle selon sa mère, mais adorée de son père pour son intelligence et son caractère extraverti, viennent le futur Édouard VII, « Bertie » pour la famille, né en 1841, désespérant ses parents par son peu d'intérêt pour les études et par son goût précoce et très prononcé pour les femmes ; puis, en 1843, Alice, une beauté qui épousera le prince de Hesse et sera la mère de la dernière tsarine de Russie, Alexandra ; en 1844, Alfred, passionné de marine, qui entrera à 14 ans dans la Royal Navy, au grand désespoir de Victoria jugeant ce fils trop jeune pour vivre loin des siens ; en 1846, Hélène, le garçon manqué de la famille, sera intéressée par la mécanique, raffolant d'équitation et de navigation ; en 1848, Louise, future duchesse d'Argyll, artiste qui a sculpté la statue de marbre blanc de Victoria aujourd'hui placée devant l'entrée de Kensington Palace. Quant à Arthur, né en 1850, il fut peut-être le fils préféré de Victoria dont elle disait : « Cet enfant m'est cher, plus cher encore que tous les autres ensemble. » Il aime l'armée, joue avec

1. Aujourd'hui encore, à la période de Noël, plusieurs sapins sont installés dans les salons du château de Windsor, décorés d'accessoires victoriens que l'on peut se procurer à la boutique. Les paquets destinés au personnel du château sont distribués, quelques jours avant Noël, par la reine elle-même.

ses soldats en reconstituant les batailles de Napoléon et servira sous l'Union Jack pendant quarante ans. En 1853 naît Léopold, duc d'Albany, seul enfant de la reine souffrant d'hémophilie. Très délicat, il ne pouvait jouer avec ses frères et sœurs. Victoria ne semble pas l'avoir beaucoup aimé, le décrivant comme « quelconque, mais néanmoins amusant ». La dernière, Béatrice, naît en 1857, quelques semaines avant le trente-huitième anniversaire de la reine qui la surnomme *baby* ; elle vivra dans l'ombre de Victoria et sera chargée par la reine d'expurger son journal de ce qui ne lui semblerait pas convenable. Ainsi, un tiers des réflexions intimes de Victoria sera censuré.

Pour cette famille qui s'agrandissait régulièrement, en dehors des palais et châteaux royaux comme Buckingham et Windsor qui sont des propriétés de la Couronne, il fallait construire ou trouver des lieux de vacances plus simples et moins protocolaires. Victoria et Albert souhaitaient une résidence bien à eux, presque sans contrainte. Grâce à la très bonne gestion par Albert de la cassette royale, le couple dispose de fonds considérables. Par sir Robert Peel, alors Premier ministre, Victoria et Albert apprennent qu'un très beau domaine est à vendre sur l'île de Wight, Osborne, facile d'accès en moins d'une matinée par le chemin de fer depuis Londres puis en bateau. Le couple royal l'achète en mars 1845. Mais la maison se révèle trop petite. Albert dessine les plans d'une très grande villa avec un entrepreneur autodidacte qui avait aménagé l'élégant quartier de Belgravia à Londres. Osborne aura tout le confort moderne avec de nombreuses salles de bains. De larges baies ouvrent sur la mer. Le parc, dessiné à l'italienne, avec une vaste terrasse, des escaliers et des bassins, descend jusqu'à une plage privée. Le climat très doux de l'île de Wight convient

La reine Victoria, le prince Albert et cinq de leurs neuf enfants, en 1846. La famille royale apprécie les séjours à Osborne, sur l'île de Wight.

parfaitement à toute la tribu. Les enfants courent dans le parc en toute liberté, ramassent des fruits, cueillent des fleurs, apprennent à nager et à jouer au cerf-volant avec leur père. Albert, qui se plaint de maux chroniques d'estomac, prétend qu'ils s'apaisent à Osborne. Quant à la reine, Osborne calme ses nerfs ; elle est souvent en proie à des phases dépressives, notamment pendant ses grossesses. Cette villa sera leur résidence estivale privée.

Il ne leur manque plus maintenant qu'une demeure montagnarde, également privée. C'est au cours de l'été 1847 qu'ils découvrent le château de Balmoral, en Écosse, où l'on n'accède alors que par bateau. Tout de suite, ils adorent la magie des Highlands et décident d'acquérir Balmoral en octobre de la même année. La reine en aime la solitude et l'air vivifiant. Avec ses fenêtres à meneaux, ses pignons, ses hautes tours rondes aux toits coniques, cette bâtisse ne pouvait qu'enchanter la lectrice des romans historiques de Walter Scott qu'est Victoria. L'écrivain avait mis l'Écosse à la mode littéraire au début du siècle et la reine, enthousiasmée par la région des monts Grampians, fait reconstruire Balmoral en 1855 et y séjourne volontiers, sa présence apportant à l'Écosse une notoriété nouvelle.

C'est la guerre en Crimée : Victoria doit s'allier à Napoléon III

Victoria a toujours été passionnée par la politique étrangère. Outre ce qu'elle appelle ses *little wars*, ses « petites guerres », autrement dit des conflits purement coloniaux (par exemple en Chine avec la guerre de l'Opium et plus tard, en Inde, la révolte des Cipayes), sans comparaison avec l'ampleur et la durée des guerres subies par ses ascendants Hanovre (indépendance américaine, conquêtes napoléoniennes), la reine va devoir affronter un conflit de longue durée à caractère international bien que localisé, la guerre de Crimée. Si la Grande-Bretagne y est impliquée, c'est pour empêcher la Russie du tsar Nicolas Ier de profiter de la faiblesse ottomane et d'avoir accès à la Méditerranée par les détroits, ce qui mettrait en péril la route des Indes. Le royaume de Victoria et l'empire de Napoléon III, ainsi que le modeste Piémont, soutiennent l'Empire ottoman contre les visées de Saint-Pétersbourg. Il n'est pas simple pour la reine d'être alliée au neveu de Napoléon Ier qu'elle ne connaît pas et à l'égard duquel elle nourrit les plus grandes réticences puisqu'il passe pour un aventurier amateur de femmes. Victoria est très liée à la famille d'Orléans exilée au château de Claremont depuis que Louis-Philippe a été chassé par la révolution de 1848. La guerre s'enlisant en Crimée, où Sébastopol résiste aux assauts franco-britanniques, et le choléra ravageant les troupes, Napoléon III souhaite en finir ; il laisse entendre qu'il va aller lui-même prendre la direction des opérations. Le cabinet de lord Palmerston, une nouvelle fois Premier ministre et pourtant jusqu'ici favorable à l'empereur, s'y oppose fermement. Si Napoléon III y perdait la vie, l'Angleterre se retrouverait seule à se battre (ce que redoute le prince Albert), et s'il réussissait à prendre Sébastopol, les Français s'approprieraient la victoire. Inacceptable ! Le libéral Palmerston suggère donc à Victoria de recevoir Napoléon III et Eugénie à Windsor et à Londres. C'est demander à la reine un immense effort, puisqu'il s'agit d'accueillir le neveu du plus grand ennemi de l'Angleterre ! Or, Victoria va être totalement conquise, sous le charme du charmeur. À son oncle le roi des Belges Léopold Ier, elle écrit : « L'impression est très favorable. Il y a un grand charme dans les manières calmes et franches de l'empereur ; et l'impératrice est très agréable, très gracieuse et fort simple, mais bien délicate… Le public les reçut avec un immense enthousiasme. » Le comble de cette surprenante romance politique est atteint ce jour d'avril 1855 où Victoria décore l'empereur des Français de l'ordre de la Jarretière, ce qui suppose que le neveu de Napoléon Ier prête serment à la reine d'Angleterre ! Une étonnante ébauche provisoire d'Entente cordiale ! En remerciement, Napoléon III invite Victoria et le prince Albert à venir à Paris pour visiter l'Exposition universelle, ce qui ne peut manquer d'intéresser le mari de la reine. Le couple royal arrive à Paris le 16 août. Cette visite d'État est, à maints égards, un événement considérable, surtout si l'on se souvient que le dernier souverain d'Angleterre ayant, si l'on peut dire, « séjourné » à Paris était Henri VI, en 1431, dans le contexte sanglant de la guerre de Cent Ans et même si Victoria est déjà venue en France en 1843 et 1845. Sur la suggestion du préfet de la Seine, l'énergique Haussmann, une des nouvelles artères nées du Paris qu'il transforme est appelée « avenue Victoria ». La reine, son époux et leurs deux aînés, Vicky et Édouard, sont subjugués par les fastes de leur réception. « Victoria se montre curieuse et enthousiaste pour tout voir et tout admirer comme il se doit... Les parties de campagne, les déjeuners à La Muette et au Trianon, la visite champêtre du hameau de la reine à Versailles, les promenades dans le parc de Saint-Cloud, les traversées du bois de Boulogne ménagent des haltes rafraîchissantes dans la touffeur de l'emploi du temps. La reine trouve le loisir de regarder et dessiner Paris de son balcon, d'herboriser et de poursuivre, coûte que coûte, son abondante correspondance[1]. »

Cette visite précède de peu la chute de Sébastopol en septembre 1855, onze mois après la charge de la brigade légère à Balaklava, tragique succès britannique qui avait coûté la vie à cinq cents officiers et soldats de Sa Majesté. Lors de cette guerre

---

1. Olivier Gabet, préface au *Pages du journal de la reine Victoria*, éditions Le Promeneur, 2008.

qui a mis en évidence les défaillances de l'intendance et du service de santé et causé environ vingt-cinq mille morts autour de Sébastopol, Victoria s'est initiée à la politique européenne avec lord Palmerston en partageant la victoire avec un Bonaparte. Albert s'était substitué à la reine pour tous les entretiens militaires avec l'empereur. La place du prince consort est devenue essentielle dans le fonctionnement de la monarchie britannique. Au début de leur mariage, Victoria ne tolérait aucune intervention de son mari, fût-elle minime, dans les affaires du royaume. Même au sujet de l'entretien des cheminées de Windsor – qui chauffaient mal ! –, la reine et lui avaient eu une algarade. Il fallait d'abord que la reine s'imposât elle-même au monde politique qu'elle devait, par statut, dominer.

1857 : la reine confère à Albert le titre de prince consort

Quinze ans plus tard, reconnaissante envers le travail discret et parfois ingrat d'Albert, la reine demande à Palmerston, à qui elle s'est déjà heurtée en 1851, de donner enfin à son époux le titre de prince consort qu'il mérite. Elle est très consciente qu'il lui a appris le véritable sens de sa responsabilité. Le cabinet tergiverse, accuse le Parlement de lenteur, et c'est Victoria elle-même, exaspérée, qui accorde cette distinction à Albert, par lettres patentes du 25 juin 1857. Le mari de Victoria est un esprit ouvert, d'une curiosité universelle. On connaît son intérêt pour la technique. Il y greffe ce que nous appellerions du « patriotisme économique ». Ainsi, peu après son mariage, le prince avait offert de lancer lui-même le premier navire entièrement métallique, un luxueux paquebot destiné à traverser l'Atlantique. Six hélices, six mâts, une cheminée, le *Great Britain*, sorti des chantiers de Bristol, avait été baptisé par son parrain, Albert, en 1843. Très cultivé, mélomane et lettré, le prince ajoute à sa douceur, qui sait être ferme, un souci de pédagogie. Il s'attache à développer la culture populaire et la connaissance par la création ou la réorganisation de musées, d'expositions, de bibliothèques. Comme la souveraine, il aime l'opéra, le ballet et même le chant. Le compositeur Felix Mendelssohn rapporte qu'un soir, à Buckingham Palace, Victoria et Albert chantaient en duo, s'accompagnant chacun au piano, et qu'à la suite d'un courant d'air, « les partitions, tombées par terre et éparpillées, étaient ramassées par la reine ». Dès 1847, le prince avait prononcé des conférences sur l'abolition de l'esclavage ; il était devenu chancelier de l'université de Cambridge dont il revendiquait d'avoir modifié les formalités d'inscription et participait à la naissance de tant de fondations que le magazine satirique *Punch* l'avait surnommé « le prince des poseurs de premières pierres » ! On doit rappeler que, malgré ses réussites – ou à cause d'elles ! –, l'éclectisme de ses centres d'intérêt et sa bonne volonté, Albert était sans cesse critiqué, brocardé et caricaturé par les journaux. Et des jaloux lui rappelaient, parfois cruellement, son ancienne condition d'étranger et de prince désargenté.

Au-delà de l'amour qu'elle porte à son mari, Victoria apprécie le calme et le bon sens du prince en toutes circonstances. Par sa retenue, il parvient à lui démontrer la meilleure solution d'un problème afin qu'elle interroge utilement le gouvernement et comprenne le bien-fondé de la décision prise. De cette manière et sans aucune fonction ou mandat officiel, le prince s'est, peu à peu, glissé au cœur de la monarchie constitutionnelle afin de la renforcer par la connaissance des affaires que doit avoir le souverain. On peut donc dire qu'entre la vie familiale d'une part et la vie publique d'autre part, notamment quand la reine reçoit son Premier ministre, le prince Albert partage bien le « sort » privé et politique de son épouse, selon cet adjectif « consort » datant de la seconde moitié du XVIIe siècle.

Au début de 1860, Victoria suit, avec Albert, les négociations d'un important traité franco-britannique abolissant le protectionnisme des deux côtés de la Manche. Napoléon III, ébloui par les réussites du commerce et de l'industrie d'une Angleterre professant les vertus du libre-échange, est convaincu que les barrières douanières, si elles protègent, sont aussi un redoutable frein à l'innovation. Or, le royaume de Victoria ne cesse d'innover. En rattrapant son retard économique, la France impériale suit la royale Angleterre sur la voie d'un modèle que l'Europe enviera. A l'étonnement général, les deux pays semblent se comprendre, en dépit de rivalités ardues comme lors de la construction héroïque du canal de Suez par les Français, un cauchemar pour lord Palmerston.

La mort prématurée d'Albert plonge Victoria dans l'apathie

Pendant toutes ces années, le prince Albert ne s'était pas ménagé. Débordant d'activités – ce qui était inhabituel chez un homme de son rang –, il avait multiplié l'étude de dossiers très divers et son emploi du temps était souvent beaucoup plus chargé que celui d'un ministre. Cette frénésie cachait sans doute une insatisfaction profonde. Le traitement que lui infligeait la presse britannique lui était certainement très pénible. Omniprésent mais mal aimé, Albert avait souffert du départ de sa fille aînée Vicky qui, le 25 janvier 1858, à Windsor, avait épousé l'héritier du trône de Prusse, le prince Frédéric-Guillaume. La complicité entre le père et Vicky était telle qu'elle provoquait la jalousie de la reine. Victoria reprochait à sa fille de monopoliser l'attention et l'affection d'Albert. S'ajoutait à cet état une certaine amertume, sans doute excessive, devant la conduite volage de leur fils aîné, Albert-Édouard. Le futur Édouard VII est le contraire absolu d'Albert.

Le 22 novembre 1861, le prince consort prend froid en allant visiter les tout nouveaux bâtiments du collège militaire de Sandhurst. Le 1er décembre, Albert est de plus en plus fiévreux, se nourrit à peine et maigrit presque à vue d'œil. Des nuits d'insomnie succèdent à des améliorations. Victoria tente de se rassurer, se réjouit du moindre mieux et refuse l'hypothèse du pire. Lui-même, dans son état préoccupant, ne cesse de manifester son amour à sa reine. En allemand, il lui murmure : « Ma bonne petite femme, mon épouse parfaite. » Le prince meurt à Windsor à 22 h 50 le soir du 14 décembre, d'une maladie que les médecins n'ont pas vraiment réussi à identifier et qu'ils soupçonnent être une fièvre typhoïde. Il a sans doute été très mal soigné, mais il était probablement impossible d'agir plus efficacement à l'époque. Albert était dans sa quarante-troisième année. Le bonheur conjugal de Victoria aura duré vingt et un ans.

La reine hurle de douleur, au point que son entourage s'inquiète pour sa raison en pensant, avec horreur, à la démence qui avait frappé son grand-père George III. Victoria, déjà très affectée par le décès de sa mère neuf mois plus tôt, n'assiste pas aux obsèques

La mort, prématurée, du prince Albert en 1861 plonge Victoria dans une profonde dépression. Elle se retire de la vie publique. Ici, en 1867, à Balmoral avec son chien Sharp.

de son époux ; elle est murée dans son chagrin à Osborne. C'est le prince de Galles, futur Édouard VII, qui conduit le deuil. Albert est inhumé le 23 décembre dans la chapelle Saint-George de Windsor. Par la suite, Victoria fera construire un mausolée où elle viendra le rejoindre à Frogmore, dans le parc de Windsor. La disparition et les funérailles du prince entraînent un revirement complet de l'opinion publique et de la presse à son égard. Les journaux, à commencer par le *Times* qui avait été son ennemi le plus acharné, vantent, avec hypocrisie, les qualités du mari de la reine qui avait tellement œuvré pour la modernisation du royaume et le développement tant économique que culturel de la nation. Parmi les politiciens qui osent l'hommage le plus spectaculaire, citons celui de l'homme qui l'avait le plus attaqué, Benjamin Disraeli, très brillant député du parti conservateur : « Avec le prince Albert, nous avons enterré notre souverain. Ce prince allemand a gouverné l'Angleterre pendant vingt ans avec une énergie et une sagesse dont aucun de nos rois n'a jamais fait preuve. » La reine aurait pu être irritée d'être omise dans cet éloge presque déplacé. Au contraire, du fond de son désespoir, elle n'a entendu que l'hommage à son Albert adoré. Cela explique la très grande confiance et la parfaite complicité qui existera plus tard entre Victoria et Disraeli, qu'elle nommera Premier ministre pour la première fois en 1868.

Le 1er juillet suivant, le mariage de sa fille Alice avec Louis de Hesse prend l'allure d'une cérémonie funèbre. Les hommes sont en noir, les femmes, sauf Victoria, en mauve. La reine écrit à Vicky : « Le pauvre mariage d'Alice (plus un enterrement qu'un mariage) est terminé [...] Mais ce matin, un poignard m'a transpercé le cœur quand elle m'a annoncé qu'elle se sentait fière et heureuse d'être la femme de Louis[1]. » La reine est jalouse du bonheur de sa fille, qu'elle ressent comme un indécent déni de son deuil insupportable et sans fin.

La reine veuve reçoit un étrange surnom : « Mrs Brown »

Figée dans son image publique de reine veuve, Victoria refuse de participer à toute manifestation publique, s'enferme à Osborne, à Windsor et à Balmoral. Ayant du mal à marcher, elle perd l'usage de ses jambes et se fait transporter dans un fauteuil roulant. Réfractaire à toute cérémonie officielle, elle vit retirée du monde, en proie à une véritable dépression. Elle voue un culte absolu à la mémoire du défunt, faisant construire une salle de concerts circulaire, le Royal Albert Hall, entre 1867 et 1871. Son dôme devait évoquer le Panthéon de Rome. De même, elle fait ériger en 1876, à l'emplacement de l'Exposition de 1851, une sorte de mausolée néogothique à l'intérieur duquel se dresse une statue en bronze doré d'Albert tenant à la main le catalogue de l'Exposition. Plus tard, Victoria fera poser la première pierre du Victoria and Albert Museum, merveilleux musée londonien des Arts décoratifs, situé à l'emplacement de l'ancien South Kensington Museum dont Albert avait été le promoteur et le parrain. Rien ni personne ne semble capable d'arracher la reine à sa très profonde mélancolie. Pourtant, un homme va jouer un rôle considérable dans la vie de la souveraine veuve : John Brown,

1. Philippe Alexandre et Béatrix de L'Aulnoit, *La Dernière Reine*, Robert Laffont, 2000.

La reine Victoria en 1863, à Balmoral. Ancien écuyer du prince Albert, l'Ecossais John Brown (*à gauche*) est en permanence auprès de la souveraine veuve, surnommée « Mrs Brown ».

un valet d'écurie, le factotum du prince Albert. C'est un Écossais portant constamment le kilt, plutôt rustique, grand amateur de whisky. Pour Victoria, sa première qualité est d'avoir été dévoué à Albert. Lorsqu'elle retourne à Balmoral, John Brown l'accompagne en promenade. Et quand elle revient à Osborne, l'entourage habituel de la reine est stupéfait et rassuré par sa métamorphose : Victoria remarche et semble reprendre un certain goût à la vie. On prie donc John Brown de rejoindre la souveraine. Le 4 février 1865, c'est Victoria elle-même qui fixe ses nouvelles fonctions : « Ai décidé que Brown resterait de façon permanente et se rendrait utile d'autres manières en dehors de la conduite de mon poney, car il est tellement sûr. » Son titre officiel est « serviteur des Highlands de la reine ». Son attitude vis-à-vis de Victoria horrifie la famille royale. Il la rabroue, lui parle grossièrement, s'adresse à elle en l'appelant « femme » au lieu de « Madame », s'enivre devant elle, mais elle ne lui en tient aucune rigueur. Cette étrange relation, qui durera jusqu'à la mort de Brown le 27 mars 1883, va rapidement faire jaser. Il ne quitte pas la souveraine un instant, la suivant dans tous ses voyages, y compris en Europe continentale. Leur intimité est telle qu'un journaliste américain, de passage à Londres, très étonné d'entendre parler, dans un dîner, d'une certaine « Mrs Brown », apprend que c'est ainsi que l'on nomme la reine depuis qu'elle ne quitte plus cet homme, dont on ne sait s'il est un médium grâce auquel elle entre en contact avec l'esprit d'Albert, ou son infirmier, voire davantage. Victoria est furieuse que l'on attaque son Écossais. Aujourd'hui encore, il est impossible d'établir quels liens exacts unissaient la reine et son serviteur. Seul le journal de la reine contenait la vérité mais, comme on l'a vu, la censure de la princesse Béatrice nous prive de l'éclairage de Victoria sur cette relation. Il reste qu'à la mort de John Brown, l'attitude de Victoria est stupéfiante. C'est elle qui rédige sa nécrologie pour le *Times* en vingt-cinq lignes d'éloges, alors que celle consacrée à Disraeli, mort deux ans plus tôt, s'était limitée à cinq lignes !

Comme au moment de la mort d'Albert, la reine a du mal à marcher et c'est sur son fauteuil roulant qu'elle assiste aux obsèques de John Brown. Ensuite, dans le parc de Balmoral, sur la pelouse, Victoria, au profond agacement de sa famille, fait rapidement ériger une statue de Brown qui, d'une certaine façon, fut le second homme de sa vie.

1876 : la « grand-mère de l'Europe » est impératrice des Indes

Pendant les quarante années suivant la disparition d'Albert, en dépit des commérages que suscite sa proximité avec John Brown, la reine Victoria se drape éternellement dans un mantelet noir, devenant un modèle d'austérité et de dignité. Sa silhouette s'arrondit d'une telle façon qu'elle semble, selon d'acides chroniqueurs et caricaturistes, devenue « sphérique » ! Peu importe à la souveraine d'être élégante ; elle fait faire ses vêtements chez une modiste du village de Windsor, comme si elle n'avait plus personne à séduire, sinon ses peuples déconcertés par son absence de la vie officielle. Elle finira par réapparaître et ils seront attendris et impressionnés par cette « grand-mère de l'Europe » vêtue de noir qu'elle agrémente, il est vrai, de superbes diamants. Par devoir et par instinct, Victoria travaille avec ses Premiers ministres,

En 1876, à l'initiative du Premier ministre Disraeli, Victoria est proclamée impératrice des Indes. Cette nouvelle dignité renforce la puissance symbolique de la reine (ici en 1882).

intervenant personnellement et fréquemment dans les nominations concernant l'armée, la marine, la Cour et l'épiscopat, car elle est très attachée à son titre de chef de l'Église anglicane. Tenant également à ses prérogatives régaliennes, respectueuse de l'alternance des élections entre les conservateurs et les libéraux, elle manifeste des préférences dans le sens nationaliste et conservateur. Elle sait faire savoir son opinion et, par exemple, n'apprécie pas la politique de réformes de Gladstone en Irlande. Victoria aura nommé dix Premiers ministres, certains ayant exercé cette fonction à plusieurs reprises. C'est le cas de Disraeli, qui avait débuté par la littérature avec des succès, dont un roman « à clé » avait fait scandale avant 1830. Disraeli, sincèrement attristé par l'apathie de la reine, va très astucieusement utiliser la fonction symbolique – mais puissante – de la monarchie britannique au profit de sa politique impériale. À son initiative, la peu visible reine Victoria est proclamée impératrice des Indes le 27 avril 1876. Vingt ans plus tôt, la Victoria Cross était instituée comme plus haute distinction nationale. Devenue un symbole vivant de l'hégémonie de l'Empire britannique à la fin du XIXe siècle, Victoria devait voir son prestige encore exalté par les jubilés de 1887 et de 1897, célébrant les cinquantième et soixantième anniversaires de son avènement.

Si, jusqu'à la fin de sa vie, elle s'est préoccupée de la situation internationale en se méfiant des visées allemandes de son petit-fils Guillaume II et des troubles de la Russie de Nicolas II, c'est en politique intérieure que son influence a sans doute été la plus déterminante. Consciente de la montée des classes moyennes attachées aux vertus de la famille, de la discrétion et du sens du devoir, Victoria se reconnaissait dans ces valeurs. Elle les résumait en

Sur ce document de 1900, quatre générations de monarques britanniques. Victoria, reine depuis 1837, son fils (*à droite*), futur Édouard VII, son petit-fils, futur George V, et son arrière-petit-fils, futur Édouard VIII puis duc de Windsor.

parlant de « respectabilité ». Lord Salisbury, un chef de gouvernement avec lequel elle s'entendit fort bien, successeur de Disraeli et artisan du « splendide isolement » britannique, disait : « Lorsque je connaissais la pensée de la reine, je savais presque assurément l'opinion de ses sujets, et particulièrement de la classe moyenne. » C'est sans doute pour cette raison que jusqu'à sa mort à l'aube du XXe siècle, le 22 janvier 1901, après un règne exceptionnellement long (soixante-quatre ans), ses armées, ses fonctionnaires et ses millions de sujets jusque sur des frontières lointaines la saluèrent. Parce qu'elle était, incontestablement, « leur reine ».

Le Mémorial de la reine Victoria (1911) devant Buckingham Palace. Au sommet, une statue de la Victoire, en bronze doré. Sur les côtés, en marbre blanc : les statues de la reine Victoria, de « l'ange de la Justice », de « l'ange de la Vérité » et de « la Charité ».

Eugénie
Les larmes de la gloire

Sur ce tableau de Winterhalter, le peintre des cours d'Europe, l'Espagnole Eugénie de Guzmán y Palafox, comtesse de Teba, porte la couronne impériale. Elle est, par son mariage avec Napoléon III, la troisième et dernière impératrice des Français.

Séjournant à Paris, la jeune aristocrate andalouse rencontre le prince-président de la IIe République, Louis Napoléon Bonaparte, neveu de Napoléon Ier. Elle le juge charmeur mais sans séduction.

Château de Compiègne, un dimanche de l'été 1910. Deux femmes en noir, visiblement en grand deuil, avancent lentement à travers les salles du musée. L'une est un peu en retrait de l'autre ; elles sont accompagnées de deux messieurs, qui les suivent avec inquiétude. Que craignent-ils ? Certes, la canicule est accablante. Les visiteuses agitent leurs éventails qui ne brassent que des bouffées d'air chaud. Soudain, la femme la plus grande, dont le visage est enveloppé d'une voilette, s'immobilise devant une porte. On l'entend murmurer quelques mots incompréhensibles. Elle semble sur le point de défaillir ; sa suivante cherche de l'aide, les deux messieurs apportent une chaise. On réclame un verre d'eau pour l'inconnue, sans doute victime d'un malaise. Un gardien s'approche ; il a fait prévenir quelqu'un de la conservation, qui arrive avec sollicitude. La dame soulève sa voilette pour boire. Sa face est très blanche. Le conservateur, stupéfait, balbutie :

– Madame !... Vous, Madame ? Ici !

L'inconnue est le plus illustre fantôme d'une époque évanouie, l'ex-impératrice Eugénie, que les Français, souvent fâchés avec les usages depuis la Révolution et confondant le patronyme et le titre, ont toujours appelée « de Montijo », alors qu'il s'agit du titre de sa mère. Ce n'est pas la chaleur qui l'a incommodée, mais l'émotion de revoir l'entrée de la chambre de son fils unique lorsqu'il était enfant, le prince impérial, mort depuis plus de trente ans. La veuve de Napoléon III se redresse, se relève et se dirige avec son escorte vers la sortie. L'effort a été trop intense. La rumeur se répand :

« C'est l'impératrice[1] ! » Compiègne lui devait beaucoup de son rayonnement sous le Second Empire. Elle n'y était pas venue depuis 1867. C'était avant la catastrophe, c'était quand la France illuminait l'Europe.

La dernière souveraine des Français vivra encore dix ans. Elle disparaîtra en 1920, à 94 ans, au terme d'une vie qui ne l'aura pas épargnée. Longtemps, pour la postérité et la propagande républicaine, elle fut accusée d'avoir provoqué le désastre de 1870, taxée de frivolité à l'instar de Marie-Antoinette, soupçonnée de frigidité, si bien que l'empereur dut chercher satisfaction ailleurs. Ainsi, elle n'aurait été que la plus emblématique poupée de la fête impériale, coupable de tout. Un illustre modèle pour Winterhalter, futile, et qui avait eu tort dans tous les domaines. Elle était mise à l'index de l'histoire. Mais le temps, cet inlassable avocat, et une analyse plus objective de sa vie permettent de corriger ce jugement empreint de caricature.

Une Andalouse née pendant un tremblement de terre

Le 5 mai 1826, à Grenade, admirable cité où l'Espagne arabe a atteint des sommets d'art et d'architecture, les habitants sont dans l'angoisse. Une fois de plus, la terre tremble et on guette les grondements sous le sol, venus des enfers, dit-on. Même si la population est habituée à ces colères de la nature, doña Manuela de Teba, qui ne devait accoucher que dans quinze jours, est prise

1. Souvenirs personnels d'un de mes oncles, le comte Lafond, qui se trouvait, adolescent, à Compiègne lors de cette visite inattendue.

de panique. Lourdement, en courant, elle a fui sa maison aux murs déjà lézardés et s'est réfugiée dans un des exquis jardins qui font le charme de Grenade. La délivrance intervient au milieu de roses, de lis et de bosquets verts. C'est une fille qui naît, le ciel en guise de baldaquin, des cyprès et des lauriers pour seuls meubles. De cette arrivée singulière et romanesque, Eugénie conservera toujours la pire impression, déclarant, au soir de sa vie : « Qu'auraient pensé les Anciens d'un tel présage ? Ils auraient dit que je venais bouleverser le monde… » Ce qui n'est pas modeste ! Elle bouleversera un certain monde par sa beauté, son éclat et son charme distant. Toute sa vie, la seconde fille de la comtesse de Teba restera traumatisée par les catastrophes naturelles, ayant la phobie des orages, avouant à ses intimes : « Je ne puis exprimer la terreur que me causent les éclairs et le tonnerre. »

À la première originalité des conditions de la venue au monde d'Eugénie s'en ajoute une deuxième : son père, don Cipriano de Teba y Guzmán y Palafox y Portocarrero (une cascade de noms, selon l'usage ibérique), est un des rarissimes partisans de Napoléon en Espagne ! Il a participé aux combats de Trafalgar et en conserve une preuve douloureuse puisqu'il y a pratiquement perdu le bras gauche. La cause napoléonienne lui coûte décidément très cher, car en manipulant un fusil défectueux à l'arsenal de Séville, il perd un œil puis se brise une jambe dans une escarmouche contre les Anglais. En dépit de ses infirmités, il a continué de suivre les idées de l'homme qui a fait trembler l'Europe mais dramatiquement échoué en Espagne. Don Cipriano le déplorait. Fidèle à l'empereur jusqu'au bout, il a défendu Paris en mars 1814 contre les Cosaques. Depuis, le colonel Portocarrero, en délicatesse avec le régime du médiocre Ferdinand VII, vit chichement, payant cher ses mauvaises idées qui n'entament nullement le prestige de sa glorieuse ascendance où l'on compte saint Dominique, un roi du Portugal et un prélat proche du petit-fils de Louis XIV devenu le roi d'Espagne Philippe V. L'officier *afrancesado* (partisan des Français) est un grand d'Espagne récalcitrant, comme le sont souvent ces personnages ombrageux. Par son père, Eugénie sera élevée dans le culte des Bonaparte. Une curiosité prémonitoire. Sa mère est d'une famille de négociants d'origine écossaise. Manuela est réputée pour son solide bon sens et une certaine frivolité. Enjôleuse, elle a de nombreux soupirants pendant les absences de son époux.

C'est lors d'un de ses voyages le ramenant vers l'Espagne que celui-ci fait la connaissance d'un compagnon de malle-poste, brinquebalé comme lui au rythme des cahots d'une mauvaise route de vieille Castille. Ce voyageur est un Français qui a entrepris un long périple espagnol, y compris à dos de mulet. À 27 ans, il jouit d'une aisance matérielle qui lui permet de satisfaire sa passion des vieilles pierres et de l'architecture. Tout paysage le fascine, les ruines le bouleversent. Bien qu'entré au ministère du Commerce – sans enthousiasme –, il est démangé par l'écriture et vient de se faire un nom avec *La Chronique du règne de Charles IX*, véritable succès d'édition des années 1830.

Par un extraordinaire mimétisme, ce voyageur, qui a déjà si bien parlé de l'Espagne avant même de s'y rendre – il est très farceur –, semble être né du crayon de Goya : Prosper Mérimée, fervent hispanophile, s'intéresse à la littérature autant qu'aux mœurs de ce pays d'outre-Pyrénées. Une dizaine d'années plus tard, s'inspirant d'un fait divers réel que lui a relaté la comtesse de Teba, il écrira un court roman, *Carmen*.

Une enfance entre la gêne, une interminable guerre civile et l'exil en France

Eugénie, comme sa sœur aînée surnommée Paca, souffre des dissensions entre ses parents, la revanche mondaine de sa mère se heurtant à la susceptibilité silencieuse de son père. La fillette aux cheveux dorés et aux yeux d'un bleu de porcelaine a honte du dénuement de don Cipriano, tandis que Manuela, qui veut briller, dépense ce qu'elle n'a pas et s'endette. Chaotique, l'enfance d'Eugénie est aussi marquée par l'effroyable lutte entre deux branches de la famille royale connue sous le nom de « guerres carlistes ». Elles dureront quarante ans et plongeront l'Espagne dans l'horreur et une instabilité permanente. Eugénie grandit entre coups d'État et massacres ; elle en sera traumatisée et même adulte la vue des cadavres la plongera dans une répulsion figée. Inquiet, don Cipriano organise le départ de sa femme et de leurs filles pour la France. Même si la monarchie bourgeoise de Louis-Philippe n'est pas dans les idées de ce bonapartiste, la France est moins agitée que l'Espagne. Le trio y sera en sécurité.

Si le Paris qu'atteignent enfin Manuela et ses filles est encore celui de Balzac, la ville serait-elle aussi dangereuse que Madrid par la violence qui tient lieu de loi ? Le 28 juillet 1835, le roi des Français échappe de peu à un attentat « spectaculaire » boulevard du Temple, ce fameux boulevard du Crime. Un Corse, qui a pris le pseudonyme de Fieschi, a élaboré une machine infernale dotée de vingt-cinq canons tirant deux cent cinquante balles. Une vraie rafale qui fait quarante-deux victimes dont dix-huit tués. Malgré le spectacle atroce des corps déchiquetés au milieu des chevaux, la

La comtesse de Montijo – c'était le titre de leur mère – entourée de ses deux filles en 1837, Eugénie, debout, future impératrice des Français, et Paca, assise, future duchesse d'Albe.

comtesse de Teba refuse de quitter cette ville qu'elle a tant voulu connaître. Et puis, en Espagne, c'est pire : on s'égorge à chaque ruelle ou presque. Au prix d'un mystérieux effort financier, l'audacieuse Manuela inscrit ses filles au couvent des Dames du Sacré-Cœur de Jésus, proche des Invalides. Si le programme éducatif n'est guère chargé, la discipline est de fer. Eugénie, d'un tempérament très bavard, s'accommode mal de l'obligation des repas en silence absolu. Les deux pensionnaires sont gagnées par un climat de dévotion qui n'a rien de surprenant dans un tel établissement. Eugénie l'est d'ailleurs plus que sa sœur : une réaction aux idées anticléricales de son père ? Partiellement. « Comme elle est très émotive et d'une grande imagination, la religion est surtout pour elle une consolation qui l'aidera à supporter les tragédies qu'elle traversera à la fin de sa vie[1]. » Manuela s'inquiète, mais Mérimée, nommé à 31 ans inspecteur général des Monuments historiques, la rassure :

– Ce n'est qu'une passade ! Imaginez-vous Eugénie en religieuse ? Attendez qu'elle ait 16 ans et tombe amoureuse !

Un conseil autorisé. Celui que le trio exilé appelle, affectueusement, don Prospero a remarqué combien l'adolescente est d'esprit indépendant, imprévisible comme sa mère, à la fois réfléchie et enjouée. Il en est certain, la méditation n'est pas dans son caractère. Son attitude ne peut être qu'une protestation, l'appel au secours d'une enfant déracinée, qui souffre de l'absence de son père et comprend mal le français malgré les premières leçons – décourageantes ! – de don Prospero. Heureusement pour ses filles, le

1. Princesse Michael de Kent, *Crowned in a Far Country*, Weidenfeld and Nicolson, Londres, 1986 ; traduction française, *Ces reines venues d'ailleurs*, Perrin, 1987.

mari de Manuela arrive enfin, avec de l'argent frais, mais sans doute pas assez car les scènes de ménage reprennent rapidement. Pour les espacer, don Cipriano ne loge pas sous le même toit que sa femme. Hélas, son séjour est bref et Eugénie est désespérée de le voir repartir vers l'Espagne si cruelle, toujours en ébullition. Si Paca est moins triste qu'Eugénie de son départ, cette dernière lui écrit trois lettres, dont la dernière, en avril 1837, émeut le destinataire : « Papa, je ne peux rester plus longtemps sans te voir. Pourquoi suis-je venue au monde, si ce n'est pour être avec mon père et ma mère ? »

Seule, la comtesse réside alors dans le quartier de la Madeleine où l'on rencontre divers héros, compagnons ou parents de l'épopée napoléonienne. Elle en accueille certains, en veillant à ne pas recevoir les hommes mariés avec leur épouse. Ainsi, elle est sûre d'être admirée. Il semble qu'au-delà des mondanités dont elle est friande, Manuela soit gagnée par la passion bonapartiste de son mari.

Deux maîtres : Mérimée pour le français, Stendhal pour l'histoire

Parmi les visiteurs qui accompagnent l'inévitable Mérimée lorsqu'il ne court pas les routes de France pour sauver un patrimoine en danger, voici un gros homme, assez laid, le confident des amours de Mérimée. Eugénie et sa sœur sont subjuguées par cet hôte car, dès qu'il parle, il leur raconte des choses passionnantes. Des histoires qui font l'histoire. Le visiteur se nomme Henri Beyle, consul de son état, immense écrivain connu sous le nom de

Stendhal. C'est un pseudonyme qu'il a choisi alors que, adjoint au commissaire des guerres, il suivait Napoléon dans sa marche triomphale vers Berlin. Son premier chef-d'œuvre, *Le Rouge et le Noir*, a été publié au début de la monarchie de Juillet. Cette chronique, très critique, de la société sous la Restauration n'a pas été comprise. Elle est inspirée, comme *Carmen*, d'un fait divers réel, survenu en Franche-Comté. Le ton était neuf, la réflexion lucide, et les vérités jugées blessantes. Eugénie n'oublierait jamais ses visites du jeudi : « Il venait le soir et nous prenait chacune sur un de ses genoux pour nous raconter les campagnes de Napoléon. Les jours où il venait étaient pour nous des jours de fête et quand il était là, on ne pouvait pas nous décider à aller nous coucher. »

On peut, ici, noter deux observations. D'une part, la future impératrice apprend très tôt, par ces écrivains de talent, l'importance de la réalité qui sert de base à un récit romanesque. Elle estimera que l'on ne doit pas, *a priori*, critiquer un texte s'inspirant d'un événement authentique, car ce serait une hypocrisie. Elle défendra donc les auteurs poursuivis par la justice alors qu'ils ne font que révéler une vérité mêlée à leur imagination. C'est ainsi qu'elle voudra se rendre compte par elle-même du fondement des accusations portées contre Gustave Flaubert lors de la publication de son livre *Madame Bovary*. Par ailleurs, Stendhal est un précieux témoin de l'épopée napoléonienne. À 59 ans, il réanime ce qu'il a vécu, une formidable aventure soldée il y a seulement deux décennies et dont les nostalgiques sont nombreux. Un soir, l'émotion des fillettes est à son comble quand l'orateur relate l'exil à Sainte-Hélène, les dernières années de l'Aigle déchu prisonnier dans sa cage de l'Atlantique Sud, sa mort un 5 mai, jour anniversaire de la naissance d'Eugénie. Quelle coïncidence ! Elles sont

Prestigieux et illustre modèle de Winterhalter, Eugénie découvre souvent ses épaules. Elle est d'une froide beauté, très indépendante et plus intelligente qu'on l'a dit.

en larmes. Eugénie est émue par la juxtaposition de ces dates. Hasard ? Bon augure ? Mauvais présage ? On lui certifiera, plus tard, que des gitanes andalouses expertes en divination avaient prédit à sa mère qu'Eugénie aurait un destin exceptionnel en raison du jour de sa naissance.

Manuela part pour l'Angleterre, où elle a de la famille et quelques relations, après avoir placé ses filles dans un collège. Elles s'enfuient, rêvent de s'embarquer pour les Indes et trouvent tous les moyens (surtout Eugénie) pour faire enrager leur gouvernante. À cause de sa chevelure rousse, Eugénie est surnommée « Poil de carotte », ce qu'elle déteste ! Complexée par sa sœur que l'on cite comme exemple de beauté et de pondération, la cadette se dit passionnée par le théâtre. Ayant applaudi et rencontré la tragédienne Rachel, Eugénie déclarera, à l'heure du bilan : « À 12 ans, je voulais devenir actrice. Je n'ai pas eu de chance, je suis devenue impératrice. »

Grand d'Espagne qui avait vécu comme un proscrit, titré comte de Montijo en 1834, son père disparaît le 15 mars 1839, sans avoir pu revoir ses filles. Elles arrivent trop tard à Madrid. Eugénie, bouleversée, apprendra l'amertume de don Cipriano lorsqu'il avait été informé que Louis Napoléon, l'espoir des Bonaparte, ne réussissait qu'à écorner le prestige discuté de son nom par des complots ratés. Ce prince, dont elle a entendu parler par Stendhal, n'est-il donc qu'un aventurier sans avenir ? Dans l'immédiat, la comtesse de Montijo récupère quelque argent, s'installe à Madrid. Ses filles en souffrent, elles ne sont plus deux jeunes étrangères qui font le charme et le succès de la vie parisienne, mais des Espagnoles diluées dans la vie madrilène qui n'est qu'une façade. Eugénie est particulièrement furieuse de ne pas être à Paris le 15 décembre 1840, écrivant à son cher

M. Beyle : « Vous devez être bien content à présent que l'on va rapporter les cendres de Napoléon. Moi aussi, je le suis, et je voudrais être à Paris pour voir cette cérémonie. »

Eugénie juge le prince-président charmeur mais sans séduction

Avec la mort de Stendhal, seul, frappé d'apoplexie en plein Paris au printemps 1842, Eugénie perd un fascinant témoin de la bataille d'Iéna et de l'entrée victorieuse de Napoléon dans Vienne. M. Beyle avait même été présenté à l'impératrice Joséphine. Par ses récits, le rêve impérial était passé dans le regard si bleu de la jeune Espagnole. Sans Stendhal, l'empreinte bonapartiste aurait-elle été aussi forte dans l'esprit d'Eugénie ? La jeune fille, qui va sur ses 17 ans, commence à séduire. Mérimée, chargé de lui envoyer un déguisement pour son anniversaire, la décrit « très grande, très blanche, prodigieusement belle, avec les cheveux qu'aimait le Titien ». En 1844, au mariage de sa sœur qui épouse le duc d'Albe, Eugénie fait sensation, autant par sa beauté froide que par son caractère indépendant ; elle n'hésite pas à afficher des idées généreuses qui la font passer pour une révolutionnaire. Erreur : elle est une révoltée. Elle éconduit tous les prétendants que lui propose sa mère, désorientés par ses extravagances, son exaltation, sa franchise et son absence de nuances. Lorsque la rebelle Andalouse apprend qu'après une nouvelle révolution en France, Louis Napoléon Bonaparte est élu président de la République, elle est incrédule. Est-ce possible ? Cet homme petit lui avait paru si laid, si gauche, si mauvais orateur avec son accent suisse allemand, et il avait manqué deux coups d'État !

Au printemps 1849, la comtesse de Montijo décide de repartir pour Paris, persuadée que le prince-président sera intéressé de connaître la veuve d'un Espagnol qui s'était battu pour son oncle Napoléon. C'est ainsi que par l'intermédiaire de son cousin l'ambassadeur de France à Madrid, Ferdinand de Lesseps, Manuela et sa fille cadette sont de nouveau parisiennes, mais cette fois avec un but bien précis : se faire connaître du locataire de l'Élysée. Ce dernier est réputé très amateur de femmes. Sa maîtresse, une certaine miss Howard, est une riche Anglaise qui avait mis sa fortune au service de la campagne électorale du candidat, mais elle reste discrète et n'apparaît pas en public. Louis Napoléon demande à sa cousine Mathilde Bonaparte d'officier en qualité de maîtresse de maison et de recevoir pour lui dans l'hôtel qu'elle occupe rue de Courcelles, qui devient une sorte d'annexe de l'Élysée, un palais où l'intendance est encore rudimentaire. Eugénie, qui avait le pressentiment de s'ennuyer à cette réception, écrit à Paca : « Personne, absolument personne ne m'a adressé la parole. » Or, la jeune fille a fait une excellente impression sur la cousine du prince-président, qui n'est pourtant pas spécialement indulgente. Un mois plus tard, Eugénie est de nouveau invitée, sans savoir que Louis Napoléon honorera la soirée de sa présence. Dès qu'il l'aperçoit, le prince-président est intrigué. L'œil mi-clos, selon son habitude, il l'observe attentivement. Présentée par Mathilde, la jeune fille s'incline dans une révérence remarquée, plus princière que présidentielle ! Si la conversation est anodine, un engrenage mystérieux s'est mis en marche. L'Andalouse juge que le neveu du grand empereur est énigmatique. Sans être séduisant, il a beaucoup de charme. Mais Dieu que son français est lourd, germanique !

Pourtant, elle va bientôt le revoir ; elle est invitée au palais de Saint-Cloud où Louis Napoléon s'est installé pour fuir la chaleur et les risques de choléra dont l'épidémie a déjà fait des milliers de victimes, révélant l'urgence de travaux d'assainissement dans Paris, son ambiteux projet.

Le traquenard de Saint-Cloud n'est qu'un début

Manuela et sa fille sont surprises de ne trouver aucun autre invité à cette soirée et toutes les lumières sont éteintes. Ont-elles eu tort de se mettre « en toilette de gala » ? Deux voitures les attendent et les conduisent à environ un kilomètre et demi, dans une clairière où se trouve une maisonnette en briques rouges, bien cachée dans l'immense parc. Un dîner intime est servi. Le prince-président est accompagné d'un de ses confidents, le comte Félix Bacciochi, neveu d'une sœur de Napoléon Ier, futur chambellan de Napoléon III. Voyant que le prince-président s'apprête à lui donner le bras, Eugénie se rebelle et lui fait remarquer que c'est à sa mère qu'il doit réserver sa prévenance. La jeune fille n'entend pas jouer le rôle d'une conquête facile, et encore moins qu'on lui impose une aventure sans lendemain recherchée par un don juan prématurément usé. Ce souper à quatre dans le parc de Saint-Cloud n'était qu'un piège ! Elle l'a déjoué, mais fond en larmes et raconte tout dans une lettre à sa sœur Paca. Des larmes, encore des larmes !

Si Eugénie avait fait une entrée peu remarquée chez la princesse Mathilde, sa sortie à Saint-Cloud est une revanche. Elle a donné une leçon au Bonaparte. Louis Napoléon apprécie immédiatement ce caractère effronté : le lendemain, il lui fait porter, ainsi qu'à sa mère, une gerbe de fleurs. Et bientôt suit une invitation, à l'Élysée cette fois, où, selon Manuela, il ne saurait y avoir de piège. Et pourtant, le Bonaparte bavarde avec la mère autant qu'avec la fille, car pour séduire celle-ci, il faut d'abord conquérir celle-là. En effet, contrairement à son habitude, le neveu de Napoléon s'est longuement entretenu avec ses deux invitées, donnant le change et lissant sa moustache, signe de la vigilance du chasseur guettant une proie. Il sera d'autant plus intéressé que la comtesse de Montijo et sa fille vont quitter Paris pour prendre les eaux à Spa, en Belgique. Eugénie manque-t-elle déjà à ce maître conspirateur ? Il regrette cette absence. Ses voyages incessants à travers l'Europe ont donné à la jeune fille une allure internationale et une liberté de ton qui amusent le prince-président car elles ne sont pas du meilleur goût selon les parangons de vertu.

En fait, en trois semaines, Louis Napoléon est tombé amoureux d'une jolie Espagnole dont l'ambassadeur d'Autriche parle en ces termes : « [Elle est] pleine de vivacité, coquette, curieuse et bien assurée de plaire aux hommes dès qu'elle le voulait [...] Elle est capricieuse, excentrique, sans suite dans les idées, mais d'une force de volonté, d'une audace peu communes. » Lorsqu'ils se revoient dans diverses mondanités de plus en plus rapprochées, cet homme de près de 45 ans est manifestement épris de l'Andalouse, que ses rivales ne placent plus dans la catégorie des jeunes filles puisqu'elle a 26 ans, ce qui est considéré comme âgé par les lecteurs de Balzac. Le prince-président se fait pressant. Il lui pose cette question directe : « Mademoiselle, par où passe-t-on pour gagner votre chambre ? » La réponse est aussi directe et prouve l'esprit de repartie de l'intéressée : « Par la chapelle », autrement dit par le mariage. C'est la première manifestation du catholicisme de la future impératrice envers l'homme qui sera son mari. Dans une dépêche à son ministre, l'ambassadeur de la reine Victoria précise qu'« elle a joué son jeu si bien qu'il n'a pu l'avoir autrement et c'est pour assouvir sa passion qu'il l'épouse ».

Ici, il faut rappeler que si le neveu de Napoléon a toujours eu des femmes dans sa vie d'exilé et de conspirateur, on ne se précipite pas pour l'épouser. Au début de 1853, un mois après le rétablissement du régime impérial, Mathilde, devenue S.A.I., écrira, dépitée : « La France s'était jetée dans les bras de l'Empereur, les princesses furent moins nombreuses. Je l'ai regretté amèrement. » Le nom de Bonaparte et le passé aventureux du nouveau souverain en font un marié un peu faisandé (selon Victor Hugo !), un parvenu rejeté par le Gotha européen qui épouse une femme désargentée, mais fille d'un grand d'Espagne. Eugénie ? Il n'y a pas mieux pour les uns, il n'y a aucune autre candidate pour les autres.

L'impératrice Eugénie prend son rôle avec sérieux et ambition

L'annonce de leur mariage fait sensation. La cérémonie est célébrée à Notre-Dame le 29 janvier 1853. Napoléon III aime la troisième impératrice des Français ou croit l'aimer après l'avoir seulement désirée d'une manière irréversible, qui est souvent confondue avec l'amour. L'opinion, d'abord critique, se range courageusement (!) du côté de l'Espagnole pour lui trouver presque toutes les qualités. Sa plastique, son allure, sa taille irréelle, ses épaules dont beaucoup de regards profitent et ses beaux yeux constituent des avantages indiscutables. Quelle fraîcheur ! Il y a longtemps que l'amour n'a joué un tel rôle dans la vie officielle française. Alexandre Dumas fils, grand connaisseur des tourments amoureux, applaudit ce « coup de passion » qui scelle « le triomphe de l'amour sur les préjugés, de la beauté sur la tradition, des sentiments sur la politique ». En revanche, dans la famille impériale, les sarcasmes sont cinglants, voire vulgaires. Le vieux roi Jérôme, frère de Napoléon Ier et père de Mathilde, est ravi du petit quatrain dont il est l'auteur et qu'il fait abondamment circuler sous les arcades du Palais-Royal :

Montijo, plus belle que sage
De l'empereur comble les vœux,
Ce soir, s'il trouve un pucelage,
C'est que la belle en avait deux !

Quant à l'opposition républicaine, qui ne peut pardonner ni le coup d'État ni le retour de l'Empire, elle assure que l'étrangère n'est pas une valeur sûre parce que le jour du mariage, la rente servie par l'État perd deux points ! Et un mot court dans Paris, féroce contre le nouveau souverain : « Parce qu'il n'a pas pu l'enlever à la hussarde, il se marie comme un sous-lieutenant. » Jamais en France l'épouse d'un souverain n'a été accueillie par des commentaires aussi bas. Plus sensée, Mathilde, qui avait failli épouser son cousin, est inquiète : que Louis Napoléon soit excité par Eugénie, elle le comprend en s'y résignant, mais combien de

Un document rare : sur cette photographie de 1866, l'impératrice s'adresse à son écuyer dans la cour du palais des Tuileries. Le futur Napoléon III avait été impressionné par les qualités d'amazone de celle qu'il allait épouser.

temps l'empereur, réputé volage, sera-t-il comblé par les charmes et les appas de la belle comtesse espagnole ?

Huit jours après son mariage et un voyage de noces qui a le parc de Saint-Cloud pour décor, la jeune impératrice se livre à ce qui sera l'une de ses très rares confidences intimes, en recevant son amie Cécile Delessert, dont la famille est opposée au nouveau régime :

– L'amour physique, quelle saleté !... Mais enfin, comment se fait-il que les hommes ne pensent qu'à ça ?

Louis Napoléon pense beaucoup à « ça ». Il est possible que son impatience, son ardeur et sa grande expérience amoureuse n'aient pas été les plus opportunes en de pareilles circonstances. A-t-il été brutal parce que trop amoureux ? Eugénie a peut-être été inhibée, réaction parfaitement normale chez une jeune fille cérébrale, romantique, à la sensualité réservée. Son teint marmoréen signifie-t-il que son corps soit de marbre ? Rapidement, ses détracteurs confondront la pudeur avec l'indifférence. En quelques jours, Eugénie passe de la courtisane experte à la réfractaire au plaisir, sans que l'on puisse établir lequel des deux jugements est fondé. Mais il est possible que, peu intéressée par la chair – du moins en apparence –, Eugénie remplace la sensualité par l'ambition, ou, plus exactement, que seule l'ambition puisse la satisfaire. Et personne n'avait prévu que l'Espagnole prendrait très au sérieux son rôle d'impératrice des Français.

Napoléon III a l'ambition de faire de Paris la capitale du monde. En quittant l'Élysée pour s'installer au palais des Tuileries, l'empereur entend donner de l'éclat à son règne. Eugénie a la mission d'en être le joyau officiel. On s'était beaucoup ennuyé aux

Tuileries sous le règne bourgeois de Louis-Philippe. Saccagées le 24 février 1848, à peu près remises en état, les Tuileries deviennent l'écrin de réceptions, de bals, de soirées, de concerts et de représentations théâtrales auxquels le couple impérial accorde la plus grande importance. Pas de fêtes sans jolies femmes, pas de valses non plus. Celles d'Olivier Métra et d'Émile Waldteufel seront les rivales françaises des autrichiennes de Johann Strauss père et fils. La montée du grand escalier du palais est déjà un spectacle.

Reine de Paris, Eugénie attire le gratin du Gotha féminin...

L'épouse de Napoléon III n'est pas musicienne, préférant la peinture et la littérature. Les « lundis de l'impératrice » sont très prisés. Le règne sera féminin et l'Espagnole, entourée de belles étrangères de la meilleure société, devient l'animatrice de déjeuners et de dîners, aussi bien dans la vie publique que dans la vie privée. On se croirait dans une version animée du bientôt célèbre tableau de Winterhalter, *L'Impératrice Eugénie entourée de ses dames d'honneur*. En le contemplant, la souveraine murmure à l'une de ses proches :

– Je me demande laquelle n'a pas couché avec l'empereur...

Elle aura fort à faire pour distinguer ses véritables amies de ses rivales. Elle attire, tous genres confondus, des escouades de dames en crinoline ; peu à peu, noms et titres impériaux, rétablis ou créés, acceptent le voisinage des représentantes de la bourgeoisie fortunée, même si cette aisance est récente – parfois trop visible – et arrogante, comme chez des personnages dignes d'un roman de Zola.

Contemplant ce célèbre tableau de Winterhalter, *L'Impératrice Eugénie entourée de ses dames d'honneur* (1855), la souveraine dit : « Je me demande laquelle d'entre elles n'a pas couché avec l'empereur ! »

Grâce à son épouse, l'image d'un Napoléon III parvenu se dilue dans les nouvelles convenances. Il y a aussi les bals masqués dont le couple impérial est très amateur. On y aura parfois du mal à identifier Eugénie, par exemple en épouse du doge de Venise, portant une robe de velours noir relevée par des agrafes de diamants sur un jupon en satin écarlate. Elle sera moins bien inspirée de se vêtir et de se coiffer en Marie-Antoinette, d'après divers tableaux. Le goût « Eugénie-Marie-Antoinette » fera beaucoup de tort à l'Empire, surtout lorsque par flatterie autant que par inconscience, plusieurs dames chercheront à réhabiliter la mode d'avant la Révolution.

Une idée provocatrice – et non dénoncée par l'impératrice – qui déchaînera la colère littéraire des frères Goncourt lors d'un dîner chez la princesse Mathilde où ils ont leurs ronds de serviette.

... et visite la prison de Saint-Lazare, réservée aux femmes

S'il est une qualité que l'on ne peut contester à l'Espagnole (comme l'appellent les opposants), c'est bien sa générosité, souvent difficile à déceler à cause de sa pudeur et de sa discrétion.

Eugénie s'intéresse aux autres et particulièrement aux gens en détresse. Elle se fait conduire, d'une façon anonyme, à la prison pour femmes de Saint-Lazare, située à l'emplacement actuel d'une partie de la rue du Faubourg-Saint-Denis. Elle rend visite à des prostituées, des prévenues, des condamnées. L'un des plus précieux témoins et chroniqueurs de l'époque, Arsène Houssaye, raconte comment, selon lui, l'impératrice gaspille presque son temps auprès de ces filles de rien qui n'expriment aucun repentir : « Comme elle traversait le réfectoire, elle demanda quel était le menu. "Comment ! Pas de dessert ?" dit-elle avec regret. Boitelle ne put s'empêcher de dire : "En vérité, Madame, Votre Majesté fait du sentimentalisme bien mal à propos. Du dessert à toutes ces coquines, mais alors que fera-t-on pour les femmes vertueuses ?" Le lendemain, Boitelle fut nommé sénateur, c'est-à-dire qu'il ne fut plus préfet de police. » Ce qui prouve la grande confiance qu'a Napoléon III en sa femme ; à trois reprises, en raison de son éloignement de Paris, dont la dernière à l'été 1870, il lui confie la régence avec tous les pouvoirs constitutionnels.

Par une chance extraordinaire, Eugénie accouche d'un fils le 16 mars 1856, alors que se tient, au tout récent Quai d'Orsay, le congrès de Paris qui solde la guerre de Crimée, où la France impériale et l'Angleterre de Victoria ont battu la Russie des tsars. Paris est la capitale de la paix, ce nouveau congrès devant effacer celui de 1815, le cauchemar des Bonaparte. La naissance du prince impérial, seul enfant légitime de Napoléon III, comble l'empereur, âgé de 48 ans. Il permet à Eugénie d'occuper une place encore plus vaste que celle qui lui était tacitement octroyée. Puisqu'elle a assuré l'avenir de la dynastie, elle s'autorise à intervenir sur des questions diverses, souvent aux implications politiques regrettables.

L'impératrice soutient la chimérique expédition du Mexique

En lui disant, dans un cocasse sabir germano-ibérique : « Ugénie, ce n'est pas toi qui as une idée, c'est une idée qui t'a ! », l'empereur se moque de l'entêtement de sa femme dans certains domaines. En véritable Espagnole, l'impératrice est une militante du catholicisme. Comme une large partie de l'opinion française, elle est sensible aux menaces qui pèsent sur la papauté et la « question romaine », c'est-à-dire la situation territoriale du Saint-Père. L'Unité italienne va-t-elle absorber Rome et tenir le pape prisonnier ? Eugénie est en complet désaccord avec son mari sur ce sujet. Mais lorsqu'un enchaînement d'intérêts financiers, d'ambitions folles et de réactions de circonstance entraînent l'envoi d'un corps expéditionnaire, notamment français, au Mexique, Eugénie approuve cette initiative, essentiellement parce que le

En 1863, Napoléon III, Eugénie et leur fils unique, le prince impérial. Surnommé « Loulou », âgé de 7 ans, il représente l'avenir de la dynastie, étant le seul enfant légitime du neveu de Napoléon Ier.

révolutionnaire Juarez persiste à séparer la religion de l'État. Pire : cet ancien avocat, ennemi des conservateurs catholiques, compte séculariser les biens du clergé. La réaction d'Eugénie est émotionnelle : là, elle soutient Napoléon III, même si ce dernier voit surtout dans l'Amérique centrale un futur rendez-vous du commerce mondial.

L'expédition devient vite un guêpier, puis tourne à la tragédie avec l'exécution de Maximilien, le frère de François-Joseph, d'où un sérieux refroidissement entre Paris et Vienne. Ajoutons que c'est la première fois que, l'Europe étant intervenue militairement sur le territoire nord-américain, les États-Unis, à peine émancipés de la guerre civile, montrent qu'ils seront vigilants sur leurs frontières. Le rôle personnel d'Eugénie dans ce désastre ne peut être nié. Mais contrairement à ce qu'on pourrait en déduire, toutes les considérations de politique étrangère émises par Eugénie ne sont pas stupides. Ainsi, lors de la guerre de Sécession, sa volonté d'appuyer les États du Sud peut paraître aventureuse et obsolète, mais elle visait à protéger l'industrie cotonnière dont la France ne pouvait se priver. De même, en 1866, le souci de l'impératrice de porter secours à l'Autriche écrasée par la Prusse à Sadowa n'est pas qu'une préoccupation pour ainsi dire humanitaire. Il s'agit de préserver l'équilibre européen en limitant la puissance de Berlin. Les vues d'Eugénie sont parfois plus conformes aux intérêts français que celles de l'entourage impérial, très sévère avec l'impératrice « étrangère ». Mais Napoléon III, souffrant de plus en plus de sa lithiase dans la vessie, a déjà compris que Bismarck et le roi de Prusse Guillaume Ier entraîneraient la France dans une guerre dévastatrice. Sadowa, Eugénie le pressent, n'est qu'une répétition.

Une légende, tenace, veut que l'impératrice se soit toujours trompée en politique, qu'elle soit coupable de tout, aussi bien de n'avoir su garder son mari que d'avoir encouragé la guerre de 1870-1871, et d'être donc responsable de la défaite, du siège de Paris, de la Commune et de l'occupation de l'Alsace-Lorraine par l'Empire allemand, justement fondé sur les ruines de la France vaincue. Un faux document, validé par Thiers qui n'aimait pas Eugénie, a fait courir la rumeur que l'impératrice aurait dit, en juillet 1870 : « C'est ma guerre. » La vérité est autre : l'opinion voulait la guerre et la cantatrice Hortense Schneider, figure de *La Vie parisienne*, fanfaronnait : « Dans trois semaines, je chanterai à Berlin pour Napoléon III. » Après Sedan, on l'oublia. En attendant que la désinformation soit démasquée, la calomnie avait tracé son sillon de haine. Eugénie était un nouveau bouc émissaire.

Elle encourage les travaux de Pasteur et l'instruction des filles

Il faut pourtant reconnaître les actions exemplaires de cette impératrice si mal-aimée, en dehors de son parfait rôle de maîtresse de maison lors des fameuses « séries de Compiègne ». Par souci d'organisation, elle y avait inventé le carton suspendu à l'extérieur de la chambre indiquant l'heure et la commande du petit déjeuner. Outre la Légion d'honneur qu'elle obtient pour Gustave Flaubert (ce qu'il a eu tendance à oublier !) et son déplacement pour décorer elle-même la peintre Rosa Bonheur dans son atelier en forêt de Fontainebleau, Eugénie soutient l'empereur dans la création des « fourneaux économiques », distribuant plus d'un million de repas chauds aux gens les plus misérables.

1871. Après la chute de l'Empire et sa captivité en Allemagne, l'ex-empereur a rejoint son épouse et leur fils. Ils vivent dans leur résidence de Camden Place, à Chislehurst, dans le Kent.

N'est-ce pas l'ancêtre des « Restos du cœur », ce qui est également oublié ? L'impératrice défend le programme du ministre de l'Instruction publique Victor Duruy et obtient qu'un enseignement primaire et secondaire soit enfin dispensé aux jeunes filles. Elle ira même plus loin en créant la fondation Eugène-Napoléon, dans le quartier Saint-Antoine, pour que des adolescentes apprennent un métier et se constituent un pécule. Mais ce qui apparaît sans doute comme sa plus grande originalité, c'est le fait d'avoir compris l'importance des recherches de Pasteur, installé près du parc de Saint-Cloud et dont les expériences affolaient les villageois. Eugénie oblige l'empereur à visiter le laboratoire de

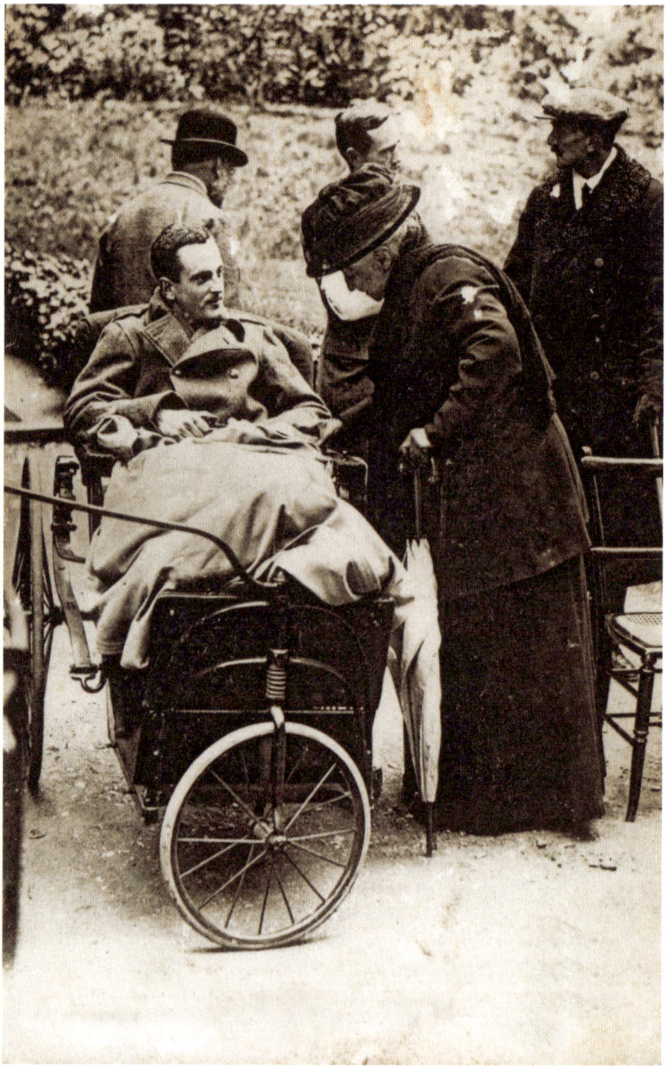

1914. L'ex-impératrice Eugénie, qui a transformé sa résidence de Farnborough en hôpital, s'entretient avec un soldat britannique blessé. L'ancienne souveraine, qui s'éteint le 11 juillet 1920 à Madrid, aura droit, sur ordre du roi George V, à des funérailles solennelles que la France avait refusées.

Pasteur et à l'aider financièrement. Au moment du désastre, le 3 septembre 1870, Pasteur ne perdra pas la mémoire et enverra à l'impératrice régente abandonnée un télégramme de gratitude envers Napoléon III qui tempère les sarcasmes de Victor Hugo.

Cinquante ans d'expiation dans la dignité et le silence

Éxilée en Angleterre, bénéficiant de la protection attentive de la reine Victoria, Eugénie est au chevet de l'ex-empereur qui, après d'atroces souffrances, s'éteint le 9 janvier 1873. Reportant tous ses espoirs sur le prince impérial, elle tente de s'opposer à son départ, sous l'uniforme anglais, pour l'Afrique du Sud. Il y meurt courageusement, lors d'une attaque des Zoulous. Alors, elle devient cette vieille dame tardivement respectée et mère accablée que l'on voit parfois dans les rues de Paris, hantée par tant de souvenirs heureux et tragiques. Presque aveugle, elle intervient auprès de Clemenceau en 1919 pour que l'Allemagne vaincue restitue rapidement l'Alsace-Lorraine à la France. Elle s'éteint à Madrid le 11 juillet 1920. Le gouvernement français, avec mesquinerie, lui refuse des obsèques solennelles. Le roi d'Angleterre, George V, répare cette faute en faisant recouvrir son cercueil de l'Union Jack, le drapeau britannique, avant son inhumation à Farnborough où elle repose, veillée par des moines, auprès de son mari et de son fils.

Eugénie n'était donc pas que cette éblouissante figurante Second Empire qui avait permis la naissance d'une industrie – la mode. Elle était aussi une pionnière méconnue du modernisme.

Sissi
ou la fatalité

Élisabeth de Wittelsbach, née duchesse *en* Bavière
en 1837, impératrice d'Autriche de 1854 à 1898
et reine de Hongrie de 1867 à 1898. Ce tableau
de Winterhalter, *L'Impératrice aux étoiles*, est l'une
des plus célèbres représentations de la mythique Sissi.

Reconstitution, par la presse populaire, de l'assassinat de Sissi à Genève, sur le quai du Mont-Blanc, le 10 septembre 1898. Le meurtrier, Luigi Lucheni, est un anarchiste italien.

Genève, quai du Mont-Blanc, 10 septembre 1898, 13 h 35. Deux passantes en noir pressent le pas en direction de l'embarcadère du bateau de la Compagnie générale de navigation qui va bientôt partir. On perçoit déjà le tintement léger de sa cloche appelant les passagers. L'une des deux femmes, élancée et mince, porte des gants blancs qui contrastent avec la sévérité de sa robe, de son mantelet et de son chapeau orné de deux plumes. Elle tient une ombrelle claire et un éventail car il fait très chaud. Devant le monument du duc de Brunswick, les deux silhouettes ont moins de 150 mètres à parcourir avant d'atteindre le vapeur, très ponctuel comme il se doit. Longeant les marronniers, alors jeunes et qui laissent la vue dégagée sur le quai, les deux femmes remarquent un jeune homme qui paraît venir à leur rencontre, presque en courant. Elles s'effacent car il est tellement pressé qu'il ne peut que les heurter sur ce quai vide. Soudain, au moment où il les croise, l'inconnu paraît trébucher et lève le poing droit. Il frappe la plus grande des deux femmes. Celle-ci allait ouvrir son ombrelle comme pour se protéger, mais on ne sait si c'est par peur ou à cause du soleil. Sous le choc, violent, la femme agressée s'affaisse sans dire un mot et sa tête heurte le quai. L'autre femme, qui n'a pas eu le temps de comprendre le geste de l'inconnu en fuite, pousse un cri. Un cocher de fiacre qui attendait le long du quai a été témoin de cette scène étrange. Il s'approche et aide à relever l'inconnue qui est à terre. Celle-ci, rouge d'émotion, arrange son chapeau et ses cheveux en désordre ; leur volume a amorti la chute de sa tête. D'autres témoins surviennent, en particulier le concierge de l'hôtel Beau-Rivage voisin d'où sont sorties les deux femmes. Il s'agit d'un Autrichien, M. Planner. Prévenant, il aide à épousseter la robe grise pour la débarrasser de la poussière du quai. Il échange un regard inquiet avec l'autre femme qui demande, en hongrois :

– Est-il arrivé quelque chose à Votre Majesté ? Votre Majesté souffre-t-elle quelque part ?

– Non… Non… Je vous remercie, répond-elle dans la même langue. Ce n'est rien…

Le concierge insiste pour que les deux femmes retournent à l'hôtel où elles ont passé la nuit. Cette cliente que l'on aide à se relever est une célébrité mondiale, l'impératrice d'Autriche et reine de Hongrie, Élisabeth pour ceux-là, Erzsébet pour ceux-ci, Sissi pour des foules d'admirateurs et la postérité. Un mythe de son vivant, une légende amplifiée par sa mort. A sa manière, elle règne toujours dans nos cœurs.

Stupeur à Genève : un anarchiste italien a assassiné Sissi !

Sa dame d'honneur, la comtesse Irma Sztaray, lui demande :

– Votre Majesté a-t-elle eu peur ?

– Oui. J'ai eu peur.

13 h 40. Maintenant, elles sont devant la passerelle du *Genève*. L'équipage va larguer les amarres, le départ du bateau est imminent. La cloche chromée tinte sans arrêt. Toujours en hongrois, l'épouse de François-Joseph interroge sa suivante :

– Je me demande ce que me voulait cet homme… Peut-être m'arracher ma montre ?

La rougeur de son visage a fait place à une alarmante pâleur. La comtesse soutient la souveraine, craignant un malaise. Celle-ci s'appuie sur la balustrade en fonte qui borde le quai. La voix noyée d'angoisse, elle interroge :

– Ne suis-je pas très pâle ?

– Oui, Madame. Très pâle. Votre Majesté souffre-t-elle ?

– La poitrine me fait très mal…

La dame d'honneur ne peut cacher son angoisse. Difficilement, la souveraine parvient à avancer sur la passerelle. Sur le pont, de nombreux habitués de la navigation sur le Léman regardent, en curieux, cette femme grande qui titube presque et dont l'incroyable minceur de taille laisse supposer qu'elle est prisonnière d'un corset trop serré. Ce visage leur rappelle quelqu'un, mais qui ? La comtesse soutient l'impératrice tout en essayant de la laisser passer, par réflexe protocolaire. Mais au bout de quelques instants, tandis que le bateau manœuvre, Sissi se retourne et murmure, avec une panique maîtrisée :

– Maintenant, donnez-moi votre bras… Vite !

On se précipite car elle vacille, s'affaisse doucement, la tête appuyée sur la poitrine d'Irma Sztaray, puis perd connaissance.

– De l'eau ! De l'eau ! crie la Hongroise.

On asperge le visage tout blanc, si blanc qu'il semble déjà privé de vie.

– Un médecin !

Il n'y en a pas à bord du *Genève*, mais une passagère se présente, Mme Dardalle, ancienne infirmière, qui s'empresse. Arrive le capitaine du bateau, M. Roux. Il sait seulement qu'une femme s'est trouvée mal après avoir été bousculée, mais il ignore son identité. Il se veut optimiste :

– C'est sans doute une syncope due à la peur. Et peut-être à la chaleur.

En effet, sur le pont, la température est accablante. Soucieux, le capitaine propose une cabine.

– Non, dit l'infirmière. Il faut absolument de l'air, cette femme a du mal à respirer.

On allonge ce corps si léger sur un banc. La Hongroise dégrafe les boutons du chemisier mauve, coupe le corset pendant que l'infirmière glisse entre les lèvres de Sissi un morceau de sucre imbibé d'alcool. La bouche s'entrouvre. Le vapeur prend de la vitesse, mettant le cap sur le centre du lac. L'impératrice, les yeux clos, mange le sucre. Elle ouvre enfin les yeux et tente de se redresser. D'une voix douce, sa dame d'honneur lui demande :

– Votre Majesté se sent-elle mieux ?

– Oui… Merci.

Péniblement, elle parvient à s'asseoir. Son visage est toujours aussi livide.

– Mais qu'est-il donc arrivé ?

La comtesse, d'une voix peu rassurée, parle d'un malaise. Soudain, la bouche parfaite, qui avait été peinte et photographiée par les plus grands talents, se crispe et se ferme. La pâle dame en noir a reperdu connaissance. On achève de la délacer. Sur le corsage de batiste, Irma Sztaray découvre, horrifiée, une tache brune de la taille d'une pièce d'argent. Les mains s'activent, tremblantes de peur. Mon Dieu !... Si... L'atroce vérité apparaît : au-dessus du sein gauche, les deux femmes découvrent une blessure qui a la forme d'un minuscule triangle et une goutte de sang séché. Un caillot !

– Seigneur ! s'écrie la Hongroise. Elle a été assassinée !

Rappelé par un marin, le capitaine accourt.

– Pour l'amour du ciel, je vous en prie ! Vite, accostez ! Cette dame est l'impératrice d'Autriche... Elle a une grave blessure à la poitrine. Je ne puis la laisser mourir sans médecin ni prêtre !

Pendant que la rumeur se répand parmi les passagers, le *Genève* vire. La barre à bâbord, toute ! Une civière est improvisée avec de la toile et deux rames de chaloupe. La blessée râle, la face perlée de sueur. Désespérée, la comtesse prie à ses pieds. D'autres femmes se sont agenouillées et les hommes se tiennent à l'écart, chapeau bas comme dans un ultime respect pétrifié. L'impératrice-reine agonise...

Enfin, le bateau accoste. Le concierge de l'hôtel, qui n'avait pas quitté l'embarcadère, a un geste touchant : avec son chapeau, il protège la tête qui, au rythme des pas rapides, oscille de droite à gauche comme si elle disait non à la mort. En marchant, M. Planner tient la main de la souveraine « afin qu'elle ne pense pas misérablement ». Le petit cortège arrive dans l'atrium du Beau-Rivage. « L'affolement était à son comble. La tristesse et la consternation se lisaient sur tous les visages », écrira Fanny Mayer, la propriétaire et directrice du palace.

Enfin étendue sur le lit de sa chambre, Sissi, immobile, inconsciente, est d'une tragique beauté. Des médecins arrivent, essoufflés. Le premier, le docteur Golay, tente de sonder la plaie. Il est 14 h 10.

– Y a-t-il un espoir ? murmure Irma Sztaray, effondrée.

– Aucun, madame… Hélas.

Mme Mayer et une nurse, une Anglaise, aident à déshabiller et à déchausser la mourante. Un prêtre donne l'absolution à celle dont le plus grand péché avait sans doute été de vouloir être elle-même. Un second médecin tente l'impossible en incisant l'artère du bras gauche, mais aucune goutte de sang ne se forme sur la peau claire. A 14 h 40, l'impératrice d'Autriche, si critiquée à Vienne, et reine de Hongrie, en revanche vénérée à Budapest, rend son âme tourmentée à Dieu. Elle était dans sa soixante et unième année, ce que les médecins ont du mal à croire tant son corps a échappé aux empâtements de l'âge. Sissi est morte après avoir été frappée au milieu des mouettes du lac auxquelles, dans ses poèmes, il lui plaisait de s'identifier. Toute sa vie, elle avait aimé les lacs, la mer, les montagnes, la nature des Alpes qui était l'écrin de ses rêves, de ses poèmes et aussi son refuge l'abritant des contraintes du protocole.

Son assassin, arrêté alors qu'on l'avait pris pour un voleur, est un anarchiste italien, Luigi Lucheni. Il s'était juré de tuer une personnalité, n'importe laquelle, pour l'exemple, car « un Lucheni ne tue pas une blanchisseuse », expliquera-t-il, arrogant et fier, au juge d'instruction qui l'interroge. Mais ce jeune homme, orphelin de père et que la vie n'a pas épargné, ignorait le désir de disparaître de son illustre victime. Sissi, depuis plusieurs drames familiaux, n'était plus qu'une survivante espérant sa fin. Une femme qui répétait et écrivait : « Nous marchons tous vers un destin effrayant. » Lucheni ne lui a pas ôté la vie, il l'en a libérée.

La « Rose de Noël » est une princesse sauvage très émotive

Oublions les clichés, les films, inévitables et inusables, ayant révélé Romy Schneider dans les années 1950 et fait revivre un personnage qui nous fascine encore par son rare mélange de beauté, d'indépendance, de provocation, de tragédies personnelles et de lucidité politique au milieu des convulsions européennes. Un début de conte de fées suivi d'une brève opérette viennoise qui s'achève tragiquement dans un opéra de Verdi. Dans la nuit de Noël 1837, à 22 h 43, une petite princesse naît à Munich, au palais familial des Wittelsbach, l'une des plus anciennes dynasties d'Occident où princes et ducs ont atteint la dignité royale par la volonté de Napoléon en 1806. Titrée duchesse *en* Bavière car elle appartient à la branche cadette de cette lignée, Élisabeth sera vite surnommée Sisi, écrit et prononcé de cette façon, selon l'usage allemand, mais qu'une notoriété universelle transformera en Sissi. C'est une coutume répandue que de donner des diminutifs aux êtres et aux lieux. Son enfance et son adolescence, qu'elle ne cessera de regretter, se déroulent principalement au château de Possenhofen, au sud de Munich, sur les rives du lac de Starnberg. Avec ses quatre tours néo-médiévales, il a été restauré et transformé depuis en résidence de plusieurs appartements. Des eaux calmes – sinon lors de quelques orages d'été –, des sous-bois complices, des fleurs, des animaux familiers et l'extraordinaire personnalité du père de Sissi, le bon duc Max, sont à retenir parmi les impressions inoubliables que ressent la jeune fille. Comme lui – un homme fin qui ne s'embarrasse pas de contraintes –, la princesse est à l'aise dans cette campagne paisible. Sissi évolue aussi libre qu'une feuille bercée par le vent, au rythme d'une vie rustique. A l'égard de la vie citadine, Max manifeste une méfiance que sa fille préférée transformera en haine. Cavalière intrépide, Sissi entend le langage des sources, connaît la signification des nuages et considère les arbres comme les plus fidèles alliés de son imagination. Comme dans l'œuvre de Shakespeare, qu'elle appréciera, elle est l'héroïne d'un songe dans lequel elle défend sa liberté. Elle est malheureuse lorsque les bourrasques d'automne l'obligent à regagner Munich avec ses sept frères et sœurs. Le duc Max ne fait aucun effort pour faire plaisir au roi Louis Ier, son beau-frère, ni pour tenir un rang et respecter l'étiquette. Ce que Sissi revendique est une décontraction sans mauvais esprit. Elle rit beaucoup de voir sa mère, Ludovika, lever les bras au ciel quand on lui rapporte qu'au cours d'un voyage en Egypte Max s'est cru autorisé à jouer de la cithare au sommet de la grande pyramide et à ramener de jeunes Nubiens rencontrés dans le grand bazar du Caire, qu'il a l'intention de faire baptiser devant la bonne société munichoise stupéfaite ! Original, Max l'est, refusant de porter habits de gala et uniformes qu'exige la vie de cour. Sa fille Élisabeth est son portrait, mais son statut d'impératrice puis de reine fera passer sa frénésie d'indépendance pour une malsaine et choquante désinvolture.

Cependant, on se tromperait lourdement en jugeant que Sissi n'est qu'une agitée, une écervelée, une campagnarde analphabète. Sa gouvernante, la baronne Louise Wulfen, vite débordée, remarque que la jeune duchesse à l'âme poétique, exagérément

La duchesse Ludovika de Bavière, à la fin de 1837, avec ses enfants : Louis, âgé de 6 ans, Hélène, âgée de 3 ans, et Élisabeth (Sissi), née le 24 décembre 1837, dans son berceau.

romanesque, s'échappe de son premier bal – elle a 15 ans – pour s'enfermer dans sa chambre, écrire et dompter les mots que lui dicte son cœur. Elle y médite sur la vie (déjà…) et sur la mort, ce qui est plus inquiétant. Les poèmes de Sissi sont toujours tristes. L'un de ses premiers textes évoque une amourette contrariée. À cet âge, les sentiments sont purs, donc définitifs. Hélas ! le jeune homme, éloigné, meurt. Sur le papier, elle crie en silence son chagrin :

Le sort en est jeté,
Richard, hélas, n'est plus !
Le glas sonne, Seigneur,
Ayez pitié de moi !

Un véritable appel au secours. Sissi, noyée dans un *spleen* précoce, vit secrètement dans le culte de la mort, encombrante compagne de ses pensées. Lorsqu'un an plus tard, à la veille de rencontrer ses cousins, un deuxième décès survient parmi ses proches, quel accablement dans ses lignes !

Oh ! Que ne suis-je morte aussi
Et au Ciel, comme toi.

La jeune fille ne sait pas jouer du piano – c'est un des défauts que sa mère lui reproche –, mais elle sait souffrir, marquée par l'âme exaltée et la réputation morbide des Wittelsbach. Mais n'oublions pas leur raffinement, leur esthétisme de princes mécènes ayant appelé à Munich des artistes inspirés ; ils sont les Médicis des Alpes. À ce bagage génétique, Sissi ajoutera une ironie glacée et une fantaisie séduisante. Elle étonne, surprend, mais quel charme !

Deux remarques peuvent la définir à cette époque. Une de ses tantes, qui s'estime le parangon des bonnes manières, la regarde agacée :

– Cette petite ne sait pas présenter son verre pour porter un toast !

Moins aveugle, la duègne s'apercevrait que lorsque sa nièce se déplace, elle semble être aérienne, son père lui ayant recommandé :

– On ne doit pas se traîner. On doit avancer comme si on avait des ailes.

Sissi est et sera un curieux mélange de gaucherie mondaine et de grâce naturelle. Un personnage féerique, évoluant dans une féerie.

Elle lit beaucoup, s'imprègne des vieilles légendes, dévore les poèmes héroïques, suit les travaux d'un de ses oncles restaurant des ruines médiévales dans un décor montagnard sublime où, elle ne peut en douter, ont évolué de courageux chevaliers et des animaux fantastiques. Et elle apprend les vertus d'une monarchie simple, sans prétention. Le parc de Possenhofen n'est-il pas ouvert gracieusement au public lorsque la famille n'y réside pas ? Elle a 16 ans quand, en 1853, le destin veut lui imposer l'amour, le mariage, le devoir, l'art de bien se tenir, la raison d'État. Alors qu'elle se complaît dans la nature, seule capable de satisfaire ses désirs, sa famille lui demande d'être mûre, de réfléchir, de faire

Élisabeth (Sissi), duchesse *en* Bavière, âgée de 17 ans. En 1853, lors d'une réunion de famille, son cousin, l'empereur François-Joseph, a un coup de foudre : il décide de l'épouser l'année suivante.

attention, de ne pas rire afin de ne pas révéler des dents jaunes. On lui donne l'ordre de vieillir.

À 16 ans, Sissi est effondrée : on veut la marier à l'empereur !

Elle ne devait pas être du voyage. Mais, au dernier moment, sa mère, la duchesse Ludovika, a jugé utile que Sissi l'accompagne avec sa sœur aînée Hélène à Bad Ischl, près de Salzbourg, pour une réunion de famille. La sœur de Ludovika, l'archiduchesse Sophie de Habsbourg-Lorraine, est la mère du jeune empereur d'Autriche, François-Joseph, monté sur le trône vacillant en 1848, dans un climat révolutionnaire et de panique familiale puisqu'il a succédé à un de ses oncles devenu fou. En cet été 1853, les deux sœurs ont ourdi un complot qui doit conduire François-Joseph à épouser sa cousine Hélène. Celle-ci a 19 ans, des traits réguliers et un air sérieux qui frise la gravité. Fine, belle, mais avec langueur, elle est très pieuse et rit peu. Modèle de sagesse et de conventions, elle est bien la fille de sa mère. Élisabeth, élancée et ravissante, exprime, à l'opposé – mais en apparence –, la gaieté et la joie de vivre ; et, depuis toujours, l'indiscipline. En observant ses deux filles assises dans la lourde berline qui roule vers l'Autriche, Ludovika est fière de son aînée. Elle le sent, elle le sait : son neveu sera sous le charme d'Hélène. Quelle parfaite impératrice elle sera ! Et elle s'interroge sur l'avenir de Sissi dont le comportement lui paraît déplorable : au relais de Rosenheim, n'a-t-elle pas elle-même donné à boire aux chevaux qui peinaient à tirer l'attelage chargé de bagages, surtout des robes pour Hélène en mission de fiançailles ? Qui voudra de Sissi, cette paysanne fantasque, pour épouse ? Il faut ajouter que les espoirs de Ludovika portent la revanche qu'elle attend car, fille du premier roi de Bavière, donc née duchesse *de* Bavière, elle a été, en épousant son cousin le débonnaire Max, en quelque sorte rétrogradée au rang de duchesse *en* Bavière. De toutes les filles de sa famille, Ludovika est celle qui a le rang le moins élevé.

Le plan des deux marieuses échoue avec un résultat aussi spectaculaire qu'inattendu : François-Joseph a vite trouvé Hélène trop parfaite, ennuyeuse et sans éclat, tandis que Sissi, arrivée en retard à la table impériale, mal coiffée, embarrassée dans sa révérence, a mis le jeune empereur de bonne humeur. Il n'avait pas vu cette jeune cousine depuis longtemps et est immédiatement séduit par la beauté d'Élisabeth, mais aussi par sa spontanéité, sa personnalité attachante, ses yeux couleur de miel. François-Joseph a un coup de foudre pour Sissi – qui durera toute sa longue vie – et la jeune Bavaroise rougit : elle ressent la première gêne du regard insistant d'un homme. L'empereur s'amuse du naturel de Sissi. Évidemment, les deux mères sont furieuses, accusent Sissi d'avoir saboté leur stratagème, et Sophie exige que son impertinente nièce se fasse oublier, qu'elle brosse sa chevelure pleine d'herbe et se change quand sa robe est tachée ou déchirée. Mais où se croit-elle donc ?

Ludovika, complexée par Sophie qui est mère de l'empereur, tente de freiner l'attirance du jeune souverain, lui conseille d'attendre et souligne que Sissi, qui ne sait déjà pas se tenir à Munich, n'aurait pas sa place à la cour de Vienne. Peine perdue : l'empereur est subjugué par l'élégance de la cadette, sa peau très blanche, ses cheveux auburn et son regard, oui, surtout ce regard qu'il dit « chargé de rêve ». Le 17 août, lors du bal donné à l'hôtel Austria (qui existe toujours), l'empereur bouleverse l'usage en dansant le cotillon avec une seule partenaire, Sissi, resplendissante, mais qui n'a presque jamais valsé et se dit peu intéressée par ces tourbillons que la tribu des Strauss invente pour faire tourner les têtes. L'aide de camp de l'empereur, qui avait reçu l'ordre de valser avec la jeune duchesse pour ouvrir le bal, dit à ses officiers :

– Il me semble que j'ai dansé avec la future impératrice.

Personne n'a deviné que François-Joseph, excellent valseur, a enseigné à sa cavalière inexpérimentée et affolée les pas qu'elle devrait faire. Elle s'embrouille, rougit encore, mais quelle silhouette ! Et quel couple inattendu ! Le lendemain, l'empereur affiche une gaieté conquérante. Il a 23 ans et a décidé d'épouser Sissi. L'entrevue avec sa mère est orageuse. Sophie ne peut le faire changer d'avis et c'est la première fois que ce fils attentif et patient s'oppose à l'autoritaire archiduchesse. Quant à Ludovika, elle ne perd rien dans cette permutation : elle est venue pour marier une fille. Au lieu de l'aînée, la cadette sera impératrice. Et c'est précisément ce qu'il faut retenir. En devenant la belle-mère de Sissi, Sophie, qui est aussi sa tante, ne lui pardonnera jamais d'avoir supplanté Hélène, même si la flèche de Cupidon était imprévisible. La mère de l'empereur va immédiatement faire comprendre à Sissi qu'elle usurpe sa place en s'exprimant souvent dans un dialecte bavarois et en s'assurant que ses chiens n'ont pas de puce ! Une paysanne, c'est ainsi que l'archiduchesse considère sa future belle-fille. Entre elles, le contentieux sera vif ; il empoisonnera la vie intime du couple et aura des conséquences visibles sur ce qu'on pourrait appeler « l'image » de la famille impériale. Et Sissi ? Elle n'a même pas eu le temps de dire « oui ». Elle est la dernière consultée ! En larmes, des larmes de joie, elle finit par avouer à sa mère et à sa tante, inquiètes :

– Mais bien sûr, j'aime l'empereur !

Puis, profondément émue, elle murmure sur un ton d'une tristesse bizarre :

– Si seulement il n'était pas empereur…

Le 24 avril 1854, à Vienne, l'empereur François-Joseph, monté sur le trône des Habsbourg à 18 ans, en 1848, épouse sa ravissante cousine. Sissi est très triste de subir les contraintes du protocole.

Soudain submergée de sanglots, elle ne peut dissimuler son angoisse :

– Je suis si jeune, si insignifiante. Je ferai tout pour rendre l'empereur heureux. Mais le pourrai-je ?

En deux jours, la timide Sissi qui parle aux chevaux et lit dans le ciel se retrouve examinée, scrutée, critiquée, préférée et fiancée.

L'archiduchesse Sophie, vexée de l'échec de sa stratégie, se promet de dompter sa belle-fille. Le mariage de son fils est aussi une affaire politique. Ce n'était pas en vain qu'après l'avoir rencontrée quelques années plus tôt, Bismarck, le futur chancelier du roi de Prusse, avait déclaré que la sévère archiduchesse était « le seul homme de la famille ».

Sissi impératrice affronte son pire ennemi : le protocole

Dans la soirée et la nuit du 22 au 23 avril 1854, des guirlandes de lampions éclairent les allées du parc de Schönbrunn, le Versailles autrichien. Comme des milliers d'yeux attentifs, ces lumières vacillantes semblent scruter une jeune fille au bord de l'épuisement. Encore duchesse *en* Bavière pour quelques heures, elle a gagné Vienne après un voyage romantique de trois jours sur le Danube. Sur une centaine de kilomètres, le fleuve-roi de l'Europe centrale avait été réservé, par ordre de l'empereur, à sa future épouse : aucun bateau en dehors de celui d'Élisabeth n'avait été autorisé à naviguer. François-Joseph avait envoyé des milliers de roses provenant des serres de Schönbrunn pour décorer le vapeur d'une gigantesque guirlande, gage de bonheur. Son arrivée au château aux milles deux cents pièces lui fait l'effet d'entrer dans une immense prison. La première. Si le décor, somptueux, allie quelques lourdeurs à de subtils raffinements, c'est l'atmosphère qui oppresse Élisabeth, désespérée d'avoir quitté sa famille et ses forêts bavaroises. Les volutes de stucs, les lustres de cristal, les fresques peintes et les tapisseries sont trop envahissants. Même les gros poêles de faïence blanche ressemblent à des sentinelles chargées de surveiller l'intruse. Car c'est bien en étrangère et surtout en novice que sa belle-mère la traite, décidée à lui faire expier l'affront de ce mariage qu'elle n'admet pas. L'archiduchesse Sophie a huilé les engrenages du devoir. La journée commence, invariablement, par l'apparition de la première dame d'honneur, la comtesse Esterházy-Liechtenstein. Impressionnant cerbère de salon, elle a quarante ans de plus que Sissi. Elle sait tout, voit tout et par conséquent juge tout avant de le rapporter, avec une délectation pincée, à la mère de l'empereur. Si l'on ajoute que la comtesse est flanquée de deux acolytes, plus avenantes, mais distantes, et que la vie de la Cour est réglée plutôt par le registre de ce qui ne se fait pas plutôt que par celui de ce qui est permis, on devine l'accablement physique et psychologique de Sissi, transplantée dans un monde hostile. Les documents qu'on lui présente recensent les règles de vie imposées avec tant de minutie qu'y figurent même des instructions concernant la courbure des génuflexions ! Presque le rythme de la respiration !

La jeune impératrice parvient à obtenir de partager la chambre de son mari. Une révolution d'un modernisme inouï ! Si les murs sont tendus de soie bleue, d'origine lyonnaise, les deux lits identiques, côte à côte, sont très sombres, en palissandre, dominés par

L'impératrice Élisabeth d'Autriche en 1858. Après avoir donné le jour à deux filles, Sophie, morte en bas âge, et Gisèle, Sissi accouche le 21 août d'un fils, l'archiduc Rodolphe. Il est l'héritier du trône d'Autriche. Dépressive, sa mère commence à voyager.

deux lourdes armoires du même bois. Malgré cette intimité que Sissi revendiquera toujours, elle conservera un souvenir cauchemardesque des débuts de sa vie conjugale. Il ne s'agit pas directement de sa nuit de noces dont aucun récit ne saurait être produit. Il s'agit, en revanche, des commérages et suspicions dont l'épousée se sent le sujet et l'objet. Tous les domestiques du château obéissent à sa belle-mère, informée des secrets les plus délicats par ces espions à révérences que sont les femmes de chambre. Selon les « preuves » recueillies par l'autoritaire Sophie Esterházy, la jeune fille ne devient une femme qu'au cours de sa troisième nuit à Schönbrunn, celle du mercredi au jeudi 27 avril. À Vienne, l'omniprésente « Madame l'Étiquette », dont Marie-Antoinette se plaignait à Versailles, régente même les pudeurs. Sissi aimerait demeurer seule, rêveuse, toute aux joies de son amour neuf avec son mari. Mais non ! Le petit déjeuner en famille est rituel. Les regards sont insupportables, assortis d'un odieux interrogatoire de la part de l'archiduchesse. Le deuxième matin, Élisabeth tente de s'enfuir, mais l'empereur vient la chercher et lui demande de paraître à la table collective dans une tenue décente. De cette confrontation date l'empoisonnement progressif et définitif entre celle qui reste la première dame de l'Empire et celle qui aspire à l'être. L'apparence l'emporte sur l'existence, la vie extérieure muselle la vie intérieure. Sissi l'écrira dans son journal : « Le naturel, le simple disparaissaient sous cette pression. »

Son aveu révèle la gravité de sa meurtrissure. Mais voici le pire : François-Joseph, qui ne s'attarde jamais à table, se lève et disparaît dans le couloir qui conduit à son bureau. C'est l'heure des affaires de l'Empire, le bonheur attendra. Se sentant abandonnée, pour ainsi dire trahie, sa jeune femme est désemparée, effrayée à la perspective d'être exhibée et humiliée. Evoquant, plus tard, ce petit déjeuner malheureusement inoubliable, l'impératrice, pleurant le départ de son époux, dira à ses dames d'honneur hongroises : « C'est par amour pour lui que je l'accompagnai. » En silence, elle forge déjà sa révolte contre les conventions de la vie publique qui bafouent la vie privée.

Scandale au palais impérial de Vienne : Sissi a une baignoire !

La Hofburg, antique forteresse sans cesse agrandie depuis la fin du XIIIe siècle et immense résidence de la Cour habitée principalement l'hiver, apparaît comme un sombre dédale de couloirs, d'escaliers obscurs et de cours intérieures. Pour Sissi, ce palais est une deuxième prison. Elle va s'en évader à sa manière. Bien que l'édifice comporte alors deux mille six cents pièces, l'impératrice refuse d'y avoir une chambre. À la stupéfaction irritée de sa belle-mère et tante, l'impératrice exige que chaque soir, dans son grand salon, on apporte son lit en fer, peint en marron – le même que celui de son époux qui a conservé les habitudes d'un militaire en campagne. Ce goût (compliqué !) de la simplicité est une manière de fuir. Dans ses appartements privés, Sissi ne sera que de passage. Le campement, d'une somptueuse rusticité, suscite des commérages. Ils sont nourris de nouveaux étonnements lorsque la souveraine fait aménager une salle de gymnastique à la place de l'ancienne chambre commune du couple et une salle de bains équipée d'une imposante baignoire au milieu d'un décor fleuri à la mode du XVIIIe siècle. L'archiduchesse Sophie s'en étrangle presque : l'impératrice veut prendre un bain chaque jour ? C'est une anarchiste ! Et quand, entre deux pièces et sous les lambris dorés, sa belle-fille rebelle fait fixer des anneaux pour se livrer à divers exercices physiques en écoutant les récits homériques de son lecteur de grec, les protestations explosent. En surprenant Sissi accrochée à ses barres d'agrès – il y en a onze –, une dame d'honneur manque de s'évanouir. Et ces barres parallèles ! Ont-elles leur place dans un salon au confort bourgeois ? L'impératrice s'épuise en tractions, contorsions et assouplissements. Une fois encore, François-Joseph, moins rétrograde qu'on l'a prétendu, doit trancher la discussion, inévitable : il donne raison à son épouse. Une défaite de plus subie par sa mère. Sissi aggrave son cas en voulant accompagner l'empereur qui se rend d'un palais à l'autre, en sortant dans Vienne avec une seule suivante pour faire des courses, notamment commander des tisanes spéciales, ou encore en buvant de la bière à table comme si elle se trouvait dans une taverne bavaroise. Provocatrice Sissi ? Indépendante, sûrement, en rébellion contre une monotonie convenue. Son régime alimentaire, aussi bizarre que draconien, a pour résultat d'affiner sa haute silhouette (elle mesure 1,72 mètre) et de mettre en valeur la légendaire minceur de son tour de taille : moins de 55 centimètres ! Évoquant son poids, dangereusement maîtrisé (50 kg), on parlera d'anorexie, mais ce diagnostic doit être nuancé car, en réalité, si l'impératrice se nourrit peu, elle mange souvent, par petites quantités, de préférence des boulettes de viande, des légumes, des laitages, et absorbe une étrange mixture de chair et de sang de volaille, pressée sous forme de jus épais dans un ustensile en argent confectionné à Paris. Il ne faut pas oublier que Sissi reste une cavalière acharnée. À Vienne, chaque matin, des passants guettent au

Prater cette élégante écuyère ; les hommes, admiratifs, se découvrent pour la saluer.

Ce comportement n'a qu'un but : lui permettre d'exister en étant originale et en balayant les conventions, dont certaines sont ridicules. Elle avait déjà été choquée que les notaires rédigeant son contrat de mariage aient compté ses dessous ! Et cette tradition de ne porter ses souliers qu'une seule fois pour les donner ensuite à ses femmes de chambre, n'est-elle pas invraisemblable, alors que les officiers de l'empereur, eux, font briser leurs bottes par leur ordonnance ? Le plus pénible est peut-être le protocole, qui se dresse comme une barrière invisible mais infranchissable entre la souveraine et ses proches. Désormais, lorsqu'elle retrouve ses frères, sœurs, cousins et cousines, avant de pouvoir les embrasser, que de révérences et de baisemains ! Tantôt débonnaire, tantôt pointilleux, François-Joseph lui rappelle doucement :

– Voyons, Sissi ! Tu ne dois pas oublier que tu règnes avec moi sur des millions de sujets…

Le devoir, sans cesse, est rappelé à Élisabeth. Et l'archiduchesse, qui estime avoir sauvé l'Empire en lui donnant François-Joseph, ne perd pas une occasion de répéter à sa nièce « écervelée et rustique » qu'elle n'est pas à sa place et qu'il convient de l'y remettre, fût-ce plusieurs fois par jour. Pour brimer sa personnalité imprévisible et inconvenante. L'empereur, accablé de problèmes politiques et d'une conscience professionnelle sans défaut, espère que le temps apaisera les tensions entre sa mère et sa femme. Il se trompe. Le duel quotidien de ces deux personnalités ne peut s'achever que par le renoncement de la plus vulnérable. Pour Sissi, la Cour n'est qu'une galerie d'automates ; elle refuse d'en être la principale marionnette. Elle se livre son journal, un

Sissi se divertit en se faisant photographier avec ses chiens (ici en 1864) et ses chevaux. Elle scandalise sa belle-mère et tante en exigeant une baignoire dans ses appartements et en y installant un petit gymnase.

cahier qui est son seul confident puisqu'elle n'a pas eu le droit de conserver à son service la moindre domesticité bavaroise. Certes, il y a ses animaux, ses chiens encombrants, qu'elle veut brosser ou épouiller elle-même, et un perroquet, offert par l'empereur, qui s'est vite rendu célèbre en répétant ses bribes de plaintes mécaniques. Dans un poème dont le titre *Nostalgie* est un aveu, la jeune impératrice évoque le retour de la belle saison, mais soupire dans la deuxième strophe :

Que m'importe à moi le charme du printemps
Dans ce pays d'exil...

Une exilée : ainsi se juge l'impératrice. La nature enthousiaste de la jeune femme butte sans cesse sur l'obsession de sa belle-mère de forger une impératrice inexistante, sans cœur, sans épiderme, sans chaleur et sans âme. Sa moindre envie est étouffée, son moindre désir étranglé. Quant aux idées, Sophie les condamne par principe puisqu'elles ont nourri l'agitation révolutionnaire de 1848 et privé son fils d'un couronnement à Vienne. Sissi aime les poètes ? Ces gens-là sont dangereux ! Une femme qui lit a trop d'idées, mauvaises, hélas.

Deux enfants naissent, deux filles. La déception est immense

Le 5 mars 1855, à 14 heures, l'impératrice accouche d'une fille. L'archiduchesse décide, sans consulter la jeune maman, que le prénom de Sophie sera choisi pour sa petite-fille. Elle franchit encore un degré dans l'autoritarisme en sélectionnant nourrices, gouvernantes et médecins, sans omettre de contrôler la nursery en permanence. Et c'est un défilé d'amies de la grand-mère qui viennent la féliciter, en oubliant d'avoir la même courtoisie envers la mère ! Celle-ci est reléguée au rang infamant de génitrice incapable de donner un garçon à la dynastie. À peine six semaines plus tard, Élisabeth remonte à cheval pour défier sa belle-mère. Celle-ci surveillera vite le tour de taille de sa nièce, espérant une nouvelle grossesse dès que possible.

Le 15 juillet 1856, à 7 heures du matin, Sissi donne naissance à une deuxième fille. L'empereur, toujours aussi amoureux, se montre élégant en ne manifestant pas sa déception. L'archiduchesse, contrariée, n'apprécie guère que l'enfant soit baptisée Gisèle en hommage à une princesse bavaroise qui, au Xe siècle, avait épousé le roi païen de Hongrie, plus tard christianisé et canonisé sous le nom de saint Étienne. Cette référence hongroise n'est pas un hasard : François-Joseph doit se rendre en Hongrie pour tenter de cicatriser les plaies encore vives de l'insurrection des Magyars contre la maison d'Autriche huit ans plus tôt, que Vienne avait matée durement avec l'aide de l'implacable tsar de Russie Nicolas Ier. L'empereur d'Autriche est sûr que la présence de Sissi à ses côtés pendant ce voyage ne pourra qu'être bénéfique. Mieux : la petite Sophie accompagnera le couple impérial. À cette annonce, l'archiduchesse bondit sous le prétexte que l'enfant n'est pas en bonne santé et qu'un périple dans les chaleurs de la *puszta,* l'immense plaine hongroise, est une pure folie. François-Joseph tranche le débat contre l'avis de sa mère. Ce périple hongrois est, d'abord, une urgente nécessité politique. Pour une fois, Sissi est d'accord avec sa belle-mère : la petite Sophie est d'une inquiétante pâleur et vraiment trop maigre. Ce long périple restera comme un double moment de vérité. D'une part, l'impératrice est acclamée par le peuple magyar ; cette souveraine de 20 ans, resplendissante, ferait une très belle reine de Hongrie. Très vite, Élisabeth reçoit un nouveau prénom, Erzsébet. Elle l'adopte immédiatement. Elle n'est plus une étrangère, elle se sent accueillie et respectée ; cette victoire politique profite à son mari. D'autre part, le pire châtiment s'abat sur le jeune couple puisque leur fille aînée meurt, vraisemblablement d'une fièvre typhoïde, âgée de deux ans et quatre-vingt-huit jours. Ses parents sont anéantis. La douleur de la mère est relayée par la colère de l'impératrice qui traite son médecin d'incapable et s'accuse elle-même de tout. Mais le pire est le silence de l'archiduchesse. Cette dernière ne dit rien, elle juge ; elle avait prévenu son fils et sa belle-fille. Un triomphe morbide, celui de l'expérience sur l'inconscience. Sissi, prostrée, méconnaissable, est laminée alors qu'elle se trouvait à portée du bonheur, enfin. Selon une sinistre loi, le drame augmente la popularité du couple. Les Hongrois témoignent de leur accablement et même les opposants observent le deuil avec respect. Le malheur est un ciment. Sissi en est certaine, l'étau de la fatalité ne lâchera plus son étreinte sur elle.

En Italie du Nord, Sissi séduit et soutient l'opposition politique

Marquée à jamais par la perte de sa petite Sophie, l'impératrice brisée s'oriente, peut-être inconsciemment, vers une revanche politique et diplomatique en exerçant une influence apaisante sur son époux partout où l'occupation d'un territoire par les Habsbourg est mal vécue. C'est le cas en Italie du Nord, en Vénétie et en Lombardie, provinces autrichiennes depuis le Congrès de Vienne en 1815. Précédée de la réputation de sa grande beauté, Sissi, bien que dépourvue de pouvoirs directs, tient à l'empereur un discours de tolérance et de libéralisme. L'accueil, si l'on peut dire, d'une Venise glaciale et hostile est suivi d'une ovation où la souveraine obtient un spectaculaire succès personnel. Ce revirement de l'opinion s'explique par les décrets d'amnistie et la restitution de leurs biens aux condamnés qui s'étaient révoltés contre Vienne en 1848 et 1849. François-Joseph a écouté et entendu son épouse qui l'a supplié d'assouplir des mesures obsolètes. Sissi déteste l'injustice et ses interventions sont d'autant plus convaincantes qu'elle n'a pas à se battre contre sa belle-mère. Sur la place Saint-Marc, dans l'aile napoléonienne de ce qui est aujourd'hui le musée Correr, l'impératrice fera aménager ses appartements et y résidera lors de plusieurs séjours[1].

Toutefois, le chemin vers l'apaisement reste hérissé de pièges. Ainsi, à Milan, le couple s'attend au pire. Et le pire arrive, dans la splendide salle du théâtre de la Scala. Les familles patriciennes avaient fait savoir que leurs loges seraient occupées lors du gala en présence de Leurs Majestés. Hélas ! Le soir venu, les deux mille huit cents places de la salle sont investies par des laquais en livrée noire. Les domestiques portent le deuil de

1. À l'initiative du Comité français pour la sauvegarde de Venise et de la Fondazione Musei Civici di Venezia, des mécènes français ont restauré magnifiquement ces appartements impériaux. Après douze ans de travaux, ils ont été ouverts au public le 10 juillet 2012.

La beauté de l'impératrice est légendaire dans toute l'Europe et le pinceau de Winterhalter (ici en 1864) la fait connaître. De son abondante chevelure, Sissi dit : « C'est ma vraie couronne. »

la capitale lombarde sous domination autrichienne. L'affront est spectaculaire. Même si son charme n'a pas opéré, Sissi obtient, ici encore, des mesures immédiates de clémence qui provoquent le mécontentement du cabinet de Vienne, ulcéré par ces concessions. L'impératrice prend le parti des révolutionnaires ! La presse résume cette évolution dans ces lignes : « On n'est pas encore pour l'Autriche, mais on est déjà pour l'empereur. Chacun devine la main bienfaisante de la noble jeune femme qui a transformé les dispositions du souverain. » Sissi émeut et ravit par son indulgence. Sans le miroir déformant d'un entourage étriqué, l'impératrice a pris ses premiers bains de foule. La différence entre Élisabeth d'Autriche et Sissi tend à se réduire. C'est une immense victoire et François-Joseph a fait l'apprentissage de la mansuétude, même un peu forcée. On peut ajouter que si son épouse est transformée et apparaît efficace dans un rôle qu'on lui refusait, c'est parce qu'elle savoure, enfin, le bonheur d'être presque seule avec lui. L'empereur apprécie aussi cette intimité si difficile à préserver, surtout quand des menaces militaires se précisent contre l'Autriche avec le projet d'un Napoléon III romantique soucieux de forger l'unité italienne.

21 août 1858. Au château de Laxenburg, près de Vienne, trois jours après le vingt-huitième anniversaire de François-Joseph, sa femme est prise par les douleurs de l'enfantement, beaucoup plus violentes que lors de ses précédents accouchements. L'archiduchesse, qui s'est précipitée à son chevet, a fait exposer le saint sacrement dans la chapelle avant de s'asseoir en silence dans la chambre de sa belle-fille. Tout Laxenburg est en prière et Vienne, où la chaleur est pénible, respire à peine. À 22 h 15,

Sissi est délivrée. Épuisée, pâle, elle pose la redoutable question à l'empereur :

– Est-ce un fils ?...

François-Joseph pleure.

– Alors, c'est encore une fille, soupire la parturiente.

L'empereur bredouille une étrange réponse :

– On ne sait pas encore !

Dans sa confusion et sa joie, il oublie que c'est un fils ! Dieu soit loué ! La couronne impériale a un héritier et le trône un successeur. L'avenir est là, l'espoir a désormais un prénom, Rodolphe, quatrième Habsbourg appelé ainsi depuis que la dynastie a affirmé sa puissance au XIIIe siècle. Dans Vienne, cent un coups de canon réveillent la population assoupie.

Enfin, Sissi a un fils, Rodolphe. La fatalité est-elle conjurée ?

L'impératrice est lasse, mais submergée par une joie secrète. Quelle revanche ! Sa position à la Cour se trouve renforcée et sa belle-mère sera tenue à distance. Or, c'est tout le contraire qui se produit, puisque l'intraitable archiduchesse, bien que certainement soulagée, considère qu'elle doit veiller personnellement sur le nourrisson. Les inconséquences, caprices et idées saugrenues de sa fantasque maman, qui ne convenaient déjà pas pour l'éducation de princesses, sont à exclure pour celle d'un futur empereur. La « guerre » recommence entre les deux femmes, essentiellement parce que Sissi a l'idée, « extravagante » selon Sophie, d'allaiter son fils. Mais la fièvre ne la quittant pas, médecin et nourrice s'y opposent. Médiateur obligé – et agacé ! –, François-Joseph approuve sa mère : Sissi ne peut assurer une responsabilité maternelle, du moins dans l'immédiat. N'a-t-elle pas échoué tragiquement avec leur première fille ? Tous les prétextes sont bons pour lui enlever son fils ; le manque de concessions, de part et d'autre, creuse encore plus le fossé entre l'archiduchesse et l'impératrice. Impuissante, isolée, affaiblie, mais désormais incontestée dans son rôle reproducteur, Élisabeth, qui doit accepter que son fils soit confié à la baronne Caroline de Welden, dite Wowo, ne pardonnera jamais l'expiation qu'on lui impose. Son seul recours, l'empereur, est accaparé par d'inquiétantes nouvelles. L'Autriche, consolidée sur le plan dynastique, est menacée dans son rôle européen. Le 29 mai 1859, les opérations contre la France obligent François-Joseph à rejoindre le front en Lombardie. L'impératrice est en larmes. Au comte Grünne, aide de camp du souverain, elle multiplie les recommandations :

– Gardez l'empereur. Il est ma seule consolation en ces temps terribles.

Pour la première fois, le couple est séparé par une guerre. L'impératrice sera toujours opposée aux conflits armés dans le dernier quart du XIXe siècle. Emue aussi bien par le sort des orphelins que par celui des blessés, Sissi laissera, discrètement, une somme en Suisse pour constituer une sorte de fonds de secours au profit des victimes des guerres. Lorsque la Lombardie puis la Vénétie devront être cédées par l'Autriche vaincue, Élisabeth, qui soutient le patriotisme italien, s'attirera cette remarque désabusée mais révélatrice de François-Joseph :

– Tu m'as fait perdre mes plus belles provinces…

Souvent il l'appelle « le bon ange » quand elle lui assure que le libéralisme n'entraîne pas obligatoirement la révolution. Lorsque deux frères de Sissi viennent la voir, ils sont inquiets de sa métamorphose. Certes, elle est toujours aussi belle, mais s'agite, s'énerve pour un rien. Soumise aux critiques quasi permanentes de l'archiduchesse, l'impératrice se complaît dans des méditations alambiquées, se créant un univers poétique et musical que sa belle-mère ne pourra jamais perturber. François-Joseph aime la jeunesse, la fantaisie de sa femme, mais il la souhaiterait, par moments, plus adulte. L'un et l'autre auraient besoin de calme, mais ils n'y parviennent guère, sauf lorsqu'ils prennent, tôt, leur petit déjeuner ensemble. Seuls ! Une pause salutaire dans les récriminations, les plaintes et les incidents.

Une voyageuse errante qui lutte contre la dépression

Trop jeune et trop entière pour consentir des concessions sur l'organisation de la vie familiale, l'impératrice prend une décision lourde de conséquences : elle va, provisoirement, s'éloigner de la Cour. Pour justifier ce départ, on avance l'hypothèse d'une tuberculose nécessitant des séjours au soleil. En cet automne 1860, le futur grand explorateur de l'inconscient, Sigmund Freud, né dans la province autrichienne de Moravie, n'a que 4 ans. On sait, aujourd'hui, que Sissi souffre en réalité d'un mal de vivre qui affecte plusieurs Wittelsbach. L'impératrice est difficile à satisfaire, car elle se voudrait parfaite. La maladie du corps peut être guérissable, mais qui soignera son âme ?

En 1862, s'estimant brisée par les usages de la Cour, Sissi va séjourner plusieurs mois à Madère. Ici, entourée de deux dames d'honneur et de sa sœur Hélène, elle s'initie à une petite guitare.

La seule idée de son voyage transforme Sissi. Gaie, enjouée, retrouvant sa maîtrise d'elle-même, elle s'affaire joyeusement dans le choix d'une garde-robe et l'organisation de son périple. Car elle va loin, à Madère, ce jardin tropical portugais entre ciel et océan, idéal pour oublier les canons de la guerre et les violons des bals où l'on s'épuise à s'amuser.

Elle laisse un François-Joseph meurtri à la perspective de sa longue absence et de la distance qui les séparera ; Madère est à 1 000 kilomètres au sud-ouest de Lisbonne. Dans cette escale des navigateurs sur la route de l'Atlantique, Sissi sait qu'elle ne sera pas examinée à chaque embrasure ni épiée comme une bête curieuse. Ainsi commence sa fuite du monde. Elle sera permanente. L'empereur va devoir s'habituer à vivre souvent seul, redoutant un nouveau départ, heureux d'une arrivée annoncée. Il lui dira :

– Je préfère te savoir heureuse loin de moi plutôt que malheureuse près de moi.

Une admirable preuve d'abnégation.

Mais après six mois d'un exil psychologique manqué, c'est Sissi elle-même qui formule parfaitement la nature du trouble dont elle est atteinte : « Il se trouve que je veux toujours aller plus loin et bouger. Chaque bateau qui part me donne envie d'être à son bord. Quelle que soit sa route, le Brésil, l'Afrique… N'importe où, seulement pour ne pas rester au même endroit trop longtemps. » Impératrice prisonnière des palais impériaux, elle a voulu s'échapper, mais son tempérament instable l'a rattrapée. Elle dira : « Je suis une mouette qui vole d'île en île. » Fuyant le déséquilibre de ses contradictions, elle transforme sa maison en une agence de voyages perpétuels. Pour qu'elle puisse sillonner l'Europe dans les meilleures conditions, l'empereur, conciliant, lui fait aménager une voiture-lit-salon qui peut être accrochée aux chemins de fer internationaux dont la circulation se développe, y compris au bientôt légendaire Orient-Express. Un mythe à bord d'un mythe ! Mais la difficulté réside dans l'obsession de Sa Majesté impériale de voyager *incognito* (certes avec une suite peu discrète), de n'être attendue ou accueillie par aucune autorité et qu'aucun programme ne soit organisé pour son plaisir, voire son bien-être. L'Espagne, l'Irlande, l'Egypte l'attirent. En Grèce, ses déplacements seront si rapides que la population, enfin mise au courant de son passage, la surnommera « l'impératrice locomotive », en référence aux premières voies ferrées construites dans le Péloponnèse. Lors d'un séjour en Normandie, le maréchal de Mac-Mahon, président monarchiste de la jeune IIIe République, tente de saluer la souveraine, mais, sur le quai de la gare, lors d'un changement de machine, il sera très déçu : les rideaux du wagon-lit resteront fermés.

Le rythme de ces voyages n'est pas reposant : à Marseille, la dame d'honneur d'Élisabeth a beaucoup de mal à la suivre sur la Canebière, les policiers de la Sûreté française aussi. Une femme pressée, toujours pressée, soulagée d'être au milieu de visages inconnus. Mais comment passer inaperçue quand une bonne cinquantaine de personnes, dans le même train, le précédent ou le suivant, sont chargées de son intendance ? Même son boulanger est du voyage, car lui seul sait cuire les petits pains dont Sissi raffole ! Télégrammes et dépêches des ambassades s'empilent sur le bureau de l'empereur, désespéré et inquiet de ces pérégrinations. Mais que faire ? Il se console en portant son regard sur les portraits de la fugitive. En effet, son absence de Vienne aboutit à un résultat paradoxal puisque des tableaux, des gravures et des photographies de l'impératrice jalonnent les pièces des palais. Jamais une absente n'a été, en effigie, aussi présente à la Cour ! Le pinceau réputé de Winterhalter, peintre des cours d'Europe, nous a laissé des œuvres célèbres. Sur l'une d'elles, l'impératrice arbore des étoiles dans ses cheveux. Sa robe de mousseline dégage ses épaules selon la mode de l'époque ; elle tient un éventail et semble se retourner, de trois quarts, vers un interlocuteur. Mais la peinture la plus étonnante reste celle où Élisabeth apparaît de face, en déshabillé (ce qui a fait scandale !), sa longue chevelure dénouée. Celle-ci exige des soins minutieux, près d'une heure chaque matin. « C'est ma vraie couronne », dit la souveraine d'un ton amer.

Cependant, il est une destination qui l'attire de plus en plus, la Hongrie.

La revanche de Sissi : en 1867, elle devient reine de Hongrie

C'est la plus grande réussite de l'impératrice. S'estimant bafouée et brimée, Élisabeth, soudain patiente, parvient à ce qu'un peuple, dont les révoltes avaient été durement réprimées par les Habsbourg, accepte l'union politique avec l'Autriche. En quittant Vienne pour ce qui deviendra Budapest seulement en 1873, par la réunion de Buda et de Pest sur les deux rives du Danube, Élisabeth se mue intégralement en Erzsébet. Avocate, amie et soutien efficace des Hongrois, elle joue un rôle considérable dans la création de la double monarchie, l'Autriche-Hongrie, qui existera de 1867 à 1918. Pour faire aboutir des discussions laborieuses, l'épouse de François-Joseph a un atout : elle a appris la difficile langue hongroise, ce qui confère à ses élans conciliateurs une sincérité précieuse. Elle comprend et se fait comprendre sans intermédiaire, là où les diplomates de son époux pataugeaient dans les susceptibilités et les prétentions, composantes inévitables du nationalisme. À l'évidence, prendre la défense de la cause hongroise est aussi une occasion cinglante de contrer l'archiduchesse Sophie. Sissi a d'ailleurs multiplié les provocations, elle a choisi une nouvelle lectrice, la Hongroise Ida Ferenczy, qui deviendra une confidente, comme sa nouvelle dame d'honneur, la comtesse Irma Sztaray. L'impératrice a également choqué en portant le costume national hongrois, notamment le gilet coloré et la coiffe brodée d'or réservée aux épouses des hauts personnages. Ses séjours ont déclenché d'autres critiques de la presse autrichienne qui calcule qu'une année, elle a été absente de Vienne deux cent soixante-cinq jours pour résider en Hongrie. Déjouant tous les pièges, elle convainc François-Joseph d'accepter le « compromis ». Le charisme d'Erzsébet emporte toutes les adhésions, même celles des plus irréductibles opposants. Lorsqu'elle paraît, le 8 juin 1867, dans sa robe de brocart et d'argent confectionnée à Paris par l'Anglais Worth, promoteur de la haute couture parisienne, son couronnement dans l'église Saint-Mathias, au côté de son mari le « roi Ferenc Jozsef », c'est une apothéose. Et Liszt, au pupitre des grandes orgues, peut jouer, enfin, sa *Messe du couronnement*. La reine – elle a alors 30 ans – est transfigurée. En aidant son pays d'adoption à se libérer et à obtenir une reconnaissance internationale qui en

Juin 1867. À Budapest, où elle est couronnée reine de Hongrie, Élisabeth devient, pour les Hongrois, Erzsébet. Sa robe est de l'Anglais Worth, inventeur, à Paris, de la haute couture sous le Second Empire.

Budapest, 8 juin 1867. L'empereur et l'impératrice d'Autriche sont couronnés roi et reine de Hongrie dans l'église Saint-Mathias. Sissi fut l'avocate inlassable du nationalisme magyar et de l'identité hongroise.

fait l'égal de l'Autriche, Sissi vivifie sa propre libération. Pour lui manifester sa gratitude, Andrássy, le Premier ministre, offre à sa nouvelle reine le château baroque de Gödöllö, à une trentaine de kilomètres au nord-est de la capitale. Un cadeau au nom du peuple hongrois. Elle y séjourne souvent, organise un manège, monte beaucoup à cheval et apprécie la nostalgie des *czardas* qu'on lui joue dans le parc. La famille, royale ici, s'y retrouve au grand complet et la dernière fille de Sissi, Marie-Valérie, naît sur la colline de Buda dans le palais évoquant Marie-Thérèse.

Le souverain porte le traditionnel dolman à brandebourgs, suit des chasses à courre et se convertit à un mode de vie hongrois. Encore une victoire de Sissi, alors que tous les hauts fonctionnaires viennois avaient échoué dans l'élaboration de cette entente cordiale de la *Mitteleuropa* qui renforce le rayonnement autrichien face à la puissance allemande.

Insatiable, la fatalité frappe les proches de l'impératrice-reine

L'harmonie enfin retrouvée ne va pas durer. Une série de drames familiaux s'abat sur la souveraine. On peut en retenir trois. Le 13 juin 1886, le corps de son cousin le roi Louis II de Bavière est repêché près du rivage du lac de Starnberg, en Bavière. Ils avaient toujours été très proches l'un de l'autre, depuis les vacances de l'enfance jusqu'aux réunions de têtes couronnées prenant les eaux dans d'élégantes stations thermales. Ils avaient en commun la haine du protocole, l'amour de la nature et de l'art, un goût excessif pour la solitude. Déposé trois jours plus tôt par son gouvernement qui l'accusait de démence, le romantique Louis II était fasciné par sa lumineuse parente. L'impératrice lui en avait voulu de briser ses fiançailles avec sa sœur Sophie, mais la jeune duchesse n'avait sans doute été qu'un transfert dans l'esprit tourmenté du monarque. Il s'était réfugié dans la construction de châteaux fantastiques honorant l'âge de la chevalerie puis la monarchie absolue des Bourbons. Sissi en avait été une rarissime visiteuse. Prévenue que le roi déchu était assigné à résidence dans son château de Berg transformé en prison, Élisabeth s'était précipitée en face, sur l'autre rive du lac. Espérait-elle le sauver ? Le faire évader ? L'énigme subsiste. Louis II a-t-il été assassiné ? On en discute encore dans la Bavière qui ne cesse, grâce à lui, de profiter d'une manne touristique exceptionnelle. Il fut inhumé

En 1887, dans le parc du château de Laxenburg, près de Vienne, une promenade familiale de François-Joseph (à cheval) et de Sissi avec leur fils Rodolphe et son épouse Stéphanie, fille du roi des Belges Léopold II.

avec dans les mains un bouquet de jasmin qu'avait fait porter Élisabeth lors des funérailles de son cousin.

Plus tragique et avec des conséquences européennes incalculables, le seul fils de Sissi, l'archiduc héritier Rodolphe, est retrouvé mort, le 30 janvier 1889, dans son pavillon de chasse de Mayerling, en pleine forêt viennoise. Officiellement suicidé après avoir tué sa jeune maîtresse Mary Vetsera qu'il ne pouvait épouser puisqu'il était marié à la fille du roi des Belges, Rodolphe partageait avec sa mère la hantise de la mort. Le mystère, assorti d'un scandale retentissant, a plongé l'impératrice dans un accablement profond. Savait-elle la vérité alors que d'innombrables hypothèses furent échafaudées ? Elle eut l'atroce mission d'informer l'empereur, répétant : « Quand il frappe, Dieu est sans pitié. » Après ses funérailles, Sissi se rendit en pleine nuit, secrètement, dans la crypte des Capucins où repose son fils. Elle l'appela d'un cri qui épouvanta les moines. On ne la verrait plus qu'en noir, muette sur la tragédie[1].

Le 4 mai 1897, Sophie, la plus jeune sœur de Sissi, éphémère fiancée de Louis II de Bavière, meurt brûlée vive à Paris, dans l'incendie du Bazar de la Charité. Elle avait épousé le duc d'Alençon. Héroïque face aux flammes, elle se sacrifia pour sauver des jeunes filles en hurlant :

– Que les autres passent avant moi ! Je partirai la dernière…

Sissi apprend la nouvelle le lendemain, dans la villa Hermès, à Vienne, que l'empereur lui a fait construire pour tenter de réduire sa frénésie de voyages.

---

1. Voir, du même auteur, *Rodolphe et les secrets de Mayerling*, Perrin, 2004 ; rééd. « Tempus », 2007 et 2012. Une contre-enquête étayée de révélations.

Brisée par la douleur, le regard voilé, l'impératrice murmure :

– La malédiction grandit…

L'avant-dernier acte de son calvaire. Maintenant, elle le sait, la mort s'avance vers elle. À sa fille Marie-Valérie, l'impératrice-reine annonce :

– Cela finira bien un jour… Le repos éternel n'en sera que meilleur.

La mort de Sissi : une émotion internationale et la naissance d'un mythe

Vienne, château de Schönbrunn, 10 septembre 1898, en début d'après-midi. L'empereur écrit à son épouse lointaine. Comme souvent, ses premiers mots pour elle sont en hongrois, car il sait que cela lui fera plaisir : *Edes Szezrerett leckrem* (« Mon âme douce et aimée »). Il se dit heureux d'avoir de bonnes nouvelles de la voyageuse qu'il espère rejoindre bientôt. Ses derniers mots : « Je te confie à Dieu, mon cher ange, et je t'embrasse de tout mon cœur. Ton petit. » Cachetée, la lettre part immédiatement, par courrier spécial. Sissi ne la lira jamais. Il est 4 h 30 lorsque le comte Paar, premier aide de camp, arrive de la Hofburg. Pâle, bouleversé, il demande à être reçu d'urgence. Il tient une dépêche expédiée de Genève, dont le texte est bref : « Sa Majesté l'impératrice grièvement blessée. Prière annoncer à l'empereur avec ménagement. » Mais comment ? Absorbé par son travail, François-Joseph lève la tête, surpris que le comte Paar, d'ordinaire très maître de lui, paraisse si ému :

– Qu'y a-t-il donc, mon cher Paar ?

– Sire… Votre Majesté ne pourra pas partir ce soir. Je viens de recevoir une très mauvaise nouvelle…

D'un bond, le souverain est debout et crie :

– De Genève ?

Et il arrache le télégramme à l'officier, recule en chancelant puis se ressaisit :

– Eh bien ! D'autres nouvelles doivent arriver ! Télégraphiez ! Téléphonez ! Il faut absolument en savoir plus !

À ce moment, l'aide de camp de service se présente, au garde-à-vous, tenant une seconde dépêche. François-Joseph se précipite et lit le terrible message : « Sa Majesté l'impératrice vient de décéder. »

Figé par l'effroi, le pauvre homme reste immobile puis s'effondre dans son fauteuil. Son front dégarni disparaît dans ses mains. Il pleure. D'une voix neutre, comme s'il se parlait à lui-même, il dit entre deux sanglots :

– Rien ne m'est épargné sur cette terre…

Genève, sa République, son canton, puis toute la Confédération helvétique sont sous le choc. Une polémique enfle : pourquoi Sissi n'était-elle pas accompagnée d'une escorte de policiers ? Parce qu'elle voulait être « comme les autres gens ». Tout l'Empire est traumatisé, les Hongrois et les Italiens se disent pétrifiés de chagrin. Les funérailles de Sissi ont lieu en présence de plus de cinquante chefs d'État, rois, princes, présidents, dans une atmosphère de grandiose effondrement. La légendaire Sissi devient un mythe par l'arrêt brutal, inattendu, de sa vie mystérieuse, salie de commérages et de jalousies, mais riche aussi d'allure et

Un document rare : François-Joseph, en civil, est venu rejoindre son épouse toujours absente à Bad Kissingen, fin avril 1898, où Sissi fait une cure. C'est une de ses dernières photos.

d'indépendance. Son assassin, Luigi Lucheni, a agi au hasard et son inconscience a été le courage qui manquait à Élisabeth pour affronter l'au-delà. Jugé et condamné comme criminel de droit commun – une infamie pour un anarchiste –, il se pendra dans la prison de l'Évêché en 1910.

Jusqu'à sa mort, en 1916, François-Joseph ne cessera de répéter devant les portraits de la défunte :

– Personne ne saura jamais combien je l'ai aimée.

Sissi n'a cessé – et ne cesse – de faire rêver, d'agacer, de surprendre et d'intriguer. Le cinéma, la psychanalyse, le tourisme, la connaissance historique et la curiosité ont réhabilité cette inoubliable figure de femme. Lorsque, le 10 novembre 1982, je fus reçu par l'impératrice et reine Zita qui avait succédé à Sissi en 1911, dix-huit ans après le drame de Genève, la dernière souveraine austro-hongroise me dit à propos du mythe de Sissi :

– Elle a été tellement critiquée que même quand elle avait raison, on lui donnait tort.

Zita de Habsbourg-Lorraine

Souveraine du devoir

Zita (1892-1989), née princesse de Bourbon-Parme,
épouse en 1911 l'archiduc Charles, petit-neveu
et successeur de François-Joseph. Elle est, de 1916 à 1918,
la dernière impératrice d'Autriche et reine de Hongrie.

Le 10 novembre 1982, l'ex-impératrice Zita, revenue en Autriche après soixante-trois ans d'exil, accorde un entretien exclusif à Jean des Cars, au château de Waldstein, en Styrie.

Château de Waldstein, en Styrie, au sud de l'Autriche, le 10 novembre 1982. Dans un petit salon où nous venons d'être introduits, le photographe François Guénet et moi, envoyés spéciaux du *Figaro Magazine*, nous sommes mis en présence du plus emblématique témoin survivant de l'ancienne double monarchie qu'était l'Autriche-Hongrie d'avant 1918. Une petite femme au regard lumineux, vêtue de noir, portant le deuil d'une Europe assassinée à Sarajevo le 28 juin 1914, meurtrie pendant quatre ans, piétinée et démantelée par le traité de Versailles de 1919. Veuve depuis 1922, assise devant nous, ses deux cannes à sa portée, la dernière impératrice d'Autriche et reine de Hongrie, S.M. Zita, nous prie de prendre place. Cette audience est doublement impressionnante.

D'une part, en admettant qu'on sache qui elle était et surtout qui elle avait été, peu de gens la croyaient encore vivante. Depuis des décennies, elle vivait retirée dans la prière, mais très informée de l'actualité, surtout par la lecture de plusieurs journaux et le courrier de ses proches. Si son monde, qui avait prolongé la fin du XIXe siècle, était défunt, l'ancienne souveraine, âgée de 90 ans, restait la seule d'un tel rang, l'ultime impératrice européenne, la dernière reine de Hongrie qui – on l'oublie souvent – avait succédé à la mythique Sissi. D'autre part, Zita n'avait jamais accordé d'entretien à un journaliste français. Pourquoi, après tant d'années de tragédies et d'épreuves subies dans une dignité exemplaire, a-t-elle accepté de briser le silence ? Parce qu'elle vient de retrouver l'Autriche, républicaine, mais où l'on sait combien l'empreinte des Habsbourg demeure profonde, au point d'être un des fondements de son patrimoine. Après soixante-trois ans d'exil, Zita, quittant provisoirement le couvent où elle vivait retirée en Suisse, avait enfin été autorisée à franchir la frontière autrichienne par le chancelier Bruno Kreisky, un socialiste dont le grand-père était un fonctionnaire de l'empereur François-Joseph. Dans une modeste Volkswagen bleue conduite par sa fille la princesse Élisabeth de Liechtenstein (qui nous recevait à Waldstein), Zita avait présenté son passeport diplomatique délivré sur intervention du roi d'Espagne Juan Carlos et les douaniers s'étaient mis au garde-à-vous. Soixante-trois ans plus tôt, au même endroit, l'ancienne souveraine prenait la route de l'exil. Dans quarante-huit heures, le retour officiel de Zita à Vienne allait être triomphal, sanctifié par une messe d'action de grâces célébrée en la cathédrale Saint-Étienne, de joyeuses volées de cloches, des foules immenses brandissant d'anciens drapeaux et même des sympathisants monarchistes interprétant, en uniforme sur le parvis, l'ancien hymne impérial. D'innombrables jeunes, arborant chemises, manteaux et blousons aux armes des Habsbourg, entouraient la voiture promue carrosse d'un autre temps. Il fallut qu'une unité de policiers anti-émeutes fasse un rempart pour que la frêle vieille dame ne succombe pas sous l'enthousiasme de ses admirateurs. Tout Vienne revivait une époque révolue « d'avant les catastrophes », me dit un homme né en 1920. Le retour de Zita fit la une de la presse de nombreux pays et l'ouverture des journaux radiotélévisés, en concurrence avec la mort de Leonid Brejnev qui avait tenu d'une main implacable le pouvoir soviétique pendant dix-huit ans. L'affrontement médiatique de deux univers et de deux idéologies. L'un n'était plus, l'autre était une revenante.

Zita, qui avait une mémoire étonnante, s'était prêtée courtoisement à mes questions, leur apportant des réponses qui allaient faire quelque bruit et susciter les critiques des anti-Habsbourg, stupéfaits de sa grandiose réception viennoise. Sans rechigner, souriante, elle avait aussi posé pour les photos. Un retour spectaculaire, empreint d'une ferveur et d'une émotion tangibles, mais où aucun faste n'avait été déployé : cela eût été déplacé. Elle était revenue avec pudeur. Sans doute parce qu'elle avait vécu le pire, elle ne prônait aucune revanche et voulait, principalement, se recueillir sur la tombe de sa mère et d'une de ses filles.

Mais quel était donc le destin de cette petite femme, mais grande dame oubliée, surgie comme l'ultime fantôme de la vieille Europe ? Une impératrice et reine dont l'exil fut déclaré « illégal » par la Haute Cour de justice administrative autrichienne en 1980, après des années de procédure, de mépris, de blocage. Le retour de Zita ? Un événement imprévisible et longtemps inconcevable[1].

Descendante de Louis XIV, Zita est une synthèse de l'Europe

Elle avait vu le jour le 9 mai 1892, en Italie, à la villa Pianore, près de Viareggio, cité autrefois célèbre pour son carnaval. Née du second mariage de Robert de Bourbon-Parme, elle était son

1. On reste choqué que le texte, aussi mensonger que stupide, de l'une des plaquettes officielles consacrées à la visite du palais de la Hofburg, à Vienne, ose affirmer que « Zita resta en exil et vécut ses dernières années en Suisse. Ce n'est qu'après sa mort qu'elle put rentrer en Autriche » ! Une inadmissible désinformation ! *In* Ingrid Haslinger et Katrin Unterreiner, Musée de la Hofburg, 2002, p. 19.

dix-septième enfant, et le cinquième issu de ce deuxième lit. Le duc, dernier souverain régnant de Parme, avait été dépossédé de son fief en 1860 par la maison de Savoie, qui régnait désormais sur le royaume de l'Italie enfin unifiée. De ses dix prénoms, Zita est celui que l'histoire retint. Sainte Zita était « une domestique du XIIIe siècle. Patronne des serviteurs, elle offrit un modèle d'humilité : l'exemple marqua sa protégée[1] ». Dans cette famille illustre où coule le sang bleu de plusieurs lignées, on parle naturellement six langues, plus ou moins bien, l'italien par commodité quotidienne, le français, le portugais et l'espagnol par héritage familial, l'allemand, l'anglais. Zita manifestait une plus grande aisance pour le français et l'allemand.

L'enfance et l'adolescence de la princesse sont marquées par deux conditions que le destin continuera de lui imposer pendant des décennies avec une telle force qu'elles se révéleront indissociables de son caractère. D'une part, la dynastie ducale étant déchue, Zita connaît dès son plus jeune âge le sentiment pénible de n'être que de passage, plus ou moins à l'abri, plus ou moins tolérée. On ne savait jamais si son père était un prince français, espagnol ou italien, mais il n'était l'objet d'aucune poursuite ou mesure discriminatoire. Être prince lui suffisait. D'autre part, elle pense aux autres de façon obsessionnelle et quasi mystique, n'oubliant jamais les pauvres, les nécessiteux, même si elle se trouve elle-même dans la gêne. Cette profonde générosité s'exerce aussi dans sa famille, puisque six de ses demi-frères et demi-sœurs sont handicapés. Ces contraintes n'excluent pas une enfance que Zita elle-même qualifiera d'heureuse et gaie : « Notre père

1. Jean Sévillia, *Zita, impératrice courage*, Perrin, 1997.

avait eu vingt-quatre enfants. Cela faisait une bande joyeuse et bruyante[1]. »

La vie de la tribu se partage entre deux résidences : le château de Schwarzau, au sud de Vienne, et en Italie, la villa Pianore, en Toscane. C'est à Schwarzau que Zita, très jeune, rencontre pour la première fois le petit archiduc Charles d'Autriche. Il est son voisin puisque son père, l'archiduc Otto, frère cadet et débauché de l'héritier du trône, l'archiduc François-Ferdinand, réside dans la proche villa Wartholz. En grandissant, Charles « a des vues » sur Zita qu'il retrouve chaque été en Bohême, lors des migrations rituelles que sont les cures en famille. Sincèrement amoureux de Zita dès 1909, il ne se décidera à la demander en mariage qu'après le bal de la Cour du 16 janvier 1911 où la jeune fille fait son entrée dans le monde. Elle a 19 ans. L'assiduité déployée par un rival, le duc de Madrid, auprès de la ravissante et pétillante jeune fille pique au vif l'archiduc un peu timide ; il se déclare, non sans avoir obtenu auparavant l'autorisation de son grand-oncle, l'empereur François-Joseph.

Le souverain, âgé de 81 ans, veuf de Sissi depuis treize années, se réjouit de cette union qui ne lui pose pas les problèmes qu'il avait connus avec François-Ferdinand épousant, contre sa volonté, la comtesse tchèque Sophie Chotek. Ce mariage, inégal et morganatique, stipulait que les trois enfants du couple ne seraient pas dynastes. Dans l'ordre de succession, l'héritier suivant après François-Ferdinand était donc son neveu Charles, puisque le père de

1. Erich Feigl, *Zita de Habsbourg, Mémoires d'un empire disparu*, préface de François Fejtö, traduit de l'allemand par Jacques Denis et Georges-Albert Salvan, « Critérion histoire », Critérion, 1991.

ce dernier, le turbulent et provocant archiduc Otto, avait fort opportunément disparu en 1906. Les fiançailles ont lieu le 13 juin 1911, à Pianore. Zita, un peu distraite, met sa bague de fiançailles dans sa poche au lieu de la glisser à son doigt, selon la tradition. La cérémonie, que l'on peut qualifier, selon le mot d'Erich Feigl, de « dernier grand mariage de l'Europe », a lieu à Schwarzau le 21 octobre 1911. Quelques jours auparavant, Charles, très épris, avait conduit sa fiancée à un meeting aérien à Wiener Neustadt, important centre industriel de Basse-Autriche. Zita dira plus tard que c'est là, au milieu

Le 21 octobre 1911, à Schwarzau, au sud de Vienne, Zita de Bourbon-Parme épouse le futur empereur Charles Ier d'Autriche et Charles IV de Hongrie. À droite, François-Joseph, veuf de Sissi depuis 1898.

des ovations d'une foule enthousiaste, que Charles et elle avaient eu leur premier désaccord. La jeune fille, un peu contrariée de voir son futur époux grisé par les acclamations, avait tenté de le raisonner en évoquant la fragilité des monarchies, lui rappelant le renversement de sa propre famille à Parme, les Autriche-Toscane et les Autriche-Este chassés d'Italie comme les Bragance, la famille de sa mère, l'avaient été du Portugal. Zita lui fit part de ses inquiétudes sur ce qui pourrait se passer en Autriche-Hongrie après la mort du vieil empereur-roi, si unanimement respecté et vénéré aujourd'hui. À Charles, sa fiancée rappelle combien la vie est fragile et le pouvoir éphémère. Cette fulgurante intuition sur leur possible destin laisse l'archiduc accablé. Il l'assure comprendre son inquiétude, mais lui oppose qu'en Autriche il en sera autrement et la prie de ne plus jamais lui en parler. C'est lui qui lui en reparlera huit ans plus tard, le 24 mars 1919, après qu'ils auront franchi la frontière autrichienne vers l'exil. À ce moment pathétique, l'ex-empereur, laconique, dira à son épouse :

– Tu avais raison…

Mars 1914 : François-Ferdinand pressent son assassinat

Du mariage, il nous reste des images photographiées et filmées d'un François-Joseph heureux au milieu d'un essaim de jolies femmes en robes claires, toutes de dentelle, mousseline, satin, organza, rehaussées de perles et de diamants. Il fait manifestement très beau et le jeune couple rayonne de bonheur, particulièrement Zita, les yeux rieurs et le sourire éclatant sous sa tiare de diamants, cadeau de l'empereur à sa nouvelle petite-nièce. Leur voyage de noces les promène à travers l'Empire. Ce périple les conduit à Goritz[1], alors en Autriche et aujourd'hui en Slovénie, où reposent des Bourbons, le roi Charles X et le comte de Chambord, dont le refus du drapeau tricolore français a largement contribué à l'instauration de la République. Puis, c'est Trieste et le château de Miramare, sombre souvenir de Charlotte et Maximilien, éphémères et désastreux souverains du Mexique. Poursuivant leur croisière en Adriatique, les jeunes mariés atteignent les grandioses bouches de Kotor, ce fjord méridional qui est le joyau du Monténégro. En remontant vers la Hongrie et Vienne, ils gagnent Sarajevo, capitale de la Bosnie-Herzégovine, occupée par Vienne depuis 1878 et placée officiellement sous mandat autrichien en 1908. Charles et Zita y sont acclamés. La « poudrière des Balkans », selon le mot de Bismarck, serait-elle devenue paisible ?

Des premières années de leur mariage, il y a peu à dire, sinon qu'ils sont heureux et parents, avec la naissance d'Otto en novembre 1912, puis celle d'Adélaïde en janvier 1914. Le couple s'entend très bien avec l'héritier de François-Joseph, François-Ferdinand, et sa femme, titrée duchesse de Hohenberg. Charles et son oncle partagent la même vision sur la nécessité de réformes dans l'Empire, notamment administratives, mais aussi militaires.

Un soir du printemps 1914, Charles et Zita sont, comme souvent, invités à dîner au Belvédère, le palais viennois où résident François-Ferdinand et sa famille. L'atmosphère dispensée par le couple, très uni, y est intime ; les trois enfants de l'archiduc héri-

1. Goritz est l'appellation en français et en anglais. En allemand, on dit Görz, en italien Gorizia, en slovène Gorica.

tier sont à table avec les adultes. Cependant, le maître de maison est d'humeur sombre. Dès que la duchesse de Hohenberg, son épouse, se lève pour aller coucher Sophie, 13 ans, Maximilien, 12 ans, et Ernst, 10 ans, il déclare brutalement à Charles et Zita :

– Je sais que je vais être assassiné !

Les protestations de ses neveux n'y peuvent rien. François-Ferdinand répète que bientôt il mourra victime d'un attentat. Il poursuit sa macabre prédiction en annonçant à Charles qu'un certain nombre de documents se trouvent sous clé dans son bureau. Ils lui sont destinés et ils pourront lui être utiles. Il termine son entretien en précisant combien il est heureux que les travaux du caveau funéraire de sa propriété d'Artstetten, au bord du Danube, soient enfin terminés. En effet, son épouse n'étant pas dynaste, elle n'a pas le droit de reposer dans la crypte des Capucins ; mais ne voulant pas être séparé, même dans la mort, de la femme qu'il aime, François-Ferdinand a prévu de refuser pour lui aussi la crypte des Capucins. Ce soir-là, en sortant du Belvédère, Charles et Zita sont comme foudroyés. Quel terrible pressentiment hante François-Ferdinand ? Moins de trois mois plus tard, alors qu'ils déjeunent dans le jardin de la villa Wartholz sous un soleil radieux, on apporte à Charles et à Zita un télégramme annonçant que l'archiduc François-Ferdinand et son épouse viennent d'être assassinés à Sarajevo. Nous sommes le 28 juin 1914. On ignore à ce moment que les balles tirées par l'anarchiste serbe Princip sont les premiers coups de feu d'une guerre mondiale. En revanche, Charles et Zita deviennent les nouveaux archiducs héritiers de l'Empire. François-Joseph est contraint de réagir à la provocation qu'est l'assassinat de son propre successeur. Zita évoquera les jours difficiles suivant l'attentat : « Ce furent des semaines

Le 2 août 1914, à Budapest, l'archiduc Charles, héritier du trône d'Autriche-Hongrie après l'attentat de Sarajevo, est accompagné de son épouse Zita pour consolider les liens austro-hongrois.

d'angoisse après la tragédie de Sarajevo. Nous attendions l'issue des délibérations de pourparlers compliqués, maintes fois engagés. Charles n'y fut jamais associé. » Cette étrange éviction peut avoir plusieurs explications. L'empereur juge son petit-neveu trop jeune et trop inexpérimenté pour participer aux tractations. Zita, plus optimiste, pense que c'est pour protéger son mari au cas, très probable, où une guerre serait déclarée. Selon elle, Charles resterait une « page blanche », il n'aurait aucune responsabilité dans le déclenchement du conflit, ce dont il pourrait, le cas échéant, se prévaloir. Tout cela est bien illusoire. Une guerre mondiale et le chaos européen qui s'ensuivrait ne pourraient épargner le successeur de François-Joseph.

Le 28 juillet, à Bad Ischl, dans son bureau et sous un buste de sa chère Sissi, l'empereur signe le décret de mobilisation générale de l'Autriche-Hongrie. L'Europe part en guerre avec la certitude qu'elle sera courte. Encore une illusion, car en raison du jeu mécanique des alliances, le conflit ne pourra rester localisé aux Balkans ; des fronts s'ouvriront partout. Charles et Zita s'installent à Schönbrunn, à la demande de l'empereur qui leur affecte une mission très importante. Le 2 août, à 14 h 30, Charles et Zita descendent de la voiture-salon de leur train spécial en gare de Keleti, l'une des trois que compte Budapest. Si l'empereur ne peut douter de la détermination des troupes autrichiennes, il tient à renforcer le lien des Habsbourg avec la Hongrie en y dépêchant son nouvel héritier et son épouse. La présence de Zita à Budapest a un effet comparable, toutes proportions gardées, à l'engouement suscité par la venue de Sissi chez les Magyars un demi-siècle plus tôt. Enthousiaste, la foule découvre la jeune archiduchesse qui la salue de sa main gantée, et crie : « Vive Zita ! » Cette allégresse trouve ses fondements dans la haine viscérale des Hongrois pour les Serbes (et réciproquement). Pour une fois, l'Autriche se lance dans une guerre qui satisfait le nationalisme hongrois.

1916 : à 24 ans, Zita succède à Sissi comme reine de Hongrie

Pour la jeune archiduchesse, la situation n'est pas simple. En effet, Zita, née Bourbon-Parme, est donc autant française qu'italienne. Si l'Italie est neutre à l'été 1914, la France, depuis le 3 août, est en guerre contre l'Allemagne et, en raison d'un pacte, contre l'Autriche-Hongrie. Les propres frères de Zita font des choix différents : René et Félix serviront sous le drapeau autrichien, pays qu'ils considèrent comme le leur depuis la fondation du royaume d'Italie. En revanche, Sixte et Xavier souhaitent se battre sous les couleurs françaises, mais la loi d'exil de 1889 les en empêche ; ils devront attendre août 1915 pour être incorporés dans un régiment belge. Charles parti pour le front en Galicie (partie autrichienne de la Pologne), Zita reste à Vienne, s'occupant de soulager les misères, autant celles des civils que celles des militaires. Le 8 mai 1915, elle accouche de son troisième enfant, Robert, et, le 31 mai 1916, c'est un nouveau fils qui voit le jour, Félix. Entretemps, Charles tente de concilier sa présence sur les fronts, où il inspecte les troupes, avec son initiation aux affaires intérieures et diplomatiques. François-Joseph lui demande fréquemment son avis. Après l'exclusion dont il avait été victime avant la déclaration de guerre, l'archiduc est maintenant traité par l'empereur comme son successeur. Le 11 novembre 1916, le souverain souffre d'une pneumonie. Son état est si alarmant que Charles revient en hâte du quartier général de Transylvanie où il se trouvait, accompagné de Zita. Mais dix jours plus tard, après soixante-huit ans de règne, l'un des plus longs de l'histoire, le vieil empereur s'éteint à Schönbrunn, dans la pièce où il était né en 1830. Le 30 novembre, dans Vienne pétrifiée et enneigée, ses funérailles, célébrées selon l'impressionnant protocole des Habsbourg, sont filmées. L'Empire est sous le choc. Charles suit le char funèbre à pied. À ses côtés, Zita est intégralement drapée de noir. Entre eux, la charmante

Vienne, 30 novembre 1916. François-Joseph est mort après soixante-huit ans de règne. Son cercueil est suivi par son successeur, Charles Ier, son épouse Zita, entièrement voilée de noir, et leur fils, l'archiduc Otto, âgé de 4 ans.

silhouette blonde du petit archiduc héritier, Otto, âgé de 4 ans, vêtu de blanc, mais cravaté de noir. Ce trio qui avance sous les regards de la foule orpheline symbolise le présent et l'avenir d'un État multinational où les nombreuses aspirations de ses peuples sont exacerbées par les échecs militaires.

Un mois plus tard, afin de réaffirmer la solidité de l'ensemble, très original, qu'est la monarchie austro-hongroise, Charles et Zita sont couronnés à Budapest roi et reine de Hongrie. La cérémonie est presque surréaliste : en pleine Première Guerre mondiale, le lourd carrosse du couronnement, extrait de la réserve de Schönbrunn, est démonté et arrimé sur un chaland qui descend le Danube jusqu'à la capitale hongroise où il sera tiré par huit forts chevaux blancs. Tous les rites royaux seront respectés. Zita, comme Erzsébet (Sissi) en 1867, coud de sa main, avec du fil d'or, un morceau de tissu rajouté au manteau du sacre qui remonte au premier souverain de Hongrie. C'était au XIe siècle et Zita, profondément catholique, est émue de s'inscrire dans la tradition de la Hongrie très tôt christianisée, dans le souvenir de saint Étienne. Le 30 décembre, c'est en l'église Saint-Mathias, sur la colline de Buda, que Charles IV de Hongrie reçoit la splendide couronne surmontée d'une croix oblique, tandis que Zita est coiffée de la couronne spécialement confectionnée en 1867 pour Sissi.

Zita incite deux de ses frères à demander une paix séparée

Autant le couronnement de François-Joseph et d'Élisabeth avait été un symbole de paix et de confiance en l'avenir, autant

Budapest, 30 décembre 1916. Une cérémonie presque surréaliste en pleine Première Guerre mondiale : Charles et Zita sont couronnés roi et reine apostoliques de Hongrie. La monarchie austro-hongroise affiche son unité.

celui de Charles et de Zita ne peut dissimuler les réalités d'une guerre trop longue, dévastatrice et incertaine. L'empereur-roi Charles, horrifié par le spectacle tragique de son armée meurtrie et la désolation des populations civiles affamées, est persuadé qu'il doit mettre fin, le plus vite possible, à cette boucherie. Zita est en accord complet avec son époux, au point que l'on peut se demander qui inspire l'autre. La situation familiale de Zita est devenue encore plus complexe depuis l'entrée en guerre de l'Italie aux côtés des Alliés en mai 1915. À l'inconvénient d'être d'origine française, Zita ajoute celui de ses racines italiennes. Pour elle, cela ne compte pas, elle est devenue Autrichienne par son mariage, totalement dévouée à son mari et à sa nouvelle patrie. Charles a des idées pour rénover l'Empire sclérosé par le trop long règne de François-Joseph. Il propose la création d'un ministère de la Santé et des Affaires sociales qui sera effectif le 24 novembre 1917, pose les prémices de l'assurance maladie, améliore la protection des locataires et projette de réformer la Constitution pour faire de l'Autriche-Hongrie un État fédéral, reprenant une idée très chère à François-Ferdinand. Mais la priorité est la paix. Zita s'engage avec lui dans une démarche qui, si elle avait abouti, aurait pu sauver des centaines de milliers de vies. L'impératrice-reine pense à ses deux frères, les princes Sixte et Xavier, officiers dans l'armée belge et très proches des autorités françaises, en particulier du président de la République Raymond Poincaré. Ils pourraient être les intermédiaires dans une négociation de paix séparée avec la France. Sixte et Xavier de Bourbon-Parme sont reçus dans le plus grand secret par Charles et Zita le 23 mars 1917 au château de Laxenburg, près de Vienne. L'affaire achoppe sur les prétentions territoriales italiennes et, à Paris, le président du conseil Alexandre Ribot divulgue ces tractations devant la Chambre des députés. La révélation de cette manœuvre avortée déchaîne la colère de Berlin. Charles et Zita, pacifistes sincères, sont considérés comme des traîtres à l'alliance germano-autrichienne. L'écrivain Anatole France, pourtant peu suspect de sympathies monarchistes, écrira : « Ribot est une vieille canaille d'avoir négligé une pareille occasion. »

La guerre continue donc alors que les mouvements pacifistes et les mutineries hypothèquent le succès des armes. En France, Clemenceau, appelé à la présidence du Conseil le 17 novembre 1917, remobilise le pays pour un seul but, la victoire, excluant vigoureusement toute idée préalable d'arrêt des combats. Son objectif est le démembrement des empires. Par idéologie haineuse, il fustige la tentative « d'un Habsbourg époux d'une Bourbon ». Le « Tigre » refuse d'être l'obligé d'un monarque bigot. Le 3 mars 1918, la paix de Brest-Litovsk, demandée par la Russie bolchevique, est signée notamment par l'Autriche-Hongrie. Une semaine plus tard, Zita met au monde un cinquième enfant, l'archiduc Charles-Louis.

Cette nouvelle maternité ne l'empêche pas d'accompagner son mari lors d'une visite officielle le 19 mai à Constantinople auprès de l'allié ottoman. « En ces temps douloureux, dira Zita, notre séjour à Constantinople fut une manifestation éclatante en faveur de la paix et une confirmation de notre alliance. » Dans les convulsions de leurs empires, le sultan affronte des problèmes comparables, mais encore plus aigus que le successeur de François-Joseph. Zita et son mari se souviennent-ils que les Turcs ont été arrêtés à deux reprises aux portes de Vienne ? L'empereur, arrivé en uniforme de maréchal hongrois, tente de

L'impératrice-reine Zita, le 19 janvier 1917. Elle s'apprête à soutenir la tentative de paix séparée avec la France, proposée par deux de ses frères. Mais Paris refuse et la guerre continue.

rassurer le sultan Mehmed V, inquiet de la situation. Cette parenthèse diplomatique est d'un faste aussi incroyable qu'inutile. « Le soir, une réception eut lieu au palais de Dolmabahçe. L'immense salle du palais, situé au bord de la mer, les lustres éblouissants, les couverts d'or et d'argent, les costumes historiques, pittoresques, tout cela se fondait en un unique et grandiose conte des *Mille et Une Nuits*. L'impératrice portait un diadème de diamants de taille inhabituelle dont tout Istanbul parla longtemps. L'allure jeune et virile de l'empereur et le charme de l'impératrice, la magie de la fête… Cette nuit demeura inoubliable pour tous ceux qui la vécurent[1]. » Mais il était trop tard. Les roses du Bosphore furent vite fanées par le recul des armées des empires centraux.

1918 : Zita, furieuse, s'oppose à l'abdication de son mari

À l'automne, le destin de l'Europe centrale est déjà aux mains des nationalismes soutenus par les Alliés. Le 29 octobre, les provinces de Bohême et de Moravie proclament leur indépendance pour constituer la République tchécoslovaque, tandis que les Slaves du Sud se séparent de l'Empire dans le dessein de former la Yougoslavie. Le 1er octobre, les partisans de la République prennent le pouvoir en Hongrie : elle est proclamée le 16 novembre. Le 3 novembre, ce qui reste de l'Autriche-Hongrie signe l'armistice. Le 11 novembre au matin, dans un petit salon du château de Schönbrunn, après des heures de résistance, l'empereur, de guerre lasse, cède. Avec un crayon sorti de sa

1. Erich Feigl, *op. cit.*

poche, il appose sa signature au bas d'un texte que lui ont soumis son Premier ministre et le ministre de l'Intérieur qui attendaient, impatients, dans un salon voisin. Charles de Habsbourg-Lorraine renonce temporairement à exercer le pouvoir en qualité d'empereur Charles Ier d'Autriche. Zita est furieuse. Soixante-quatre ans après ce moment dramatique, elle m'a dit d'une voix déterminée : « J'aurais préféré mourir plutôt que de voir mon mari admettre son élimination. Il n'avait cessé de supplier qu'on arrête la guerre et c'était lui qu'on rendait responsable de la défaite. Quelle injustice ! » L'impératrice juge avec raison que, quel qu'en soit l'habillage, il s'agit en fait d'une abdication. Mais elle ne concerne que la scène publique autrichienne. Charles croit conserver sa légitimité en Hongrie en restant, officiellement, le roi Charles IV. Mais l'œuvre patiemment édifiée par les Habsbourg peut-elle survivre à une telle amputation ? Zita le pense, son mari aussi.

Abandonnant un Schönbrunn déjà désert, la famille impériale s'installe au château d'Eckartsau, proche des champs de bataille napoléoniens d'Essling et de Wagram. C'est un petit relais de chasse où rien n'a été prévu. Il y fait très froid, la nourriture manque. L'exil commence, un exil intérieur sous la forme d'une assignation à résidence. Un émissaire britannique, envoyé par Londres, informe Charles et Zita qu'ils ne sont pas en sécurité et leur conseille de quitter l'Autriche rapidement. L'assassinat de l'ex-tsar Nicolas II et de sa famille pourrait exciter des révolutionnaires. Le 23 mars 1919, les anciens souverains et leurs cinq enfants – Zita est de nouveau enceinte – montent dans un train à destination de la Suisse. Deux mille sympathisants, en majorité des paysans et des anciens combattants, sont sur le quai de la petite gare de Kopfstetten. Ils entendent, pour la dernière fois, l'hymne impérial en leur honneur. Le lendemain, à l'aube du 24 mars, l'écrivain et biographe Stefan Zweig, qui s'était fermement opposé à la guerre, est témoin à la frontière austro-suisse de ce départ pour l'exil : « Je reconnus derrière la glace du wagon la haute stature dressée de l'empereur Charles, le dernier monarque Habsbourg, et son épouse en vêtements noirs, l'impératrice Zita. Je tressaillis : le dernier empereur d'Autriche, l'héritier de la dynastie qui avait gouverné le pays pendant sept cents ans, quittait son empire ! L'empereur ! Ce mot avait réuni toute la puissance, toute la richesse, il avait été le symbole de la pérennité de l'Autriche et, dès l'enfance, on avait appris à prononcer ces syllabes avec vénération. Et maintenant, je voyais son successeur, le dernier empereur d'Autriche, quitter le pays en proscrit. Tous ceux qui nous entouraient sentaient l'Histoire, l'Histoire universelle dans ce spectacle tragique. »

Dans un premier temps, la famille est accueillie par la mère de Zita, la duchesse de Parme, en son château de Wartegg déjà surpeuplé par la nombreuse parentèle Bourbon-Parme, au bord du lac de Constance. Quinze jours plus tard, les exilés emménagent à Prangins, propriété des Bonaparte, sur les bords du lac Léman.

Zita ne décolère pas contre la mauvaise foi des Alliés, auxquels elle n'a jamais pu pardonner : « Mon mari fut le seul chef d'État impliqué dans la guerre – malgré lui – qui ait demandé son arrêt immédiat dès qu'il fut au pouvoir. » Charles, qui avait hérité de deux ans de guerre, était conscient de la fragilité de son empire, avec ses quinze ethnies différentes, cinq religions et des minorités aussi turbulentes que susceptibles. Mais les Alliés, aveugles et sourds, n'avaient cessé de dénigrer son « pacifisme rétrograde » et son « fétichisme religieux ».

Subissant l'influence de conseillers ambitieux ou mal informés, l'ex-empereur tente une reconquête du pouvoir en Hongrie fin mars 1921. Zita, qui vient d'accoucher de son septième enfant, Charlotte, ne l'accompagne pas. L'opération, bien que discrètement préparée, tourne vite au fiasco : à Budapest, le régent, l'amiral Horthy, ancien aide de camp de François-Joseph, traître à la cause des Habsbourg, refuse de se démettre. Une seconde tentative de restauration est organisée en octobre, cette fois avec Zita. À l'arrivée du couple en avion, Horthy réplique par les armes. Les anciens souverains, affolés par la menace d'une guerre civile, renoncent. Charles

Octobre 1921. La seconde – et dernière – tentative de restauration monarchique en Hongrie. À la gare de Torbagy, le long d'un train sanitaire, l'aumônier de la division Oestenburg célèbre la messe. Agenouillés, Charles et Zita.

et sa femme sont prisonniers du régent félon. Zita reconnaîtra la naïveté de leur entreprise. La Hongrie, sur laquelle ils comptaient, ne pouvait se soulever pour eux alors que le traité de Trianon du 4 juin 1920 avait démantelé le territoire magyar, réduit sa superficie de deux tiers et sa population de 21 à 8 millions d'habitants, tandis que sur ses décombres de nouveaux États étaient issus de la conférence de la paix à Versailles. Ce nouvel échec de Charles et de Zita est cinglant. Si, selon le mot d'un politicien viennois le 11 novembre 1918, « l'Autriche est une république sans républicains », les héritiers de l'Empire disloqué doivent se résigner à une amère réalité : la Hongrie, leur ultime espoir, est désormais un royaume sans roi dirigé par un amiral sans escadres. Ils n'y ont plus leur place.

L'exil à Madère se révèle un calvaire où Zita pleure son mari

Les Alliés décident pour eux : le 7 novembre 1921, Charles et Zita sont remis aux Britanniques. Après avoir descendu le Danube sur un petit bâtiment de la Royal Navy, puis s'être rendus par le train jusqu'à la mer Noire, ils sont embarqués à bord du croiseur britannique HMS *Cardiff*. À Istanbul, par télégramme, ils reçoivent enfin des nouvelles de leurs enfants, pour la première fois depuis dix-huit jours. Le couple ignore encore sa destination finale. C'est à Gibraltar que les souverains déchus apprennent que ce sera l'île de Madère. Charles et Zita y débarquent le 19 novembre 1921. Une annexe du célèbre palace le Reid's, la villa Victoria, est mise à leur disposition par son propriétaire, un banquier portugais. Une semaine après leur arrivée, le couple apprend que le jeune archiduc Robert, âgé de 6 ans, doit être opéré de l'appendicite ; il est toujours en Suisse avec ses frères et sœurs. Les enfants sont autorisés à rejoindre leurs parents à Madère, mais Robert doit subir l'intervention chirurgicale avant leur départ. Zita, qui est de nouveau enceinte (de six mois), obtient la permission de venir à son chevet lors de cette épreuve. Elle quitte Madère le 4 janvier 1922 et n'arrivera à Zurich que le 12. On imagine le périple solitaire et pathétique de cette mère qui, il y a seulement trois ans, était encore impératrice et reine, et est maintenant abandonnée de tous, à l'exception de quelques fidèles. Son voyage, exténuant, est soumis à des conditions humiliantes puisqu'elle ne pourra aller voir ses autres enfants à Wartegg où ils se trouvent auprès de leur grand-mère Bourbon-Parme. Ce sont eux qui devront se rendre auprès d'elle à la clinique zurichoise. À Zurich, Zita n'est autorisée à rencontrer que les membres de sa famille et son mandataire chargé de négocier des bijoux personnels. Elle est traitée comme une personne dangereuse, on craint qu'elle ne gagne la Hongrie avec son fils Otto ! Heureusement, l'opération de son fils est satisfaisante et Zita est sommée de quitter le territoire helvétique le 22 janvier.

Soutenue par son frère Xavier, elle traverse la France et gagne l'Espagne où le roi Alphonse XIII et son épouse l'accueillent selon son rang, pour la première fois depuis novembre 1918. Les enfants la rejoignent le 27 janvier et tous s'embarquent à Lisbonne pour retrouver leur mari et père à Madère. La joie d'être de nouveau réunis après toutes ces épreuves est assombrie par une mauvaise nouvelle que rapporte Zita à son époux : « l'homme de confiance » à qui ils avaient confié leurs bijoux familiaux s'est volatilisé dans la nature. Ils n'ont donc plus aucun moyen de subsistance. Rapidement, Charles et Zita décident de quitter la villa Victoria pour s'installer dans une propriété située sur les hauteurs de Funchal, la Quinta do Monte, prêtée gracieusement. Le problème de Madère est que, s'il fait souvent beau sur la côte, les collines sont en revanche fréquemment embrumées, voire enfouies dans les nuages. Il fait froid et humide dans leur nouvelle résidence ; ses occupants n'ont pas les moyens de se chauffer ni même de se nourrir décemment. L'ex-empereur, déjà usé par les tourments de la guerre et par ses soucis de chef d'État, par le remords de son abdication forcée, par ses échecs humiliants en Hongrie, est physiquement très affaibli. Il prend froid le 9 mars. Ce qui n'était qu'un rhume se transforme en pneumonie car il n'a pas voulu, par souci d'économie, que l'on fasse venir un médecin. Charles meurt le 1er avril 1922 d'une pneumonie, mais surtout d'isolement, d'abandon et de dénuement. L'aîné des enfants, l'archiduc Otto, alors âgé de 9 ans, se souvient des derniers moments de son père : « Un peu avant 9 heures en ce 1er avril, notre mère entra dans le jardin. Elle portait une robe rose, légère ; ce fut la dernière fois que je la vis avec un vêtement de couleur. Elle vint me chercher ; tout d'abord, elle ne dit rien. Cependant, lorsque nous approchâmes de la maison – mes frères et sœurs ne risquaient plus de l'entendre –, elle me dit que mon père m'avait fait appeler pour que je fusse témoin du retour d'un chrétien à son Créateur[1]. » Le jour de leur mariage, Zita avait entendu Charles lui dire : « Maintenant, nous allons nous aider mutuellement à gagner le Ciel. » Le dernier empereur était d'abord un chrétien, un homme très bon, mais sans doute dépassé par les ambitions rouées de ses adversaires et chargé d'un

1. Jean Sévillia, *op. cit.* ; Erich Feigl, *op. cit.*

fardeau trop lourd, cette guerre qu'il n'avait pas déclarée et qu'il avait été le seul à vouloir arrêter. Sa lucidité avait gêné d'obscurs mais puissants intérêts. Charles était plus un saint qu'un militaire et un politique. Les Alliés le traitèrent d'une manière dégradante.

On en a une preuve surprenante. Ainsi que me l'a fait observer Zita, il était révoltant de voir la différence de traitement réservé aux deux familles dont les souverains avaient déclaré ou conduit la guerre. Guillaume II, qui avait abdiqué le 28 novembre 1918, ne subit aucune vindicte des vainqueurs et se réfugia aux Pays-Bas, où il écrivit ses *Mémoires*. Il osa même demander à la république de Weimar qu'on lui restituât « ses biens et ceux de sa famille ». Il obtint le versement de 6 millions et demi de marks-or et, à partir de 1924, une pension de 50 000 marks-or lui fut servie chaque mois, même aux pires moments de la crise financière en Allemagne. Pourquoi l'empereur d'Allemagne eut-il droit à tant d'égards alors que celui d'Autriche, banni, décéda prématurément, à 35 ans, dans la misère ? Pourquoi cette injustice entre les Hohenzollern et les Habsbourg ?

Zita se retrouve dans une situation précaire et de nouveau enceinte

Sa dernière fille, Élisabeth, qui me recevait en 1982, n'a pas connu son père. Elle naît le 31 mai, près de Madrid. C'est grâce à la générosité du roi d'Espagne Alphonse XIII que Zita et ses huit enfants, presque sans argent, sont accueillis au palais du Pardo. On notera l'originalité de la situation puisque, plus de deux siècles après l'éviction de la maison d'Autriche de ses droits à la couronne espagnole, un monarque Bourbon protège la veuve du dernier souverain Habsbourg dans une ancienne résidence de chasse édifiée par les Habsbourg ! Mais Zita ne peut faire face financièrement à son installation au Pardo. Émus par la détresse de l'ancienne impératrice (elle a 30 ans), les habitants d'un village de Biscaye, Lequetio, réunissent 25 000 pesetas et offrent une maison aux réfugiés, y installant l'électricité et accomplissant divers travaux indispensables. Les exilés y résident jusqu'en 1929.

Vers 1925, à Lequetio (Espagne) où Zita et ses huit enfants vivent en exil, cette photo rassemble, de gauche à droite, l'archiduc Otto, ses sœurs et frères Etelka (Adélaïde), Robert, Félix, Charles-Louis, Rodolphe, Sarolta (Charlotte) et Élisabeth, l'archiduchesse posthume.

Zita doit souvent écrire au roi Alphonse XIII pour lui demander un peu d'argent quand, par exemple, son fils Otto ne peut sortir de sa chambre pendant quarante-huit heures parce que le cordonnier du village ressemelle son unique paire de chaussures. Zita ne se sent pas humiliée. Vivifiée par sa foi, elle se contente de murmurer une gratitude édifiante : « C'est tout de même une grande chose d'être à ce point dans la main de Dieu. »

En 1929, Zita et les siens sont hébergés dans un château près de Bruxelles afin qu'Otto, en qui sa mère place tous ses espoirs, puisse suivre les cours de l'université de Louvain. Zita s'accroche à l'idée d'une restauration de la monarchie en Autriche quand les décrets « anti-Habsbourg » de 1919 sont partiellement abolis et qu'on lui restitue deux châteaux ainsi que cinq maisons à Vienne. Mais, comme on le sait, la situation en Autriche est fort différente, et bientôt Zita a peur pour son fils devenu la bête noire de Hitler après l'Anschluss, en mars 1938. Il faut fuir ses commandos SS chargés de l'éliminer. Otto est devenu le porte-parole éclairé et lucide d'une Europe fracassée qui, une fois encore, court vers l'abîme. On ne l'écoute pas. Le 19 juin 1940, l'archiduc et sa mère se présentent à la frontière franco-espagnole. Un douanier les reconnaît et les laisse passer. Les voici au Portugal. Le 16 juillet, Zita part pour les États-Unis. Finalement, elle s'installe au Canada francophone avec ses quatre plus jeunes enfants grâce à l'évêque de Québec qui leur procure un logement. Ils pourront continuer leurs études en français. Otto poursuit auprès du président Roosevelt son combat pour tenter de préserver l'Autriche lors du futur inévitable partage de l'Europe. L'archiduc, d'une intelligence visionnaire, avertit Churchill que Vienne risque de passer intégrale-

Washington, 1er février 1948. Lors d'un déjeuner féminin, Zita, infatigable, prend la parole pour récolter des fonds et des dons en faveur de l'Autriche occupée par les Alliés.

ment sous occupation soviétique. Reste à convaincre Roosevelt. À ce moment, Otto est au fond de son lit, terrassé par une grippe. C'est Zita qui le remplace, le 11 septembre 1943, pour plaider la cause de l'Autriche et du statut de Vienne auprès du président des États-Unis. À la fin de la guerre, l'ex-impératrice parcourt le Canada en devenant la conférencière de l'Europe souffrante, des villes ravagées, des populations démunies, voire déplacées. En bref, elle réclame au Nouveau Monde un élan de générosité – et de lucidité – en faveur de la vieille Europe meurtrie. Ses conférences ayant du succès, elle continuera en 1946 et 1948 aux États-Unis avec la même énergie, récoltant des dons et des colis à destination de l'Autriche occupée. L'ancienne souveraine voyage en troisième classe et fait toujours l'aumône de ses maigres deniers. L'exemple de la grandeur dans la simplicité. Si Otto et Zita n'ont cessé de se battre efficacement pour atténuer les conséquences dramatiques du découpage de l'Europe et les souffrances de la population autrichienne, on ne peut pas dire que l'Autriche, retrouvant enfin, le 16 mai 1955, son indépendance grâce au traité du Belvédère, leur en témoignera une reconnaissance empressée[1].

Vient le temps des premiers mariages des enfants de Zita et de Charles : Élisabeth épouse le prince Heinrich de Liechtenstein en 1949 et Charles-Louis s'unit, en 1950, à la princesse Yolande de Ligne.

1. Voir, du même auteur, *La Saga des Habsbourg*, Perrin, 2010, rééd. 2011.

Nancy, 10 mai 1951 : Zita marie Otto dans une ville en liesse

L'ancienne capitale des ducs de Lorraine est en fête. L'archiduc Otto, qui, entre autres titres, porte celui de duc de Lorraine, était toujours célibataire à près de 39 ans. Il épouse Regina de Saxe-Meiningen, 26 ans. La veille de la cérémonie, un dîner de gala est donné à l'hôtel Excelsior. Otto arbore le collier de la Toison d'or dont il est le grand maître. Le lendemain, le cortège nuptial traverse Nancy à pied, escorté de soldats en uniforme de la monarchie hongroise. Ces scènes, empruntées à l'ancien empire de Zita, sont une revanche pour elle. Derrière la traîne de la mariée, tenue par huit demoiselles d'honneur, l'ex-impératrice-reine, toujours en noir, est au bras du duc de Saxe-Weimar. La mariée est coiffée d'un diadème offert par sa belle-mère qui l'avait elle-même reçu de François-Joseph en cadeau de mariage. À sa belle-fille, Zita, radieuse, a remis les insignes en diamants de l'ordre de la Croix étoilée qu'elle portait le jour de ses noces avec Charles, distinction féminine dont l'épouse du chef de la maison d'Autriche est la protectrice depuis près de deux siècles. La foule républicaine acclame fièrement le couple entouré de l'aristocratie européenne. Plus de 80 000 personnes ne veulent rien perdre de ce spectacle étonnant. Il appartient à la mémoire de l'Europe. En 2001, pour leurs noces d'or, Otto et Regina accompliront un nouveau pèlerinage lorrain. Le maire, André Rossinot, les recevant officiellement à l'hôtel de ville, rendra hommage aux principes humanistes de l'archiduc, inlassable messager de valeurs universelles et haute figure de la construction européenne : « Tolérance, générosité, ouverture aux autres. Comment ne pas reconnaître que vous les devez aussi très largement à votre mère, l'impératrice Zita, femme d'une grandeur d'âme exceptionnelle ? »

Après le mariage d'Otto, Zita, infatigable, retourne aux États-Unis. La curiosité puis l'intérêt qu'elle avait suscités pendant la guerre déchaînent l'enthousiasme. Elle et Otto n'avaient-ils pas eu raison face aux démocraties naïves ? Ses autres fils Rodolphe et Robert se marient aussi en Europe. Puis Zita, qui ressent le besoin de se rapprocher de sa famille, s'installe à partir de 1953 au château de Berg, au grand-duché de Luxembourg, avec sa mère. À la mort de celle-ci en 1959, sa fille n'est pas autorisée à assister à ses obsèques qui se déroulent en territoire autrichien. Dès la libération de l'Autriche, les socialistes, revenus au pouvoir, avaient remis en vigueur la loi d'exil frappant les Habsbourg. L'ingratitude et la mesquinerie semblent sans limites.

Ensuite, voyageant tantôt en Belgique, tantôt en Allemagne chez ses enfants, elle décide de se retirer à Zizers, en Suisse, dans un ancien couvent, en 1962. Elle a 70 ans. Elle s'installe dans trois petites pièces ; le mobilier, modeste, appartient à l'institution. Zita prie et travaille beaucoup, écrivant sur une machine à écrire portative, dactylographiant chaque jour des dizaines de lettres. Elle répond à un courrier d'une importance insoupçonnée, souvent à la main. Chaque jour, debout à 5 heures, elle lit trois grands journaux (un autrichien, un français et un américain d'audience internationale) et écoute plusieurs radios germanophones. La télévision est rare ou inconnue et les pensionnaires s'en passent fort bien. Sa Majesté est suffisamment informée du chaos du monde. Ne se plaignant jamais, elle veille à ce que son retrait de la société soit le plus actif possible. Elle n'en sortira que

À Zizers (Suisse), où elle s'est retirée depuis 1962, Zita présente, le 17 mai 1982, son arrière-petite-fille Adélaïde, fille du prince et de la princesse Vincent de Liechtenstein. L'impératrice fête son quatre-vingt-dixième anniversaire.

vingt années plus tard pour enfin retrouver Vienne et l'Autriche dans une apothéose que méritaient son inlassable autorité morale, sa foi, son courage et sa discrétion. Même les menaces de mort qu'elle avait reçues, notamment en France, n'avaient pu intimider cette femme que l'échec ne découragea jamais.

Vienne, 1er avril 1989 : la revanche posthume de Zita

Depuis son retour et ses déplacements en Autriche où elle était accompagnée d'une foule de jeunes admirateurs fascinés par cette petite femme perpétuellement vêtue de noir, l'Europe d'avant 1914 revenait à la mode. L'imminence de la chute de l'univers communiste et la fin de l'antagonisme Est-Ouest donnaient à la personnalité et au destin de Zita un relief qu'ils n'auraient jamais eu vingt ans plus tôt. L'impératrice-reine était l'ultime incarnation du monde d'hier et d'avant-hier, digne du talent magistral de Stefan Zweig qui, justement, l'avait connue. Zita faisait la une des journaux, les médias fouillaient leurs archives, parfois pauvres. Certains « spécialistes » qui l'avaient crue morte depuis longtemps donnaient désormais leur opinion sans vergogne.

Zita s'éteint le 14 mars 1989, à Zizers, dans sa quatre-vingt-dix-septième année. Si son retour n'avait pas été autorisé sept ans plus tôt et s'il n'avait pas eu un retentissement aussi spectaculaire, sa disparition, dans le canton des Grisons, aurait sans doute été discrète. Par une grâce du ciel, les funérailles de la veuve de Charles se déroulent, selon le vœu de Zita, le jour anniversaire du décès du dernier empereur-roi.

Vienne, 1er avril 1989. C'est un samedi. Pour la première fois depuis la mort de François-Joseph, la cérémonie applique l'impressionnant protocole d'autrefois, celui de la Cour au temps de l'empire des Habsbourg.

Du musée des Carrosses de Schönbrunn, on a extrait le monumental corbillard des souverains. Il est tiré par six chevaux noirs qu'il a fallu entraîner à obéir à un cocher d'origine tchèque.

Le centre de Vienne est dense d'une foule en deuil d'autrefois, émue, silencieuse. Un million de personnes constituent un chiffre considérable dans un pays comptant alors environ huit millions d'habitants. Ces obsèques prennent l'allure d'une cérémonie nationale, avec ses partisans et ses détracteurs. Le président de la République, Kurt Waldheim, y assiste, ce qui aggrave les critiques dont il fait l'objet depuis que l'on a « découvert » sa compromission avec le régime national-socialiste. Le maire de Vienne, le socialiste Helmut Zilk, est non seulement présent, mais il s'est fait précéder d'une couronne de fleurs dont le ruban porte la devise des Habsbourg-Lorraine, *Pietate et Concordia* (« Piété et bonne entente »), qui était celle du frère de Marie-Antoinette, l'empereur Joseph II, très imprégné de l'esprit fraternel des lumières. En revanche, le chancelier autrichien, le socialiste Franz Vranitzky, s'illustre par sa regrettable absence et un commentaire déplacé sur « Mme Zita Habsbourg, une personne privée » ! La mémoire courte du chef du gouvernement est en décalage complet avec l'ampleur de l'écho médiatique consacré à ces obsèques. En France, grâce à la personnalité de Frédéric Mitterrand, Antenne 2 retransmet les images émises par la télévision publique autrichienne. Un Himalaya de reportages, de numéros spéciaux, de rétrospectives retracent la vie de la dernière impératrice. Dans une éblouissante synthèse, à Londres, le *Daily Mail* titre : *Every Inch of an Empress*. Ce que l'on pourrait traduire, approximativement, par : « Une impératrice de la tête aux pieds. »

Devant la double porte de l'église des Capucins, le maître de cérémonie, qui remplit l'office de chambellan du temps de la monarchie, frappe la porte avec sa canne à pommeau d'argent. Le rite commence. Derrière la porte, près de l'escalier qui conduit à la crypte, le frère portier pose la première question :

– Qui demande à entrer ?

La réponse décline les cinquante-trois titres de la défunte.

– Je ne la connais pas.

Une deuxième fois, la canne du maître de cérémonie heurte la porte.

– Qui demande la permission d'entrer ? demande de nouveau le capucin.

– Zita, Sa Majesté l'impératrice et reine.

– Je ne la connais pas.

Enfin, le maître de cérémonie frappe une troisième fois.

– Qui demande la permission d'entrer ?

– Zita, un être mortel, une pécheresse.

– Qu'elle entre.

Alors, porté par six Tyroliens en tenue traditionnelle, le cercueil est descendu jusqu'à la crypte. Il sera longtemps déposé dans un caveau provisoire. Le contribuable de l'Autriche républicaine ne fut pas sollicité pour l'adieu à Zita, les frais des funérailles ayant été entièrement supportés par sa famille. Si Zita avait toujours enchanté ses partisans, elle a fini par forcer l'admiration de la plupart de ses adversaires. La dernière impératrice-reine partageait cette réflexion de son fils aîné l'archiduc Otto, disparu en 2011 : « Pour être un bon Européen, il faut être un bon patriote. »

Astrid, reine des Belges

Adorée dans sa vie, adulée dans sa mort

L'un des plus célèbres portraits de la reine Astrid.
Sur cette photographie de 1934, l'épouse de Léopold III,
quatrième souveraine des Belges,
irradie de sa légendaire beauté scandinave.

Une scène inhabituelle : la princesse royale Astrid et sa fille (qui tire la langue !), la princesse Joséphine-Charlotte, se mêlent à la foule pour assister à un défilé, sans protocole ni gouvernante.

C'est une image insolite, surprenante. La scène est photographiée en 1933 et aura un tel effet sur l'opinion qu'elle sera même éditée en carte postale. À Bruxelles, boulevard du Régent, au bord d'un trottoir et au milieu d'une foule qui semble attendre un événement agréable, une jeune femme tient par les mains une petite fille agitée et rieuse. Un cliché banal ? Non, car la maman, grande et jolie, n'est autre que la princesse Astrid, l'épouse du prince héritier Léopold, et la fillette est leur premier enfant, Joséphine-Charlotte, future grande-duchesse de Luxembourg et sœur des futurs rois des Belges Baudouin et Albert II. Sans escorte visible, la belle et radieuse Astrid bouscule gentiment le protocole de la cour de Belgique. Sur ce document, la princesse est d'abord une mère et une épouse, fière de voir passer son mari en tête d'un défilé militaire, simplement, spontanément, avec une gentillesse naturelle. Pour Astrid, il est dans l'ordre des choses et important que la petite fille soit elle aussi heureuse d'assister à cette cérémonie où son papa en uniforme est sur son beau cheval. Une future reine des Belges poussant elle-même, dans les rues de Bruxelles, le landau de ses très jeunes enfants, cela ne s'était jamais vu et tout le monde en parlait dans un affectueux mélange de respect et d'étonnement. Avec Astrid, un air frais égayait l'atmosphère un peu austère de la famille royale. Sur ce document figure aussi la plus proche amie d'Astrid qu'elle a connue lors de son sixième anniversaire, en 1911. Il s'agit d'Anna Adelswärd, plus tard comtesse Anna Spare, sa contemporaine, écrivain de talent, qui a laissé un magnifique témoignage sur sa longue amitié avec Astrid[1].

Une princesse de conte de fées

D'où venait donc cet air frais qui avait rajeuni et vivifié la monarchie des Saxe-Cobourg ? Il arrivait du Nord, du pays des sirènes, des fées, des forêts des contes d'Andersen, des légendes qui parlent d'un enfant survolant la Suède en chevauchant un jars à la suite d'oies sauvages. Astrid ? Une belle histoire qui avait commencé dans la blanche et rare lumière des hivers nordiques.

Donc, il était une fois une princesse née le 17 novembre 1905 à Stockholm, dans le palais du prince Carl de Suède, l'un des trois fils du roi Oscar II. Carl, âgé de 44 ans, est l'arrière-petit-fils du tonitruant maréchal napoléonien Bernadotte devenu roi de Suède sous le nom de Charles-Jean XIV. Une spectaculaire promotion pour un soldat de la Révolution française connu sous le sobriquet de « sergent Belle-Jambe » ! La mère du nourrisson, la princesse Ingeborg de Suède, était née princesse de Danemark. Quand on sait que la Suède et la Norvège avaient constitué un seul royaume jusqu'en 1905 et venaient de rompre cette union, on imagine que la nouveau-née, une Bernadotte, incarne une véritable synthèse scandinave élaborée en 1815 au congrès de Vienne. Elle est le quatrième enfant et la troisième fille du couple princier. Sa naissance est entourée d'un protocole sévère excluant la moindre inti-

1. *Astrid, mon amie*, traduit du suédois ; première édition en français sous le titre *Astrid, mon amie à moi*, éditions Luc Pire, 1995 ; nouvelle édition en 2005, revue, corrigée et adaptée par Christian Koninckx.

mité : toute la nuit jusqu'à la délivrance, outre deux membres de la dynastie, deux ministres et cinquante (!) dames en robe de cour ont attendu afin qu'il n'y ait aucune contestation sur l'enfant. Astrid est la petite-fille du roi de Suède Oscar II et la nièce du roi Gustave V dont les compétitions de tennis resteront fameuses. Le prénom qui lui est choisi, l'un des plus anciens de Scandinavie, « contient les racines *As* (Dieu) et *Frid* (paix) et serait l'équivalent féminin de Godefroid[1] ». Mais, bien entendu, elle reçoit d'autres prénoms dont le souvenir sera effacé par la force symbolique de celui d'Astrid : Sophie, Louise, Thyra, et elle est baptisée selon le rite luthérien.

Des yeux bleu-vert (ils sont grands), mais pas de cheveux blonds (ils sont châtains). À environ onze mois, Astrid déménage avec ses parents, quittant le palais pour une villa d'inspiration romaine, mais datant du milieu du XIXe siècle, située sur une des milliers d'îles entourant Stockholm. La mer est le nouvel horizon proposé à l'enfant. C'est peut-être lors d'un des voyages chez ses grands-parents maternels au Danemark, dans le château royal de Charlottenlund, au nord de Copenhague, que l'on peut retenir la première déclaration attribuée à la jeune Astrid, alors âgée de 3 ans, et rapportée par son père. Sa mère lui ayant fait prendre un bain dans la mer, la fillette a peur des vagues. Elle pleure. Ingeborg « la gronde doucement ». « Oui, répond Astrid en pleurant, mais maman, n'oublie pas que je suis si petite et que la mer est si grande ! »

1. *Astrid*, catalogue de l'exposition « Astrid 1905-1935 » organisée avec le concours du Crédit communal de Belgique au palais royal de Bruxelles, du 23 juillet au 15 septembre 1985.

La princesse Astrid à l'âge de 16 ans, en 1921. Timide, elle n'aime pas être photographiée. Elle est à la fois joyeuse et réservée.

D'après son entourage, la fillette est à la fois joyeuse et soudainement calme, réservée, attentive dans sa découverte du monde, ce qui n'est pas l'exclusivité des petites princesses. En revanche, Astrid a la chance de vivre au moment où la grande romancière Selma Lagerlöf publie sans doute son livre le plus célèbre, *Le Merveilleux Voyage de Nils Holgersson à travers la Suède*, un chef-d'œuvre d'imagination et de poésie qui devait enchanter des générations et continuer à faire rêver longtemps tous les enfants scandinaves. Et quelle joie d'accompagner ses parents au cirque, à Stockholm ! Astrid a 4 ans, elle donne la main à sa maman, suivie de ses deux grandes sœurs Marguerite et Marthe. La rue est courtoise. Devant elles, ouvrant la marche de sa haute taille, le prince Carl effleure son haut-de-forme, répondant aux chapeaux melons qui se soulèvent sur son passage et celui de sa famille. Une famille comme les autres, qui marche dans la rue et se rend au spectacle.

Astrid et la cuisine : un jeu d'enfants !

Dès le début de la Première Guerre mondiale, bien que la Suède soit neutre – une position qui, en fait, remonte à l'attitude de Bernadotte refusant de soutenir Napoléon –, le conflit a des conséquences indirectes, mais tangibles sur la vie quotidienne des Suédois. Les restrictions alimentaires, notamment, n'épargnent pas la famille royale. Le sucre et le beurre deviennent du luxe ? On s'en passera. Le pain ? Sa quantité est limitée. Le thé ? On le remplacera par du tilleul. Le café ? Il sera à base de pissenlit, cela change un peu. Le prince Carl est un homme pragmatique et ouvert qui a même été, par intérim, chef du gouvernement à la fin du siècle précédent et nommé ministre des Affaires étrangères quand sa troisième fille avait 1 an. En sa qualité de président de la Croix-Rouge de Suède, le père d'Astrid ne ménage pas sa peine. Sa petite dernière fait aussi tout ce qu'elle peut pour aider les dames bénévoles ; la princesse de 9 ans se rend utile dans la salle à manger familiale transformée en atelier de couture. Rien d'extraordinaire dans ce dévouement, si ce n'est que dans la distribution de vivres et de vêtements, il arrive qu'Astrid donne volontiers ses propres jouets aux enfants qui n'en ont pas. Elle est pourtant timide, plus jeune, plus en retrait que ses sœurs. Plus jolie aussi.

Alors que l'Allemagne impériale a violé la neutralité belge et que le roi Albert, par son admirable comportement à la tête de son armée, parvient à éviter le pire et à participer à l'effort des Alliés, le prince Carl – il n'est pas le seul – soutient les initiatives humanitaires, notamment en faveur des blessés belges se trouvant en Suède. En 1917, plusieurs personnalités suédoises condamnent les déportations en Allemagne ; cette déclaration, imprimée en suédois et en français, manifeste une « ardente sympathie » pour le peuple belge.

N'est-ce pas, déjà, un signe du destin[1] ? Si dans leurs usages, les monarchies scandinaves sont les plus simples du monde, elles

1. Selon Mme Anne Van Ypersele de Strihou : « [...] Parmi les signataires, on relève le nom d'un certain Gérard De Geer, professeur. Il s'agissait là certainement d'un descendant du célèbre Liégeois Louis De Geer, qui, au XVIIe siècle, répondant à l'appel du roi Gustave II Adolphe de Suède, introduisit dans ce pays les méthodes éprouvées des métallurgistes de la vallée de la Meuse. Un mouvement d'émigration avait drainé vers le nord de l'Europe des Belges venus par familles entières. Cette population se fixa et contribua largement au développement de l'industrie suédoise, surtout en Uppland. Elle garda ses traditions. Conséquence de ces déplacements : nombreux sont encore

sont très exigeantes dans la formation des membres d'une dynastie ; l'éducation est très sérieuse, organisée, et les instructions transmises doivent être respectées « non point par crainte, mais par confiance et amour filial », assure, un peu angélique, le prince Carl tellement heureux au milieu de ses quatre enfants dans la joyeuse excitation de la veille de Noël. Il précisera sa philosophie paternelle en écrivant : « L'éducation de nos filles est partie de ce principe qu'avant tout elles devaient devenir des êtres bons, et, seulement après, des princesses. Elles devaient s'habituer à être traitées comme les autres enfants, apprendre à être obligeantes et à traiter elles-mêmes les autres personnes de la même façon, celles d'en haut comme celles d'en bas. Aucune différence ne fut faite en leur faveur.[1] »

Ce que l'on peut considérer comme la première photo officielle ou du moins posée d'Astrid est celle où elle est demoiselle d'honneur au mariage de sa sœur aînée Marguerite. Le 19 mai 1919, Astrid, qui n'a pas 14 ans, fait sa première apparition publique. Au milieu de vingt-cinq membres de la famille – uniformes, robes blanches et bandeaux –, Marguerite de Suède est devenue la princesse Axel de Danemark. L'osmose scandinave se répète. Astrid, qui est de plus en plus jolie, est particulièrement triste de voir partir son aînée. Elle se sent abandonnée. Son long visage est souvent perlé de larmes. Son père observe que « le

---

aujourd'hui en Suède les patronymes d'origine belge. » (Catalogue de l'exposition *Astrid*, avant-propos de S.M. la reine Marie-José, 1985.)

1. Prince Carl de Suède, *Je me souviens… Souvenirs d'une longue vie*, trad. (suédois) Étienne Avenard, Stock, 1936 (éd. originale 1931) ; rééd. 1961, avec cette dédicace : « À ma fille bien-aimée. » Le père d'Astrid, né en 1861, est mort en 1951. Il avait dix-sept ans de plus que son épouse Ingeborg.

flot de larmes ne voulait jamais prendre fin. D'ailleurs, ses larmes n'étaient point le fruit d'une sensiblerie, mais plutôt l'expression de son désespoir devant sa propre timidité ».

Pour compenser son chagrin, la cadette se lance dans des travaux culinaires, une occupation déjà familière puisque avec ses sœurs et son frère, elle avait beaucoup joué dans une maisonnette équipée d'une cuisine pour enfants, une vraie cuisine où étaient préparés de vrais menus servis à la famille et à quelques intimes. Cette prédilection pour la dînette, amplifiée par les cours d'une école ménagère, vaudra à la consciencieuse Astrid une réputation de jeune femme peu intellectuelle. Mais cultiver des légumes, élever des poulets et des lapins ou faire cuire des tartes n'a jamais empêché d'avoir des préoccupations moins domestiques. Il faut de l'intelligence et un esprit bien organisé pour devenir un cordon-bleu, ce qui sera le cas d'Astrid aimant préparer des repas pour les siens. Elle apprend à être une parfaite maîtresse de maison, sans oublier la panoplie complète d'une jeune fille du Gotha : danse, maintien… Comment doit-on s'asseoir ? Comment saluer, de quelle façon faut-il marcher ? Si, en 1923, son passage dans une école sévère ne donne pas de brillants résultats, notamment dans l'apprentissage du français – ce sera toujours un point faible –, ses cours d'élève infirmière l'année suivante sont exactement ce dont elle rêvait. L'amour des enfants à soigner, à consoler, à nourrir, à laver, elle le partage avec son amie Anna Adelswärd. Les deux jeunes filles s'épanouissent. Conformément à ce que souhaite son père, Astrid est considérée comme une élève puéricultrice anonyme. « […] On ne faisait pas de différence pour la princesse, écrira Anna, ce qui est tout à l'honneur de la directrice. »

Astrid découvre la Belgique et enchante la reine Élisabeth

1925. Astrid a 20 ans. Belle, toujours aussi réservée, elle ne peut vaincre sa timidité naturelle et semble, parfois, être complexée par sa grande taille. Paraître en public la met mal à l'aise et elle déteste qu'on la photographie. Mais le permis de conduire qu'elle a obtenu l'année précédente lui apporte une indépendance salutaire. Si la princesse répugne à sortir, elle aime conduire sa voiture pour de petites escapades peu protocolaires. Conduire est une forme, encore rare, de liberté. Sa famille déménage encore, pour des raisons financières dit-on, la faillite d'une banque danoise ayant sérieusement écorné le capital d'Ingeborg. Plus de villa. L'appartement est vaste et bien distribué. Et la mer n'est jamais loin. La princesse commence à voyager hors de l'univers nordique. Elle se rend pour la première fois en Belgique, à Spa. Cette élégante station thermale, très réputée, avait accueilli de nombreuses célébrités et têtes couronnées, dont Christine de Suède. Lors de ce séjour, la reine Élisabeth, l'épouse du roi Albert, le populaire « Roi-Chevalier », se fait présenter la princesse. Astrid, dont la révérence est irréprochable, est impressionnée par la souveraine, née Wittelsbach, bavaroise et donc allemande, qui avait annoncé lors de la déclaration de guerre qu'« un rideau de fer s'était dressé entre elle et son pays natal ». Elle rappelait ainsi qu'elle était la reine des Belges et qu'on les avait agressés. Pendant les hostilités, Élisabeth avait eu un comportement admirable, celui d'un ange de compassion et de bienfaisance auprès des soldats belges blessés, mutilés et gazés. Héroïne de la bataille de l'Yser, elle était devenue une légende patriotique. Une vertu qui s'était ajoutée à sa connaissance affinée de la musique, notamment du violon auquel elle vouait une passion. Qu'aurait donc dit de sa belle-fille le roi Léopold II pour qui « la musique est un bruit qui coûte cher » ?

Depuis quelque temps, sans qu'elle en soit consciente ou réellement informée, le destin d'Astrid est ébauché par les chancelleries. Un rapprochement entre la famille royale de Suède et celle de Belgique est à l'étude au plus haut niveau. Les deux dynasties et leurs gouvernements s'entendent : le jeune duc de Brabant, Léopold, pourrait, dans un bref avenir, épouser Astrid.

La famille royale de Suède réunie dans son salon de lecture vers 1924-1926. De gauche à droite : la princesse Ingeborg, née princesse de Danemark, ses filles Marthe et Astrid, son fils Carl et son mari le prince Carl de Suède.

À Spa, Élisabeth, qui devait être initiée à ces négociations diplomatiques, est immédiatement subjuguée par la beauté rayonnante d'Astrid et par sa simplicité, une qualité déterminante. On ne lui a pas menti : la princesse serait une idéale future reine des Belges. Le roi Albert accueille ce projet avec sympathie. Les circonstances dans lesquelles les deux jeunes gens font connaissance demeurent, aujourd'hui encore, un charmant thème de supputations : chacun revendique d'en avoir été témoin ou informé, tout simplement parce qu'il y a les rencontres privées et intimes, parfois facilitées par le hasard, et les engagements officiels, beaucoup plus fréquentés, mais où l'on peut mettre un nom sur chaque invité. Les souvenirs d'Anna semblent les plus fiables pour reconstituer la romance. Fin 1925, alors qu'elle séjourne à Paris où son amie suit des cours d'histoire de l'art à la Sorbonne, Astrid lui révèle qu'elle a rencontré un homme « qui l'avait complimentée et lui avait fait forte impression[1] ». Où a eu lieu cette rencontre ? Peut-être à Copenhague, peut-être au Luxembourg, mais pourquoi pas, justement, à Paris ? Astrid, qui ne peut ignorer l'identité de cet homme, reste prudente. Elle le surnomme « M. Mystère ». Et tout l'hiver, elle en parle sous ce sobriquet romanesque. Mars 1926, plus de « Mystère » : Astrid révèle à sa confidente qu'il s'agit du prince Léopold, héritier du trône de Belgique. Il est aussi très possible que Léopold, lié au prince Axel de Danemark, beau-frère d'Astrid, l'ait déjà vue dans diverses opportunités familiales entre réceptions, bals, dîners et autres mondanités.

1. Christian de Koninckx (sous la dir. de), *Astrid, 1905-1935*, Racine, 2005.

Le roi Léopold III et la reine Astrid. Le jour des fiançailles de son fils, le roi Albert Ier déclare : « Notre fils s'unit à elle pour la vie, non par un mariage inspiré de raisons politiques, mais par une véritable union d'inclination. »

Un « M. Philippe » est amoureux de la princesse Astrid...

Toujours en mars 1926, en accord avec le roi Albert, la reine Élisabeth part pour la Suède avec leur fils aîné. Ils sont *incognito* et vont rendre visite aux parents d'Astrid. Le duc de Brabant s'est trouvé une identité de façade : il voyage sous le nom de « M. Philippe », se faisant passer pour un professeur de français visitant la Scandinavie. Le stratagème est digne d'un livret d'opéra. On peut supposer que cet homme jeune aux cheveux blonds, bouclés et très abondants, au profond regard bleu, peu bavard, n'est pas tout à fait un inconnu à Stockholm. Mais afin de déjouer les curiosités, au Grand Hôtel qui fait face au palais royal, de l'autre côté du port, c'est la dame d'honneur de la reine, la comtesse de Caraman-Chimay, qui occupe la meilleure chambre. L'ambassade de Belgique feint d'ignorer la présence de la souveraine et du prince.

L'été, quand on veut profiter du moindre rayon de soleil dorant lacs et forêts, l'*incognito*, sans doute éventé, est inutile. C'est bien le prince Léopold qui est invité à la villa Fridhem (« maison de la Paix »), solide bâtisse construite en 1909, donnant sur le fjord de Bräviken et des îles boisées. La vie y est simple ; des fermes sont voisines. Astrid fait découvrir les environs à Léopold. Ils ont déjà une passion en commun : les promenades en voiture. Le prince est très épris de la princesse, mais ils sont aussi timides l'un que l'autre. Astrid évite l'intimité, semble se rebeller, fuit les tête-à-tête, pressentant des pièges. Pudeur et inquiétude. À sa sœur Marie-José, future éphémère reine d'Italie, Léopold confiera : « Je n'oublierai jamais le long silence angoissant d'Astrid lors de ma première déclaration d'amour. » Les yeux de la princesse virent au vert. Son teint oscille entre le lis et la rose. Ses jolis cheveux châtains sont dérangés par le vent, mais cette coiffure courte à la mode lui va fort bien. Le secret ne peut plus être gardé et la presse s'en fait l'écho. Démentir ? Ce serait ridicule : Léopold est fou d'amour ! Elle vient d'avoir 20 ans, il en a 23. Le 21 septembre, des télégrammes diplomatiques annoncent l'heureuse nouvelle aux cours d'Europe : Astrid a dit oui ! Il lui parle anglais, elle connaît mal le français, peu importe, le sentiment se moque de la tour de Babel. Ce même jour, au palais royal de Bruxelles, le roi Albert convoque les journalistes à une conférence de presse après que le Premier ministre Henri Jaspar a informé le gouvernement. Le souverain, heureux, parle des fiançailles : « Nous ne les avons pas annoncées plus tôt pour ne pas leur enlever leur caractère familial. Au cours de longues promenades, les jeunes gens eurent ainsi l'occasion de se connaître et de s'apprécier mutuellement. Ils se firent part de leurs sentiments réciproques et décidèrent d'unir leurs destinées. Leurs parents ne purent que se réjouir d'une libre décision arrêtée en toute spontanéité. » La reine Élisabeth intervient, très soucieuse de préciser : « C'est un véritable mariage d'amour. Rien n'avait été préparé. »

On rappelle que la future reine des Belges est la nièce des rois Gustave V de Suède, Christian X de Danemark, Haakon de Norvège, et une proche parente du monarque du Royaume-Uni George V. Au même moment, Léopold, arrivé par un train de nuit à Stockholm, rejoint Astrid à l'ambassade de Belgique puis sur un champ de courses, où ils sont entourés de photographes et de cameramen. Le duc de Brabant, manteau sombre et chapeau gris, donne le bras à sa fiancée, évidemment chapeautée et tenant un bouquet de fleurs.

Toute la Belgique aime Astrid, ce cadeau du Ciel !

Le coup de foudre de Léopold est contagieux : des nouveau-nées reçoivent le prénom d'Astrid. Des pâtissiers belges baptisent gâteaux, tartelettes, meringues, gaufres, glaces et pralines du prénom d'Astrid. Dans cet enthousiasme général, on relève quelques commentaires variés, parfois incongrus, mais exacts, des journaux belges, francophones et néerlandophones. Les vertus domestiques de la princesse sont aimablement tournées en dérision. *La Gazette* du 21 septembre décortique les avalanches de détails imprimés par ses confrères sur la « toute charmante princesse Astrid » : « Grâce à eux, nous apprenons qu'elle a plumé des volailles, nettoyé des poissons et lavé la vaisselle. C'est excessivement démocratique, mais on se demande ce que peut gagner la dignité royale à de telles révélations ! » *De Volksgazet* semble regretter qu'avec ses bonnes manières la princesse ne soit pas belge ! Avait-on besoin d'aller en Suède pour trouver une « exemplaire ménagère » ? Et d'ajouter, sur un ton acide : « Certains encore choisissent une épouse parce qu'il n'est pas encore de mode qu'un homme tourne dans ses casseroles ou cire lui-même ses chaussures [...] En la personne de Mlle Astrid, il semble bien qu'on puisse découvrir une maîtresse de maison. Pensez donc, elle sait cuire un bifteck, peler des pommes de terre, couper des tartines... » D'autres titres, moins caustiques, relèvent le débat, quittent la cuisine pour la bibliothèque, précisant que la princesse aime lire, ce que personne n'avait souligné.

Proche des milieux ouvriers, *Vooruit* se félicite que dans ses malles la princesse apporte « le haut degré de civilisation, l'esprit d'ouverture à tous égards et le sens démocratique élevé, tous traits de l'exemple suédois». Des journaux, plus sobres en l'occurrence, comme le grand quotidien *Het Laatste Nieuws*, rappellent sans inquiétude Astrid à son devoir urgent de bilinguisme : «Elle devra apprendre le français et le flamand. Elle le fera très rapidement car elle est très intelligente et aime à étudier[1]. »

Toutefois, un problème doit être réglé avant l'union. En effet, la future épouse de Léopold est de confession luthérienne. L'archevêque d'Uppsala l'avait confirmée le 23 mars 1923, un jeudi saint, dans la chapelle du palais royal de Stockholm. Astrid conserve un souvenir pénible de ce rituel où elle avait été obligée de paraître en public. Or, il est inconcevable qu'une future reine des Belges soit protestante. «Qu'allaient dire les Belges si profondément attachés au catholicisme ?», se demande Marie-José. Une polémique, une de plus, s'engage en Belgique entre les milieux catholiques et les anticléricaux. Finalement et rapidement, le roi, en accord avec son gouvernement, adopte un compromis qui ne choquera personne. Un premier mariage, civil, sera célébré à Stockholm le 4 novembre 1926, suivi d'une cérémonie selon le rite luthérien. Le second mariage, catholique, aura lieu à Bruxelles six jours plus tard. Ainsi, Astrid, même convertie dans un second temps, n'aura pas renié sa foi et pourra devenir reine des Belges selon la tradition religieuse de son nouveau pays.

1. Catalogue *Astrid*, *op. cit.* Grâce à l'obligeance de la société CadeauRetro, de Bruxelles, j'ai pu aussi consulter ses volumineuses archives de presse consacrées à la princesse puis reine Astrid.

Les fiancés vont se marier deux fois en six jours

En cette fin d'année 1926, les effroyables traumatismes de la guerre sont encore très douloureux en Belgique. Le roi Albert et la reine Élisabeth doivent une large part de leur popularité à leur admirable conduite pendant le conflit. L'Allemagne de la république de Weimar reste malade d'une inflation ahurissante qui a culminé, trois ans plus tôt, avec l'occupation franco-belge de la Ruhr. Il est donc inconcevable que le couple royal traverse le territoire allemand en chemin de fer pour se rendre à Stockholm. C'est par mer, à bord du *Princesse Marie-José*, que le voyage est entrepris. Le commandant est un prestigieux marin, Adrien de Gerlache de Gomery, navigateur et explorateur ayant dirigé les expéditions du *Belgica* en Antarctique, puis au Groenland. Après une traversée mouvementée, Marie-José, sa future belle-sœur, n'a jamais oublié « l'apparition de la douce Astrid dans toute la grâce de son éclatante jeunesse. Se jetant au cou de Léopold, elle fondit en larmes d'émotion. Mon frère, un peu embarrassé, la serrait dans ses bras, sa chevelure se mêlait à la sienne ; scène qui se reproduisit ensuite à chaque instant, même devant une grande assistance ». Il n'y a que l'amour pour bousculer aussi simplement le protocole. On notera que durant ce séjour, entre galas, réceptions et dîners plus intimes, il y eut un événement sans précédent : quatre rois, Gustave V, Christian X, Haakon VII et Albert, prirent l'ascenseur ensemble. Ajoutons que le matin même du mariage, le roi Albert, promeneur acharné et soucieux d'échapper un moment aux contraintes d'usage, voulant découvrir Stockholm sans escorte, était sorti seul à 7 heures. Quand il revint de sa promenade, la sentinelle mit du temps à admettre que ce monsieur en civil et coiffé d'un feutre fatigué était bien S.M. le roi des Belges à qui il devait présenter les armes !

Ce 4 novembre à 15 h 30 – la nuit nordique est déjà tombée –, dans la salle du trône du Palais royal, Astrid presse discrètement la main de Léopold gantée de blanc et cachée sous son képi. Elle est resplendissante dans une robe de crêpe satin blanc. Selon la tradition suédoise, elle est coiffée d'une couronne de feuilles de myrte qui retient un délicat voile de dentelle au point de Bruxelles. Léopold, en uniforme de lieutenant, et Astrid forment un couple magnifique, fort bien assorti. La cérémonie détient un record de célérité : elle n'a duré que sept minutes !

D'Anvers à Bruxelles, un voyage triomphal

Le 8 novembre, c'est à bord d'un beau croiseur blanc, le suédois *Fylgia*, qu'Astrid est accueillie à Anvers. Et quel accueil ! Trente-trois coups de canon et les honneurs de deux régiments plus tard, la princesse, divine silhouette blanche, salue la foule. Son geste, comme « un battement d'ailes d'un oiseau du Grand Nord », dira sa belle-sœur Marie-José, est le premier envers son peuple ; il deviendra l'un de ses symboles. Mais l'instant le plus merveilleux est celui où, la passerelle à peine jetée, les deux amoureux se précipitent l'un vers l'autre et, ainsi que l'écrira encore Marie-José, « s'embrassent hardiment et tendrement... face au protocole médusé [...]. Sur la grand-place, une véritable mer humaine s'agite et clame la bienvenue ». L'événement est considérable et sa portée est double : « C'est la première fois, estime justement Patrick Roegiers, qu'un prince de Belgique étreint sa promise en public et ce fait banal acquiert une portée quasi symbolique. Léopold est le premier futur monarque qui prend un bain de foule. Ce n'est point encore dans les mœurs[1]. »

Personne ne pourra oublier le gracieux salut d'Astrid à la foule. Personne ne pourra nier la force bienfaitrice de cet amour entre le prince et la princesse qui ose briser toute réserve. La foule anversoise délire de joie en accompagnant le couple qui se rend à pied de l'hôtel de ville à la gare où un train spécial est sous pression. Dépassé, le service d'ordre ne peut empêcher les débordements : la ville d'Anvers est conquise par le charme irrésistible de la princesse du Nord.

La bousculade est telle que le roi Albert en perd son sabre et Ingeborg, la mère d'Astrid, un de ses souliers ! Les quais sont noirs d'une population hétéroclite, mais unanime. Des gens sont accrochés aux lampadaires, juchés sur les toits des wagons ou sur des camions. À chaque fenêtre, telles des ailes de papillons, des milliers de mouchoirs blancs sont agités. La princesse, si timide mais portée par l'amour, est moins angoissée, plus sûre d'elle-même. Un geste ne trompe pas, c'est celui qu'elle adresse à la foule de sa main, désormais haut levée, affirmée. La grâce d'un salut répond à la chaleur de la bienvenue. Et même lorsqu'à son arrivée à Bruxelles, dans l'émotion à sa descente du train, Astrid se rend compte qu'elle a oublié le bouquet d'orchidées qui lui avait été offert, elle domine sa gêne.

C'est par son hommage au tombeau du Soldat inconnu qu'Astrid atteint l'osmose avec l'histoire récente et les souffrances de sa nouvelle patrie. Même si le geste est convenu, la princesse suédoise, en s'agenouillant pour déposer sur la dalle sacrée un bouquet remis par des

---

1. Patrick Roegiers, *La Spectaculaire Histoire des rois des Belges*, Perrin, 2007.

Après le mariage civil, le mariage religieux est célébré à Bruxelles le 10 novembre 1926 en la cathédrale Saints-Michel-et-Gudule. Astrid porte une robe de lamé argent décorée de lys comme la traîne. Son voile est en dentelle de Malines.

enfants, intègre le patrimoine affectif de la Belgique. Ce 8 novembre 1926, le sourire princier, allié à la prestance et à l'élégance de la jeune femme, est reçu comme un brevet d'adoption populaire. On en oublie les menaces du ciel chargé : la pluie a renoncé. Les apparitions et attitudes d'Astrid valent tous les discours. Au soir du 9 novembre, le menu du dîner servi au palais royal est un appétissant arbitrage culinaire où l'on fait honneur au pays natal d'Astrid : la crème d'orge à la suédoise et le homard à la Bernadotte inaugurent le festin ; ils sont suivis par un jambon d'Ardenne florentine, des endives aux fleurons, des faisans rôtis sans nationalité apparente, et une glace Stockholm, précédant les fruits et desserts !

Le mercredi 10 novembre, la cérémonie religieuse se déroule obligatoirement sous les voûtes élancées de la cathédrale Saints-Michel-et-Gudule[1]. Comment ne pas penser que, sept cents ans plus tôt exactement, en 1226, un duc de Brabant – déjà ! – posait la première pierre de l'édifice ? Sublime en lamé argent incrusté de lis, la princesse est coiffée d'une inévitable couronne de fleurs d'oranger d'où chute le drapé d'une dentelle de Malines. Les invités remarquent combien le visage d'Astrid et son cou semblent avoir allongé sa silhouette. Sur la photo officielle, plus de vingt personnes représentent les monarchies scandinaves, mais aussi le Royaume-Uni, avec le duc de Gloucester, dernier fils de George V ; des princes de Bourbon-Parme sont également présents. La princesse Astrid de Suède, ce qu'elle était encore la veille au soir, est devenue la duchesse de Brabant, un titre particulièrement lié aux

1. Astrid ne se convertira au catholicisme que quatre années plus tard, en août 1930.

convulsions ayant engendré la formation du royaume. Même l'empereur Yoshihito du Japon a envoyé ses félicitations au roi Albert.

Ce mariage est l'un des premiers à bénéficier d'une couverture « médiatique » moderne, sans doute parce que la princesse est la plus jolie d'Europe et qu'elle promet du bonheur. Il est aussi un réconfort pour la Belgique qui se remet à peine d'une très grave crise financière ; la faillite a été évitée, les capitaux reviennent et le franc belge est stabilisé par rapport à la livre sterling.

Bellevue, le palais du bonheur

Le couple s'installe dans l'ancien hôtel Bellevue, place des Palais. Au deuxième étage, il y mène une existence simple. L'atmosphère, dont témoigne Marie-José, y est « très accueillante et détendue », Astrid confirmant sa réputation de maîtresse de maison attentionnée en aménageant une cuisine où elle aime s'affairer. Toutefois, on se tromperait en réduisant la duchesse de Brabant à une femme d'intérieur, le nez sur ses fourneaux. Souvent, le personnel est invisible, Astrid préférant une table roulante avec un réchaud. Même si la Constitution belge ne prévoit aucun rôle pour une future reine, même si aucune prérogative ni aucun pouvoir ne lui est attribué, elle a une existence officielle active, seule ou au côté de Léopold[1]. Elle s'y dédie avec conscience, bonne volonté, efficacité. Et son emploi du temps est lourd, particulièrement dans ses œuvres sociales en faveur des déshérités. Sa présence, souriante et disponible, est un gage de

1. Les Archives du palais royal que j'ai pu consulter recensent ses innombrables engagements.

Juin 1932 : la duchesse de Brabant avec ses deux premiers enfants, Joséphine-Charlotte, future grande-duchesse de Luxembourg, et le prince Baudouin, né en 1930, futur roi Baudouin Ier. Le couple princier aura un deuxième fils, Albert, né en 1934, devenu le roi Albert II.

succès. Pas une faute, pas un impair. Une grâce permanente. La jeune duchesse, devenue très gaie parce qu'elle est heureuse, a l'art de mettre ses visiteurs à l'aise, ce qui est un talent. Marie-José raconte une anecdote significative :

> Au diplomate Alexis Leger, célèbre sous son nom de poète Saint-John Perse, il arriva, comme il me le raconta lui-même, un jour qu'il accompagnait Aristide Briand en visite officielle à Bruxelles et qu'il logeait au palais de Bellevue, de s'y perdre à cause d'une panne d'électricité. A tâtons et déchaussé pour faire moins de bruit, voilà qu'à son grand soulagement il vit arriver une lumière d'en haut. Quelqu'un descendait. Quand subitement,

il se trouva devant une jeune femme, un peu décoiffée, tenant un candélabre d'une main et de l'autre ses escarpins. À sa grande surprise, il reconnut Astrid. Celle-ci, voyant le désarroi du diplomate, en grand uniforme et sans souliers lui aussi, éclata de rire. Entre-temps, la lumière revenue, les explications et les présentations faites, Saint-John Perse fut convié par le jeune ménage à prendre un rafraîchissement dans leur charmante intimité.

Trois enfants vont naître : Joséphine-Charlotte le 11 décembre 1927 (Astrid, parce que c'est une fille, semble un temps dépressive), Baudouin le 7 septembre 1930 et Albert le 6 juin 1934. Une future grande-duchesse de Luxembourg et deux rois des Belges : l'avenir de la dynastie est assuré.

À la mort du roi Albert, Astrid, épouse de Léopold III, devient reine

Rien ne semblait devoir rompre cette harmonie. Entre les voyages officiels (Indonésie, Extrême-Orient, Congo belge) et l'application que met Léopold à assumer ses fonctions de prince héritier, la princesse Astrid continue de dépoussiérer les usages de la Cour en sortant promener ses enfants sans l'assistance d'une nurse. Choquant ? Démocratique !

Sportive, elle s'initie au golf, raffole des virées en aéroplane (elle donne son nom au premier avion reliant Bruxelles au Congo belge), skie en Suisse. Ses progrès en néerlandais sont plus laborieux, mais elle s'applique. En français, il est cocasse de noter que son professeur, très patient, se nomme Mlle Paris ! Lors des fêtes célébrant, en 1930, le centenaire de la Belgique, elle participe, avec sa belle-mère, à la reprise de l'Ommegang, cette « procession autour » réunissant toutes les anciennes corporations. Une somptueuse tradition.

Mais le destin accélère le cours des événements et très vite modifie la vie du duc et de la duchesse de Brabant. Dans la soirée du 17 février 1934, le roi Albert se tue, victime d'une chute dans les rochers surplombant la Meuse à Marche-les-Dames. Outre le traumatisme politique que provoque la disparition brutale du bien-aimé souverain, le chagrin de sa belle-fille est immense. Elle s'entendait à merveille avec le défunt roi, figure légendaire de la dynastie. À sa table, où l'on parlait souvent à voix basse (une

Après la mort accidentelle du roi Albert Ier, le nouveau roi des Belges, Léopold III, prête serment devant la Chambre des députés le 23 février 1934. Au fond, la reine Astrid, enceinte du futur roi Albert II, est assise entre ses deux enfants, Joséphine-Charlotte et Baudouin.

pudeur et une prudence qui dataient de la guerre), Astrid égayait la conversation avec son époux. Le rire était revenu au palais. Au deuil s'ajoute une nouvelle angoisse : lorsque Léopold III prête serment, le 23 février, devant les Chambres, son épouse, assise à sa gauche, enceinte du futur roi Albert II, s'interroge : elle est désormais la quatrième reine des Belges. Sera-t-elle à la hauteur de sa nouvelle fonction dont elle redoutait la charge ? Comparée à sa belle-mère, la très vénérée reine Élisabeth, y arrivera-t-elle ?

La reine Astrid se révèle être une nouvelle femme, encore plus attentionnée à toutes les détresses. La crise économique s'est abattue sur le pays. Chômage, précarité, misère, froid ne permettent plus à la reine de se contenter de bonnes paroles, de sourires. Alors que, en dépit d'un contexte difficile, se prépare l'Exposition universelle, « en 1935, elle fonde *L'Appel de la reine* et ouvre le palais de Bellevue pour y rassembler des vêtements et des vivres[1] ». Au milieu des volontaires du Comité national de secours et des colis dont elle surveille l'emballage, Astrid se métamorphose en ange du soutien et de la compréhension. Le 14 février, dans une magnifique lettre signée de son prénom, d'une écriture penchée, la reine Astrid s'engage : « [...] Pour ma part, je recevrai avec reconnaissance, au palais de Bellevue, tout ce que la générosité et le cœur de nos compatriotes leur suggéreront d'offrir pour atténuer les souffrances devant lesquelles personne ne peut rester insensible... » Parcourant le royaume éprouvé, elle visite les familles, les personnes seules, les malades. Son initiative insuffle un extraordinaire élan. La reine Astrid n'est plus seulement la grâce et l'élégance, elle incarne la bonté et la solidarité. Cela ne l'empêche nullement de s'intéresser au monde culturel, au théâtre, à

1. Christophe de Fossa et Henri Van Daele, *Six reines*, Racine, 1996.

la musique ; elle suit aussi le travail accompli dans les bibliothèques en faveur du développement de la lecture.

L'inacceptable tragédie de Küssnacht

Astrid, comme son mari, a toujours aimé la montagne. Pendant leurs vacances, ils n'hésitent pas à multiplier les randonnées, même si l'ombre de l'accident fatal du roi Albert ne peut s'estomper. Le 29 août 1935, le couple se trouve en Suisse, dans sa villa Haslihorn, sur les bords du lac des Quatre-Cantons, près de Lucerne. Avant de regagner Bruxelles où sont déjà leurs enfants, les souverains ont prévu une dernière excursion. Plaisir supplémentaire, Léopold III, qui aime conduire dans des paysages enchanteurs, a fait venir la Packard 120 de son épouse, un superbe et puissant *roadster* aux pneus à flancs blancs, selon la mode des voitures de sport de l'époque. C'est l'automobile idéale pour une escapade à deux. Enfin, pas tout à fait, puisque dans cette décapotable à deux places, Pierre Devuyst, le chauffeur attitré de la reine, qui ne conduit pas ce matin-là, sera assis dans le *spider* (une banquette peu confortable), les bagages étant arrimés à l'arrière. Le ciel s'est dégagé après deux jours de pluie. Le départ est fixé à 9 heures. Astrid ne prend pas le volant, elle s'assoit à la place du mort. Le roi a décidé de conduire. La voiture démarre. Quel bonheur ! La route qui longe le lac, bordée de vignobles, est magnifique, la visibilité parfaite et le trafic réduit. Toutefois, le sol est encore glissant. Environ quinze minutes après le départ, sur la ligne droite qui conduit au bourg de Küssnacht am Rigi, la fatalité maquillée en imprudence va frapper. Selon le témoignage de Pierre Devuyst, celle-ci vérifie l'itinéraire sur la carte qu'elle a

Le 29 août 1935, en longeant le lac des Quatre-Cantons, en Suisse, la voiture conduite par le roi Léopold dérape et finit sa course folle dans les roseaux. Pour un instant d'inattention, l'accident est fatal à la reine Astrid, sans doute morte sur le coup. Astrid, disparue à 30 ans, entre dans la légende.

dépliée sur ses genoux. Hélas !, le roi, qui roule à environ 70 kilomètres à l'heure, se penche pour aider sa femme à trouver ce qu'elle cherche. Deux secondes, peut-être trois d'inattention. La voiture dérape sur l'asphalte encore humide au moment où elle aborde un virage. Le conducteur perd le contrôle de la voiture, accélère pour redresser la Packard, mais c'est le contraire qui se produit : le véhicule fou s'engouffre dans une ornière creusée par le passage des troupeaux, enfonce un parapet, percute un premier arbre puis un second, fait plusieurs tonneaux et s'immobilise enfin dans les roseaux au bord du lac. Et c'est le drame : Astrid a été éjectée (une ceinture de sécurité l'aurait sans doute sauvée), inconsciente sinon morte sur le coup.

Assommé, le roi reprend connaissance. Il souffre d'une côte cassée, de blessures aux mains et au visage. Titubant, il se précipite avec le chauffeur qui n'a évidemment rien pu tenter. A-t-il hurlé : « Astrid ! Astrid ! Astrid ! » ? Peut-être. Un cri de désespoir.

Une voiture s'est arrêtée. C'est celle de la Sécurité helvétique qui, discrètement, selon l'usage, suivait le couple dans ses déplacements en Suisse. Un médecin accourt. Il est trop tard : la belle, la sublime, la merveilleuse reine Astrid a rendu son âme à Dieu. Elle n'avait pas 30 ans.

Pour mesurer le choc épouvantable de cette nouvelle, il faut se rappeler que dix-huit mois plus tôt le pays pleurait le plus chevaleresque des souverains. Officiellement, le deuil de la nation était levé, mais la douleur restait poignante. Que le plus emblématique des couples royaux soit frappé, que les espoirs de tout un peuple soient anéantis, que la personne de la reine Astrid adulée et admirée trouve si brusquement et si stupidement la mort, les sujets du royaume ne peuvent l'admettre. Küssnacht, un nom évoquant hier un baiser et la nuit, n'est plus que l'affreux synonyme d'une tragédie. Une chapelle commémorative y a été édifiée, à l'endroit où la voiture a fini sa course.

Dans la Belgique en deuil, le mythe de la reine Astrid se répand

L'opinion est tellement incrédule que les circonstances de l'accident sont mises en doute avec des hypothèses parfois délirantes. S'agit-il bien d'un accident ? Le roi a-t-il tué son épouse ? La voiture n'a-t-elle pas été sabotée par des agents de Hitler qui vient d'arriver au pouvoir ? L'expertise du véhicule ne laissera aucun doute : l'imprudence du roi est la cause de cette catastrophe. Léopold III ne s'en remettra jamais et la suite de son destin ne sera qu'un long calvaire.

C'est dans le salon du Penseur, au palais royal, qu'à partir du 31 août et pendant trois jours des dizaines de milliers de personnes affligées viennent se recueillir devant la dépouille de la reine, belle même dans la mort, des bandelettes blanches cachant ses blessures. Ce salon tire son nom d'une pendule en bronze ornée d'une réplique du *Pensieroso* de Michel-Ange, inspirée du tombeau de Laurent de Médicis à Florence. Lors du décès d'un membre de la famille royale, cette pièce carrée fait office de chapelle ardente.

Les funérailles de la reine se déroulent le mardi 3 septembre 1935. Des millions d'hommes, de femmes et d'enfants pleurent quand passe devant eux le grand corbillard chargé d'or que suit à pied le roi, le visage marqué par ses blessures et son désespoir, le bras gauche en écharpe, boitant légèrement. Dès la veille, des gens se sont installés avec des pliants et des chaises sur l'itinéraire du cortège. Bruxelles est une ville pétrifiée de douleur. La vie s'est arrêtée. Depuis l'annonce de la tragédie, tous les journaux ont imprimé des éditions spéciales, bordées de noir. J'ai consulté ces Himalayas de reportages, de commentaires et d'analyses, tous dignes dans la diversité de leurs opinions. On souligne que la même initiale « A », pour Albert et Astrid, se détache sur le fond noir des écussons en argent au milieu des immenses tentures de deuil. Après le visage du roi alpiniste, celui de la reine des gens simples, trop jeune pour mourir, trop tôt pour que la Belgique n'estime pas que le sort s'acharne sur sa première famille. Deux accidents pendant des vacances, deux châtiments ayant bouleversé le bonheur et la sérénité de la dynastie.

On verra le roi Léopold III suivre à pied le cercueil, en uniforme mais tête nue, avançant avec difficulté jusqu'à la crypte de Laeken. Pour *Le Soir*, « cette marche douloureuse avait quelque chose d'épique et de sublime [...]. Le peuple saisit d'instinct la grandeur de ce geste [...]. La reine était le symbole d'une autorité respectée, celui d'une jeunesse chérie et celui de la maternité souriante ». Le *Standaard* écrit : « Mère et Majesté, votre diadème a chu sur votre peuple et le linceul sur vos enfants. Pour un double amour, il y a double peine. » *Le Peuple* rappelle : « Cette jeune femme avait prolongé à la cour de Belgique les habitudes de simplicité qui étaient celles de ses origines. La population lui savait gré de cet hommage discret qu'elle faisait ainsi spontanément aux usages d'un peuple bon enfant. Elle avait joué sans ostentation son rôle d'épouse et de mère. Elle l'accomplissait avec un entrain et une joie de vivre qui séduisaient les plus ombrageux. »

Comment expliquer qu'aujourd'hui encore sa personnalité continue de fasciner ? Pascal Dayez-Burgeon a livré une solide analyse sur la naissance et l'amplification de ce mythe, en essayant de démêler l'excessif du rationnel[1]. Les rapprochements que l'on a été tenté de faire avec d'autres drames ultérieurs provoqués par un accident de voiture (Grace de Monaco, Diana) sont déplacés ou stupides. C'est la brièveté de la vie d'Astrid et l'espoir qu'elle incarnait qui ont sublimé son image et imprimé la force du romantisme à son souvenir. Astrid n'a été reine des Belges que dix-huit mois, confirmant et même dépassant le sentiment de réconfort sincère qu'elle inspirait lorsqu'elle était duchesse de Brabant. Elle n'a pas eu le temps de décevoir, de choquer, de contrarier. Elle a été parfaite dans sa vie privée et son action publique. Elle a balayé les objections, notamment la question de sa religion. Sa conversion au catholicisme, parce qu'elle fut tardive, fut ressentie comme sincère. La plus jeune et la plus ravissante des souveraines européennes de son temps n'a cessé de séduire, de forcer la sympathie, de tenir ses promesses, de rayonner d'amour et de simplicité avec une grâce quasi sacrée. Elle était un rêve.

1. Pascal Dayez-Burgeon, *La Reine Astrid. Histoire d'un mythe*, Criterion, 1995.

Cette illustration de la reine Astrid témoigne de sa souriante sérénité. Elle laisse le souvenir d'une femme courageuse, généreuse et disponible. Encore aujourd'hui, cette réalité nourrit le mythe entourant sa mémoire.

Elizabeth II

La femme la mieux informée du monde

Elizabeth II, quarante et unième souverain britannique, règne depuis le 6 février 1952. Elle fut le dernier monarque sacré au XXe siècle lors de son couronnement, le 2 juin 1953.

Dimanche 3 juin 2012. La reine assiste à la parade navale sur la Tamise pour son jubilé de diamant.

Londres, dimanche 3 juin 2012, en début d'après-midi. Quittant sa limousine banalisée, Sa Gracieuse Majesté est vêtue de blanc. Son ensemble est brodé de points dorés et argentés afin qu'elle brille comme un diamant pour la plus spectaculaire manifestation de son jubilé, de diamant lui aussi. Sur son épaule gauche est griffée une broche en diamants, la *Jardine Star*. Ses boucles d'oreilles ont appartenu à sa grand-mère, l'austère reine Mary, veuve du roi George V. Mais le soleil boude la fête et c'est une pluie toute britannique qui lance un défi à cette femme de petite taille, mais de grand caractère. A cette date, voici soixante ans et trois mois qu'elle règne sur le Royaume-Uni et seize États du Commonwealth. Plus d'un demi-siècle et aussi la traversée d'un siècle à l'autre. Ce ne sont ni les averses ni les rafales de vent qui pourraient décourager Elizabeth II. À 86 ans, la reine a affronté toutes les tempêtes politiques, économiques, sociales, familiales et dynastiques, même les plus incroyables, avec une retenue et une obstination qui fascinent jusqu'aux opposants à la monarchie. Ce dimanche, depuis la veille, plus d'un million d'admirateurs respectueux et enthousiastes sont massés sur les rives de la Tamise. Le spectacle est prodigieux : une parade de mille bateaux s'avance sans le moindre incident. Il y en a de toutes sortes, de toutes tailles, de toutes les époques, des canoës aux gondoles, des chalutiers aux embarcations touristiques saluant un immobile et douloureux vétéran de la Seconde Guerre mondiale, un croiseur, le HMS *Belfast*, à l'ancre depuis les années 1960. Même le superbe trois-mâts barque français *Belem* était de la revue. Pourquoi ce défilé sans équivalent par son ampleur, d'autant plus réussi qu'il n'avait pu être répété ? Parce qu'il est à l'image de la souveraine, l'incarnation parfaite de la tradition maintenue malgré des vagues d'originalités, avec de solides références à l'histoire. C'est en 1662 que s'était déroulée une première parade sur *The River*, avec un grand *R*, car la Tamise est effectivement royale depuis l'attachement que lui ont porté une dizaine de dynasties. Le roi Charles II, un Stuart qui incarnait la Restauration après la guerre civile et l'exécution de son père par le républicain Cromwell, avait passé sa nuit de noces à Hampton Court et revenait en bateau vers l'actuel quartier de Westminster. Passionné par le monde maritime, il fut le premier roi d'Angleterre disposant d'un yacht. Avec son épouse Catherine de Bragance, il réussit une triomphale arrivée fluviale à Londres. Trois cent quatre-vingt dix ans plus tard, Elizabeth II apparaît d'abord avec son époux en grand uniforme d'amiral sur la chaloupe de l'ancien yacht royal *Britannia*, propulsé par vingt rameurs disciplinés, désarmé depuis 1998 (on avait alors vu une larme couler sur la joue de la reine, une réaction rarissime) et devenu un musée dans le port d'Edimbourg. Puis, sur une lourde barge métamorphosée en *Gloriana*, parée d'or et de rouge à la mode du XVIIe siècle, la reine a défilé elle-même devant ses sujets au milieu d'orchestres, de chœurs, de pantomimes et de spectacles se produisant sur les deux rives et dont les interventions ont été parfois répétées depuis un an. Une double parade, donc : celle du peuple et celle de la souveraine. Un salut mutuel dans une communion de gratitude et de patriotisme. Debout, sans jamais laisser paraître la moindre lassitude, Elizabeth II appréciait visiblement cet hommage exceptionnel où, dans des brumes dignes du pinceau de Turner, la Tamise semblait mise en scène par un nouveau Canaletto. Rien n'aurait pu contrarier Elizabeth II qui ne montre son agacement que lorsqu'un maladroit marche sur la queue d'un de ses chers corgis ! La féerie dura près de quatre heures, impeccable et inoubliable point d'orgue des cinq jours fériés décidés par le gouvernement malgré la récession. Le défilé a fait oublier la crise et démontré l'unité de la nation au-delà de ses composantes. Cette fête, qu'on ne reverra sans doute jamais, a pris la valeur, chaleureuse, digne et populaire, d'un nouveau sacre. L'opposé d'une « fin de règne ». Vingt ans après la calamiteuse *annus horribilis*, quinze ans après le séisme provoqué par la mort de Diana, huit Britanniques sur dix soutiennent leur monarchie. Et particulièrement leur reine.

3 juin 2012. Sur une ancienne barge de 64 mètres, réaménagée dans le goût du XVIIe siècle, la reine et sa famille sont escortées de mille bateaux, devant un million de spectateurs enthousiastes.

Le duc et la duchesse d'York, futurs George VI et reine Elizabeth, avec leur première fille, la future Elizabeth II, le jour de son baptême à Buckingham Palace, le 19 mai 1926.

La jeune princesse Lilibeth n'était pas destinée à régner

Née à Londres le 21 avril 1926, la princesse Elizabeth est le premier enfant du duc d'York, deuxième fils du roi George V, et d'Elizabeth Bowes-Lyon, une aristocrate écossaise qui s'intéresse aux fantômes. Un couple très heureux et uni qui aura une seconde fille, Margaret Rose, quatre ans plus tard. Le duc, prénommé Albert et surnommé « Bertie », est un homme timide, souffrant d'un bégaiement qui engendre un pénible complexe : il déteste prendre la parole en public. Sa fille aînée, « Lilibeth » comme on l'appelle chez les Windsor, est une enfant très gaie qui aime danser mais sait également être réfléchie et sérieuse. Winston Churchill dira que très jeune la princesse faisait déjà preuve d'une surprenante autorité, sans doute héritée de son arrière-arrière-grand-mère Victoria. Le duc d'York a confiance en Lilibeth, très responsable et consciente de l'image de la famille royale. À 8 ans, la princesse pose, jolie et souriante, pour une photographie officielle. En longue robe de soie et de tulle – une vraie robe de princesse –, elle est assise par terre aux pieds de son père debout, en grand uniforme. Celui-ci se divertit beaucoup avec sa cadette Margaret Rose, sa fille favorite, très drôle dans ses imitations des chanteurs et des célébrités de l'époque. Les deux sœurs s'aiment profondément et s'entendent bien. La vie de famille est harmonieuse, discrète, paisible, pour ainsi dire bourgeoise. Elle est ponctuée de fréquents séjours à Sandringham, dans le Norfolk, et au château de Balmoral, en Écosse, au milieu de deux cents hectares de forêts et de collines, ces deux résidences étant des propriétés privées de la dynastie.

Personne n'aurait pu prévoir le cataclysme qui allait bouleverser autant la monarchie que la destinée de la jeune Lilibeth. Son oncle Édouard, qu'elle appellera toujours David, est l'héritier du trône en qualité de prince de Galles. S'il a, sincèrement, la fibre sociale et se préoccupe beaucoup de la classe ouvrière accablée par la crise économique, le chômage et la misère, son comportement personnel dérange. Peu respectueux de ses obligations, il fréquente les boîtes de nuit et multiplie de brèves aventures avec des femmes mariées. Un parfum de scandale entoure l'insouciant prince, suscitant des commentaires critiques du gouvernement et de son père, malade, le roi George V. Le digne souverain interroge même son Premier ministre sur les capacités du fantasque Édouard à lui succéder. Avec le recul de l'histoire, nous savons que le prince était littéralement paniqué à la perspective de devenir roi. Son règne ne dure que trois cent vingt-cinq jours et s'achève dans un séisme politique et dynastique : Édouard VIII, qui n'a même pas eu le temps d'être couronné, abdique le 10 décembre 1936 par amour pour une sulfureuse Américaine, Mrs Wallis Simpson. Cette aventurière au passé trouble est déjà divorcée et son second divorce sur le point d'être prononcé. Le renoncement d'Édouard VIII, sans précédent dans la tradition anglaise, a pour conséquence immédiate que le duc d'York devient, malgré lui, George VI, succédant à son frère vivant, désormais connu sous le titre de duc de Windsor. La fille aînée du nouveau monarque est donc la princesse héritière. Elle sera témoin des efforts surhumains de son père pour vaincre son handicap, ainsi que l'a montré l'excellent film *Le Discours d'un roi*. Le 27 avril 1937, lors de l'inauguration du Musée national maritime de Londres, George VI prononce un discours. Elizabeth, assise à côté de sa mère, regarde avec une extrême attention et angoisse son

Le couronnement de George VI, le 12 mai 1937. Il succède à son frère Édouard VIII qui a abdiqué. Au premier rang, les princesses Elizabeth (*à gauche*) et Margaret Rose.

père qui a suivi les leçons de son thérapeute Lionel Rogue. Grâce aux méthodes originales de cet Australien, George VI a pu vaincre son handicap.

Alors que les nuages de plus en plus noirs s'amoncellent dans le ciel européen, la monarchie est fragilisée. Âgée de 13 ans lorsque George VI annonce, à la radio et dans une élocution encore difficile, que le Royaume-Uni est en guerre contre l'Allemagne, Elizabeth admire les mots simples qu'il formule ; ils toucheront le cœur de tous les Britanniques, unis derrière le monarque soutenu par son épouse dont le charme et le sourire légendaires masquent un caractère inflexible.

Elizabeth, princesse en uniforme, est initiée aux secrets d'État

Le roi et la reine refusent de quitter Londres malgré les dangers des bombardements. Leur attitude patriote leur vaut une immense popularité qui ne sera jamais démentie. Leurs deux filles subissent les alertes, y compris au château de Windsor, et les restrictions. Elizabeth ne pourra oublier que son père, attentif à éviter les gaspillages, trace à la peinture la limite maximale du volume d'eau dans les baignoires de la famille : 18 cm. De cette époque difficile, la reine conservera le goût personnel de l'économie qu'il serait erroné de confondre avec de l'avarice. Le 13 septembre 1940, la princesse héritière enregistre à la radio un discours de soutien aux « enfants de l'Empire » au cours de l'émission *Children's Hour*. C'est sa première déclaration officielle. Elle a 14 ans et sa sœur est à son côté. Mais derrière cette intervention publique, qui enthousiasme l'opinion et marquera durablement les mémoires, George VI prépare discrètement sa fille à ses futures responsabilités. Le 11 avril 1942, dans son bureau de Buckingham Palace, Elizabeth lit, par-dessus l'épaule de son père, les documents d'État confidentiels contenus dans les fameuses *boxes*, ces coffrets de cuir rouge frappés au monogramme du souverain. Elle est ainsi initiée aux rapports secrets, aux analyses des services de renseignements civils et militaires et aux dépêches diplomatiques dont dispose le cabinet de Winston Churchill. Cette tradition, toujours en usage, permet de dire que la princesse héritière devenue la reine Elizabeth II est la femme la mieux informée du monde depuis plus de soixante-dix ans. Son apprentissage date de la guerre et laissera à Elizabeth les prémices d'une précieuse expérience. À l'automne 1942, ses parents reçoivent Mrs Eleanor

Roosevelt, l'épouse peu conventionnelle du président américain. La visiteuse, un peu décontenancée, découvre les restrictions que le roi, qui ne cesse de parcourir son pays en guerre, impose à sa famille et à ses hôtes. Bien que servi dans une vaisselle d'or et d'argent, le menu est codifié : soupe gélifiée, mousse de jambon, poulet froid, glace aux fraises et à la crème. Rien de chaud ! Comme dans chaque foyer britannique ou à peu près. Elizabeth sert elle-même le thé à Mrs Roosevelt qui se dit impressionnée car la princesse « fait preuve de caractère et de personnalité ». Le couple souverain lutte contre ses rhumes tenaces car le chauffage est réduit. Elizabeth, assise entre son père et un Churchill impatient d'avoir des nouvelles du front d'Afrique du Nord, questionne longuement Eleanor Roosevelt sur la vie aux États-Unis.

13 septembre 1940 : la princesse héritière, accompagnée de sa sœur, enregistre à la radio un message de soutien aux « enfants de l'Empire ». C'est sa première déclaration officielle.

Ces conditions n'empêchent pas Elizabeth et sa sœur de poser, avec la reine, pour une photographie en couleurs, d'apparence idyllique, dans les jardins de Windsor où la famille surveille ses plantations de pommes de terre entre deux bombardements.

En avril 1945, la princesse rejoint l'Auxiliary Territorial Service, un corps d'auxiliaires féminines de l'armée. Le sous-lieutenant Elizabeth Alexandra Mary Windsor reçoit une formation à la conduite d'ambulances et à leur maintenance. Les mains dans le cambouis, la princesse se révèle bonne mécanicienne, répare consciencieusement les moteurs et se rend d'un hôpital à un dispensaire, transportant blessés et médicaments. Les deux sœurs ayant aussi revêtu l'uniforme des *Sea Rangers*, l'aînée construit, consciencieusement, sa réputation de princesse au service de la nation éprouvée.

Avril 1945. Le sous-lieutenant Elizabeth Windsor, 19 ans, conduit et entretient des ambulances.

8 mai 1945 : Elizabeth se mêle à la foule pour fêter la victoire

Au balcon de Buckingham Palace, devant une foule délirante de joie, le roi, en uniforme, et ses proches célèbrent la capitulation allemande. À six reprises, George VI, son épouse et leurs deux filles saluent la population tandis que les acclamations résonnent comme des salves de reconnaissance. Fait exceptionnel, le roi invite son Premier ministre à apparaître sur le balcon réservé à la famille royale, Churchill symbolisant avec deux doigts le V de la victoire comme il le fait depuis six ans. La foule exulte. Pour Elizabeth, ce jour est l'un des plus mémorables de sa vie. Des années plus tard, au micro de la BBC, elle confessera son émotion et celle de sa sœur : « Je me souviens de l'excitation et du soulagement que nous avons éprouvés après ces longues journées durant lesquelles nous avions attendu la fin de la guerre en Europe. [...] Nous avons demandé à nos parents la permission de sortir du palais afin d'aller voir par nous-mêmes ce qui était en train de se passer. Nous avons parcouru des kilomètres dans les rues. Je revois encore tous ces inconnus marchant bras dessus bras dessous en remontant Whitehall. Après avoir traversé Green Park, nous sommes revenues devant le palais, et debout, nous avons crié comme toute la foule qui était rassemblée : "Nous voulons le roi, nous voulons la reine!"[1] » Comme le 11 novembre 1918, si la première famille du royaume reçoit une telle ovation, c'est parce qu'elle a su se mettre à l'unisson du peuple pendant le conflit. Le lien avec la monarchie en sort consolidé et la princesse héritière a montré l'exemple.

1. Jérôme Carron, *Élisabeth II, reine du siècle*, Point de Vue/Express Roularta, 2011.

Exceptionnellement, le 8 mai 1945, au balcon de Buckingham Palace, George VI invite le Premier ministre Churchill à paraître avec la famille royale. À gauche, Elizabeth, princesse héritière en uniforme.

Mais elle sait aussi s'amuser. En février 1947, Elizabeth effectue son premier voyage officiel en quittant le sol britannique. À bord du HMS *Vanguard* qui fait route vers l'Afrique du Sud, la princesse joue à chat perché avec les *midships* sur le pont. Elle est très joyeuse. Le divertissement est filmé et la presse s'étonnera de ce comportement. N'est-ce pas un peu inconvenant de voir cette future reine en robe imprimée aussi familière avec des aspirants en bermuda et hautes chaussettes blanches ? C'est méconnaître la princesse, débordante de joie de vivre, naturelle et s'amusant de petits riens. Son père l'a déploré : ses filles ont eu une enfance et une adolescence assombries par l'abdication scandaleuse de leur oncle et les rigueurs de la guerre.

Deux mois plus tard, le 21 avril, à l'occasion de ses 21 ans, Elizabeth prononce un discours depuis Le Cap, en Afrique du Sud. Dans cette allocution, filmée en noir et blanc, assise à une table sur laquelle est posé le texte qu'elle a écrit elle-même, la jeune femme dit : « Je déclare devant vous tous que je consacrerai toute ma vie, qu'elle soit longue ou courte, à votre service et au service de la grande famille impériale à laquelle nous appartenons. » Si ce serment est celui d'une future souveraine, il prend une dimension particulière car sa date correspond aux premières étapes de la décolonisation : quatre mois plus tard, l'Inde est indépendante, bientôt divisée en deux avec la naissance d'un nouvel État, le Pakistan ; début 1948, c'est Ceylan qui se déclare indépendante. C'est la fin d'une histoire commencée trois cent quarante-sept ans plus tôt, lorsque la reine Elizabeth Ire avait octroyé une charte réservant un monopole à la Compagnie des Indes.

Cette même année 1947, Elizabeth ne peut plus cacher qu'elle est amoureuse d'un séduisant officier de marine, le prince Philip de Grèce et de Danemark, né à Corfou. Très tôt, Lilibeth avait été attirée par les marins. Arrière-petit-fils d'Édouard VII et neveu de lord Mountbatten qui négocie, à cette époque, la difficile indépendance de l'Inde, le désargenté Philip avait rencontré Elizabeth en juillet 1939, sur la base navale de Dartmouth. Elle avait 13 ans, il en avait 18. Il était très beau et élégant ; Lilibeth, immédiatement éblouie, était secrètement tombée sous son charme. Ils se sont revus lors des permissions du lieutenant. La princesse, qui a un solide sens de l'humour, rit beaucoup avec ce marin très drôle, surprenant par ses reparties bizarres et insolites. Une manière pour Philip de surmonter les tristes souvenirs d'une enfance ballottée après le divorce de ses parents ; sa mère, née Alix de Battenberg, est une nièce de la dernière impératrice de Russie, épouse du tsar Nicolas II.

Été 1947 : Philip, le fiancé d'Elizabeth, doit changer de nom

Leur attirance réciproque était si évidente que le roi Georges de Grèce, dès mars 1944, avait demandé officiellement la main d'Elizabeth pour son cousin germain Philip. Sans opposer un refus définitif, George VI avait répondu que sa fille était très jeune et qu'il souhaitait qu'une fois la guerre achevée elle puisse voyager et réfléchir à une décision qui l'engagerait pour la vie. Pendant son voyage en Afrique du Sud, à Londres, le cabinet discute de la naturalisation du prince Philip comme sujet britannique. En effet, cette question est primordiale. Elle est rapidement résolue puisque l'officier a servi courageusement dans la Royal Navy. En revanche se pose le problème du nouveau nom qu'il doit adopter. En effet, les ascendances danoises de la famille de Grèce font de Philip un Schleswig-Holstein-Sonderburg-Glücksburg, un patronyme germanique beaucoup trop lourd à porter deux ans après la fin de la guerre. Finalement, le choix se porte sur le nom de sa mère, Battenberg, déjà anglicisé en 1917 en Mountbatten. Une fois encore chez les Windsor, il fallait bannir la moindre référence allemande, comme l'avait voulu George V au cours de la Première Guerre mondiale.

Le 10 juillet 1947, un communiqué de Buckingham Palace est publié dans le *Court Circular* qui est placardé aux grilles du palais et que reproduisent les journaux : « C'est avec un grand plaisir que le roi et la reine annoncent les fiançailles de leur fille bien-aimée la princesse Elizabeth avec le lieutenant Philip

Mountbatten, de la Royal Navy, fils de feu le prince André de Grèce et de la princesse née Alix de Battenberg, union à laquelle le roi a donné avec joie son consentement. »

Le mariage est fixé au 20 novembre. Les cadeaux commencent à affluer du monde entier et sont exposés au palais de Saint-James. On recense plus de mille cinq cents présents, des plus somptueux aux plus inattendus. Parmi ceux-ci, des centaines de paires de bas Nylon, un grand luxe en ces temps de rationnement textile, et une étrange pièce de coton blanc, qui dégoûte la reine mère Mary lorsqu'elle suppose que c'est un pagne offert par Gandhi ! En réalité, ce n'est qu'un napperon tissé par le Mahatma sur son célèbre rouet. Avec beaucoup de diplomatie, la princesse Margaret, en accord avec sa sœur, dissimule prestement cette pièce incongrue. Le présent du roi sera d'une autre nature. À sa fille, il confère l'ordre de la Jarretière le 12 novembre. Il n'adoube son futur gendre chevalier du même ordre que le 19 novembre, de façon qu'Elizabeth ait préséance sur son époux. Philip est déclaré altesse royale, titré plusieurs fois, mais c'est le titre de duc d'Edimbourg que l'histoire retiendra. Les invitations sont un véritable casse-tête pour le protocole car il n'est pas question de convier des parentèles allemandes. Ainsi, aucune des trois sœurs de Philip qui ont épousé des aristocrates germaniques n'est invitée. Et comme on pouvait s'y attendre, le duc et la duchesse de Windsor sont exclus des réjouissances, leur réception par Hitler en 1937 et leur complaisance à l'égard du régime national-socialiste ayant causé un lourd malaise dans l'opinion britannique. Plus grave, l'unique sœur du roi George VI, la princesse royale Mary, refuse d'assister au mariage, précisément en représailles contre l'ostracisme dont son frère Édouard, le duc de Windsor, est victime.

Le 20 novembre 1947, la princesse Elizabeth épouse le prince Philip de Grèce et de Danemark, titré duc d'Edimbourg. Ils s'étaient rencontrés en juillet 1939. C'est un mariage d'amour.

Le 20 novembre 1947, Elizabeth est unie à son grand amour de jeunesse. Si la cérémonie à Westminster est solennelle, elle est également historique puisque c'est la première fois depuis le mariage, en 1816, de la princesse Charlotte, fille de George III de Hanovre, et de Philippe de Saxe-Cobourg qu'y sont célébrées les noces d'une princesse héritière. Dans cet hiver de l'après-guerre où les plaies restent ouvertes, dans un pays héroïque mais gris de misère et d'inquiétude, Churchill juge que la fête est « un éclair de couleurs sur la route que nous devons suivre ». Si George VI est heureux de ce mariage qu'il pressent comme une histoire d'amour destinée à défier le temps, la séparation d'avec sa fille aînée est douloureuse. Pendant leur enfance et leur adolescence, Elizabeth et Margaret n'ont presque jamais été éloignées de leurs parents. Ils formaient un quatuor de tendresse et d'affection. Maintenant, Elizabeth est à l'aube d'une nouvelle existence dont le monde entier est témoin. Alors qu'il avait été réticent à ce mariage, au soir de ce 20 novembre le roi écrit une lettre bouleversante à la jeune mariée, qu'il conclut ainsi :

> Votre départ laisse un grand vide dans nos vies, mais souvenez-vous que votre vieille maison est toujours la vôtre et revenez le plus souvent possible. Je puis voir que vous êtes sublimement heureuse avec Philip qui est parfait, mais ne nous oubliez pas, ce qui est le vœu de
>
> Votre toujours aimé et dévoué
>
> PAPA[1].

---

1. Extrait traduit par Sarah Bradford dans son ouvrage, *Elizabeth*, Penguin Books, 2002 (rééd.).

Dans son bonheur, Elizabeth est inquiète : le roi est malade

La princesse est épanouie. De plus en plus souvent, elle représente son père qui doit renoncer aux épuisants voyages lointains en Australie et en Nouvelle-Zélande. Visiblement heureuse, Elizabeth danse joyeusement avec son mari, par exemple au Canada en 1951. Vêtus à la mode *country*, Philip, déguisé en bûcheron avec une chemise à gros carreaux, et sa femme se lancent dans le traditionnel *square dance*. Mais l'atmosphère est aussi débridée l'été à Balmoral, lors d'un bal donné pour les voisins et le personnel du château. Elizabeth recherche toujours la spontanéité et la plus grande simplicité dès qu'elle est éloignée de ses devoirs officiels de future reine. Elle ne sera sans doute jamais aussi heureuse qu'à Malte où son mari a été muté peu après leur mariage. Là, elle s'efforce d'être surtout une épouse d'officier de marine, maîtresse de maison, recevant les autres épouses. Les témoins sont unanimes : la princesse a l'art de mettre ses hôtes à l'aise et la reine ne dérogera pas à cette attention. Elle est aussi, rapidement, une mère de famille. Le 14 novembre 1948, elle donne naissance au prince Charles et le 15 août 1950 à la princesse Anne. Mais le plus étonnant est l'humour parfois dévastateur dont elle fait preuve dans des circonstances officielles. Ainsi, lors d'un dîner de gala, un syndicaliste acharné a la malchance de faire voler, d'une fourchette maladroite, une patate douce qui atterrit sous sa chaise. Manque d'usages ? L'invité veut effacer son impair et pousse du pied, discrètement croit-il, l'insaisissable légume ! Elizabeth lui adresse son plus doux sourire et lui dit :

— La vie est parfois pénible, n'est-ce pas ?

Malheureusement, la santé de George VI se dégrade. Comme toute la famille, la princesse sait combien son père ne s'est pas ménagé durant les angoissantes années de guerre, travaillant jour et nuit avec le gouvernement, parcourant près de 70 000 kilomètres (aucun souverain anglais n'avait autant voyagé dans son royaume), fumant trop, luttant contre un triple adversaire :

Octobre 1951. Lors d'un voyage officiel au Canada, Elizabeth et Philip se lancent joyeusement dans le *square dance* traditionnel.

son bégaiement qui le menace à cause de sa fatigue, Hitler et son propre frère, le duc de Windsor, qui ne cesse de réclamer des avantages indécents. Depuis 1948, le roi souffre de tenaces crampes aux jambes, au point qu'une amputation a été envisagée. Au printemps 1951, George VI est fiévreux. On diagnostique d'abord une pneumonie, mais les radios révèlent une tumeur maligne dans sa poitrine. Le souverain n'est pas informé de la gravité de son état. On lui affirme seulement que sa souffrance est provoquée par un blocage des bronches et qu'on doit lui enlever le poumon gauche. L'opération est pratiquée le 23 septembre 1951, à Buckingham Palace. Cette fois, la maladie du roi n'est plus un secret. Cinq mille personnes sont agglutinées devant les grilles du palais, attendant le premier bulletin de santé. Il ne sera affiché que tard dans la nuit. Le pronostic est réservé, les médecins craignant des complications postopératoires. C'est un monarque affaibli qui accueille, le 25 octobre, un Churchill vainqueur des élections après six années d'opposition et le nomme à nouveau Premier ministre. Il a 77 ans !

Noël 1951, à Sandringham, comme d'habitude. Courageusement, au micro de la BBC, le roi présente ses vœux à ses sujets. Sa fatigue est telle qu'il doit se résigner à enregistrer son discours. Pour la première fois. Par un effort remarquable, il parvient à ne laisser deviner aucune faiblesse d'intonation et ne bute sur aucun mot. Le 29 janvier 1952, le roi regagne Londres pour consulter des spécialistes ; ils se déclarent confiants, en dépit de la maigreur du souverain. Le lendemain soir, la famille au grand complet se rend dans le West End au célèbre théâtre de Drury Lane pour assister à une représentation de la comédie musicale *South Pacific*. Cette apparition dans la loge royale est importante car elle prouve que le roi va mieux. *God save the King!* entonne la salle, debout. Elizabeth se force à sourire. Le lendemain, elle et son mari partent pour un long voyage qui va les conduire en Rhodésie, en Australie et en Nouvelle-Zélande. En fait, le couple va accomplir le périple auquel le roi a dû renoncer quatre ans plus tôt. Le roi tient à accompagner sa fille et son gendre à l'aéroport. Un geste exceptionnel, mais révélateur. Churchill, présent lui aussi, dira : « Le roi savait qu'il ne vivrait plus longtemps. » Ce n'est pas un au revoir, mais un adieu. Une semaine plus tard, le 6 février 1952, à Sandringham où il était né cinquante-six ans plus tôt, George VI est trouvé mort à 7 h 30 par son valet qui apporte son thé matinal à Sa Majesté. Épuisé par un cancer du poumon et un labeur permanent, le souverain britannique avait dépassé son rôle, en principe limité, de monarque constitutionnel. Par sa connaissance exemplaire des dossiers et ses voyages, il avait rendu sa dignité à la Couronne éclaboussée de scandale par son frère. Le peuple, qui s'était toujours reconnu en son roi, est pétrifié par la disparition de ce grand homme d'État ayant inlassablement montré l'exemple du courage. C'est à Sagana, au Kenya, que sa fille apprend la nouvelle, en réalité avec retard, car le télégramme chiffré qui lui a été adressé a été envoyé, selon un code, à « Hyde Park Corner ». Or, le service concerné a confondu ce lieu très célèbre de Londres avec le destinataire de la dépêche ! Elizabeth se trouve alors dans un arbre, sur une plate-forme aménagée par l'hôtel Treetops pour observer les animaux. Selon l'usage de la Cour, la garde-robe de deuil est toujours dans les bagages. La princesse héritière devait toujours être prête, elle l'était. Le règne d'Elizabeth II, 26 ans, commence à 6 000 kilomètres de Londres. Le roi est mort, vive la reine ! Sa mère, effondrée, ne peut dissimuler son amertume : si son beau-frère Édouard VIII n'avait pas lâchement abdiqué, son mari serait toujours en vie. La nouvelle souveraine ne permettra pas à son oncle de se recueillir sur la dépouille de son frère qui a relevé la monarchie de la bassesse où elle avait été jetée.

Le couronnement d'Elizabeth II : une première à la télévision

Quarante et unième souverain britannique depuis Guillaume le Conquérant et quatrième monarque de la maison de Windsor, Elizabeth II a deux illustres devancières, Elizabeth Ire et Victoria, glorieuses reines qui apportèrent à leur pays une puissance légendaire. Les temps et les peuples ne sont plus les mêmes et depuis octobre 1948, le Commonwealth, « symbole de l'association libre des États indépendants qui en sont membres », a perdu son qualificatif de « British ». Si elle n'est pas impératrice des Indes, la nouvelle reine est le chef de seize États sur les cinquante-trois que compte le Commonwealth, dont l'Australie et le Canada, regroupant des centaines de millions de gens. La princesse était partie vêtue de clair, la reine revient en deuil. Comme tout le gouvernement qui l'attend à l'aéroport, Anthony Eden, alors secrétaire d'État au Foreign Office, n'oubliera jamais « l'apparition de cette jeune silhouette en noir dans la porte de l'avion, s'arrêtant un instant avant de descendre la passerelle qui la conduisait vers les devoirs qui l'attendaient ». Dès son retour à Londres, Elizabeth II impressionne son entourage. Churchill corrigera vite son jugement : « Elle est si jeune. C'est une enfant. » Lors de l'audience hebdomadaire qui les réunit, la reine et son Premier ministre (le premier des douze qu'elle nommera à partir de 1952) abordent la politique en parlant d'une de leurs passions, les courses, mais surtout pas de sport, selon la fameuse recommandation de Churchill. La jeune femme est résolue, appliquée, sérieuse, travaillant beaucoup afin de connaître ses dossiers et d'apprécier en totale connaissance les décisions prises par le chef du gouvernement. Informée de tout, mais astreinte, autant par fonction que par éducation, à une réserve absolue, la reine met immédiatement en pratique les trois prérogatives constitutionnelles qui lui sont accordées : le droit de consulter, le droit d'informer, le droit de mettre en garde. Aucun témoin n'assiste à l'entretien d'Elizabeth II avec le chef du gouvernement,

Le 2 juin 1953, Elizabeth II est couronnée à Westminster. La cérémonie est télévisée presque intégralement, en noir et blanc, mais le film qui sera projeté dans les cinémas est en couleurs.

en principe chaque mardi à 18 heures, sauf urgence, mais on sait malgré tout que lorsque la reine demande au Premier ministre si telle ou telle décision est opportune, cela signifie qu'elle la désapprouve. Cependant, il n'y aura aucun commentaire royal sur la politique suivie. Officiellement, la reine n'est sympathisante ni des conservateurs ni des travaillistes et n'est pas tenue de montrer sa préférence, sa satisfaction ou sa déception. Elle est l'État et n'a pas d'états d'âme, encore moins de parti pris. Elle sera cependant soupçonnée de s'entendre mieux avec le leader d'une majorité de gauche qu'avec celui d'une majorité de droite.

Le couronnement de la reine est fixé au 2 juin 1953. Elizabeth II est le dernier souverain oint par l'huile sainte et donc sacré au XXe siècle. L'imposante cérémonie dans l'abbaye de Westminster est d'abord religieuse. Peut-on retransmettre à la télévision cet événement historique ? L'importance de la lumière, donc des projecteurs, risque de transformer le rite multiséculaire en spectacle. Le voyeurisme est-il compatible avec la solennité ? Après un débat sur la technique et la spiritualité, un compromis est décidé : l'office et le couronnement lui-même seront diffusés, mais on ne montrera pas les images de l'onction ni celles des prières et de la communion. Il y a donc un événement dans l'événement qui marque le début de l'âge médiatique. Si les images, de médiocre qualité et sur des écrans qui ne dépassent guère 22 centimètres, sont en noir et blanc, le film réalisé en parallèle est en couleurs. Le soir même, les bobines prendront plusieurs avions. Avec le décalage horaire, le Canada les recevra pour ainsi dire le jour même. Elizabeth II est la première reine de l'image ; elle deviendra la femme la plus photographiée du monde et sa famille un sujet permanent de reportage. Pour le meilleur et pour le pire.

La reine a aussi les soucis d'un chef de famille… et quels soucis !

Après avoir réglé le nouveau statut de sa mère en veillant à ce que la *Queen Mum* vénérée des Britanniques l'accompagne dans toutes les cérémonies et manifestations officielles, Elizabeth II est confrontée au cas de sa sœur Margaret Rose. La cadette, jolie jeune femme de 22 ans, a beaucoup de succès et une réputation justifiée d'« enfant terrible », ainsi que le disait son père en français. Margaret se sent inutile, faute de fonction officielle. Depuis la mort de George VI, elle vit avec sa mère à Clarence House. Derrière son apparente lassitude, Margaret est amoureuse d'un homme récemment divorcé, un aviateur héros de la bataille d'Angleterre, le *Group Captain* Peter Townsend, âgé de 38 ans. La reine ignore tout des projets de mariage de sa sœur avec cet homme séduisant, ancien écuyer de son père. Lorsqu'elle en est informée, Elizabeth II, qui aime tendrement Margaret, lui conseille d'attendre. N'ayant pas 25 ans, cette dernière doit obtenir l'autorisation de la souveraine pour se marier, en vertu d'un acte de 1772 toujours en vigueur. Sinon, il faudrait demander l'avis du Premier ministre et d'inextricables difficultés constitutionnelles devraient alors être résolues. Le traumatisme de l'abdication est encore trop profond pour qu'elle prenne le risque de choquer l'opinion. À la veille de son vingt-cinquième anniversaire, Margaret est le sujet de toutes les spéculations. Qui va céder ? Finalement, la sœur de la reine est menacée d'être privée de sa liste civile, de ses titres et de son rang sur la liste de succession. Le 31 octobre 1955, elle renonce à Peter Townsend, devient « la princesse triste » et ses peines de cœur l'un des feuilletons de l'après-guerre qui fait monter le tirage des journaux. On peut remarquer que la reine n'a pas su mesurer la dimension publique des affaires privées de la famille royale. Elle réitérera cette erreur avec ses propres enfants.

Après avoir revu Peter Townsend une dernière fois, Margaret s'éprend d'un talentueux photographe, Antony Armstrong-Jones, qu'elle épouse le 6 mai 1960. La reine donne un grand bal pour sa sœur, enfin heureuse et radieuse, à Buckingham Palace ; elle lui prête même le yacht royal *Britannia* pour son voyage de noces aux Caraïbes. Malheureusement, en dépit de la naissance de David en 1961 et de Sara en 1964, le couple ne s'entend pas. Margaret séjourne de plus en plus longuement dans sa maison de l'île Moustique, sombre dans l'alcool et mène une vie dissolue, ce qui finit par choquer les parlementaires et jeter le discrédit sur une partie de la famille royale. La princesse dépressive et le photographe mondain divorceront en 1978.

Très heureuse quand elle était princesse héritière, Elizabeth II ne peut empêcher l'évolution de sa vie conjugale transformée par la lourdeur de sa charge et la multiplicité de ses fonctions. Le duc d'Edimbourg ne tarde pas à réaliser amèrement les inconvénients d'être le perpétuel numéro deux du couple, excepté pour ce qui concerne la sphère privée, surtout l'éducation des enfants. Son caractère entier, voire souvent irascible, et son humour ravageur truffé de gaffes apparaissent comme des manifestations d'indépendance face au carcan du protocole. Pour se distraire, le prince Philip fréquente le Thursday Club avec son écuyer et meilleur ami, Michael Parker. Des rumeurs circulent sur d'éventuelles infidélités du duc, jamais prouvées. Comprenant les risques de cette situation et pour permettre à son époux de s'évader, la reine lui propose de la représenter à l'ouverture des Jeux olympiques de Melbourne, en août 1956. Philip en profite pour prolonger le voyage de plusieurs mois, se laisse pousser la barbe et s'intéresse à une expédition scientifique.

Cette longue absence fait enfler les spéculations sur la solidité du couple royal. Quatre jours après des retrouvailles à Lisbonne, la reine tire la leçon de cette crise : le 22 février 1957, elle octroie à son mari le titre de prince consort. Pour preuve de leur réconciliation, deux nouveaux enfants naissent, Andrew, en 1960 (son préféré et qui l'est toujours), puis Édouard, en 1964.

On ne saurait oublier la mort, le 29 mai 1972, du duc de Windsor, à Paris, dans sa résidence du bois de Boulogne. Séjournant alors dans la capitale française et avertie que son oncle était mourant, la reine est venue à son chevet, *in extremis*. Elle lui réservera des obsèques familiales dans la chapelle Saint-Georges du château de Windsor. Il repose dans le parc où la duchesse l'a rejoint en 1986. Ce jour-là, d'une certaine façon, pour la première et la dernière fois, la femme qui avait fait vaciller la couronne britannique faisait enfin partie de la famille royale.

Quatre enfants, quatre mariages, trois divorces, une *annus horribilis*

La reine a été si longtemps affectée par les problèmes de ses proches que ses entretiens avec le Premier ministre pouvaient, parfois, prendre la forme d'une détente. C'était le cas avec sir Winston Churchill dont la disparition, en 1965, fut un choc pour celle qui l'avait considéré comme son mentor. À propos de cet homme exceptionnel, pour lequel elle exigea des funérailles solennelles, elle eut un seul mot, un mot bien choisi pour le résumer :

« Il était divertissant. » Elle ne formulera pas le même jugement sur Mrs Margaret Thatcher qu'elle doit charger, en mai 1979, de former le nouveau gouvernement. Pour la première fois, une femme est locataire du 10, Downing Street. Celle-ci dirige elle-même les opérations de la guerre des Malouines au printemps 1982. Mais c'est aussi la guerre de la reine, puisque son deuxième fils Andrew, alors âgé de 22 ans, y participe comme pilote d'hélicoptère embarqué sur le porte-avions l'HMS *Invincible.*

L'année 1992 est celle de toutes les calamités. Elle débute avec l'annonce du divorce de la princesse Anne, déjà séparée de son mari le capitaine Mark Philips. De même, l'union d'Andrew avec Sarah Ferguson tourne mal. La reine et ses sujets avaient aimé cette

Vacances estivales à Balmoral, en Écosse, à la fin des années 1970. De gauche à droite : Andrew, Charles, le duc d'Edimbourg, Édouard et Elizabeth II.

grande fille aux manières désinvoltes, qui amusait tout le monde. Mais ses caprices et un manque regrettable de maturité avaient fait de la duchesse d'York, malgré ses deux enfants, la cible d'une presse toujours aux aguets. « Fergie » scandalise la souveraine quand sont publiées des photos des ébats de sa belle-fille autour d'une piscine avec un certain John Bryan. Le divorce ne pouvait que suivre rapidement. Mais évidemment, l'affaire la plus spectaculaire allait être la révélation de la grave mésentente entre le prince de Galles, Charles, et la trop célèbre lady Diana. Épousée en 1981, celle-ci affirme, assez vite, vivre un enfer car son époux a renoué avec Camilla Parker Bowles, pour laquelle il avait eu un coup de foudre en 1971. « Dans notre mariage, nous étions trois », déclare Diana à la télévision. La suite est un véritable cauchemar pour la reine, car l'annonce de la séparation du couple le 9 décembre 1992 intervient moins de trois semaines après l'épouvantable incendie qui a ravagé, en une nuit, une partie du château de Windsor. Tout un symbole ! Windsor en feu, c'est la monarchie qui se consume. Le divorce ne sera prononcé que quatre années plus tard. Et le 31 août 1997 survient la mort de Diana, au côté de son amant, des suites d'un accident de voiture dans le tunnel du pont de l'Alma à Paris.

La froideur apparente de la reine après le décès de sa dérangeante ex-belle-fille déclenche un nouveau séisme. Sans doute Elizabeth II réagit-elle d'abord en grand-mère qui pense à ses petits-enfants plutôt qu'en chef de « la firme », la famille royale. Pour la première fois depuis son avènement, le peuple montre son hostilité lourdement silencieuse à la souveraine. Il faudra cinq jours, sur l'insistance du Premier ministre Tony Blair, pour que la reine consente à témoigner d'une compassion tardive. Même si la reine est la seule de la famille à incliner la tête devant le cercueil de Diana, la reconquête de l'opinion sera longue et difficile après une nouvelle et profonde déchirure dans l'image de la monarchie. Cette véritable restauration médiatique et populaire ne sera achevée qu'à l'occasion, le 29 avril 2011, du mariage de son petit-fils le prince William et de la séduisante Kate Middleton, suivi par deux milliards de téléspectateurs.

Une popularité retrouvée pour le jubilé de diamant

Entre-temps, la reine aura subi deux autres épreuves personnelles. Le 9 février 2002, Margaret était emportée par une attaque cérébrale, point final d'une longue descente aux enfers et d'une existence gâchée. Puis, à peine sept semaines plus tard, la reine mère était arrachée à l'affection du peuple, toutes catégories confondues. Figure tutélaire de la Couronne, elle était la grand-mère favorite des Britanniques. Son goût pour le gin, les chansons d'Edith Piaf et sa bonne humeur jubilatoire lui avaient permis d'atteindre l'âge de 101 ans. On avait fini par la croire éternelle, et même les très minoritaires partisans de la république faisaient une exception pour elle.

Le duc d'Edimbourg est le dernier rempart protégeant la souveraine, âgée de 86 ans au moment où le royaume très uni fête ses soixante années de règne. On a vu la reine très inquiète lorsque son mari, victime à la veille de Noël 2011 d'un accident coronarien, fut hospitalisé et opéré. Le dimanche 3 juin 2012, à la fin de la parade sur la Tamise, des troubles urinaires obligèrent le prince Philip à quitter discrètement la fête. La monarchie a souvent tremblé, a été copieusement attaquée et critiquée, mais la reine a trouvé en l'homme de sa vie le complice intime qui lui a permis de surmonter d'innombrables douleurs. Sans jamais se plaindre.

5 juin 2012, la cérémonie finale du jubilé de diamant. De gauche à droite : Camilla, duchesse de Cornouailles, Charles, prince de Galles, Elizabeth II, le duc et la duchesse de Cambridge (William et Kate) et le prince Harry. Le duc d'Edimbourg, absent, avait été hospitalisé. La reine est de plus en plus affectée par l'état de santé de son mari.

Elizabeth II, médaille d'or de l'humour

Son jubilé de diamant a connu une incroyable – et inédite – séquence préparée dans la plus grande confidentialité au mois de mars 2012. Au soir du vendredi 27 juillet, pour l'ouverture des jeux Olympiques, la reine a, pour la première fois, accepté de jouer son propre rôle dans un spectaculaire film de quelques minutes, très drôle, et qui a obtenu un triomphe populaire hors catégorie. À 86 ans, l'arrière-arrière-petite-fille de Victoria a magistralement prouvé que le « *british sense of humor* » reste une valeur sûre. Star inattendue, souvent parodiée, Elizabeth II a donné la réplique au plus célèbre des agents secrets « au service de Sa Majesté », James Bond lui-même, l'insubmersible 007, *alias* Daniel Craig, actuel détenteur de ce rôle prolifique.

Un taxi s'arrête dans la cour d'honneur de Buckingham Palace. Un homme en descend, élégant dans son smoking, sa tenue de travail préférée. James Bond, l'espion tant aimé, est d'abord accueilli par trois petits fauves, les corgis de la reine, Monthy, Holly et Wiclow, des rivaux à quatre pattes de 007. Puis, accompagné par un majordome en grande tenue, James Bond/Daniel Craig foule le tapis rouge qui le conduit au premier étage du palais, jusqu'au bureau de la souveraine. Celle-ci, vêtue de rose et d'un inévitable bibi à plumes, lève les yeux vers son visiteur et lui dit, avec le plus grand sérieux :

— *Good evening, Mister Bond.*

Droit comme un i, il répond :

— *Good evening, Your Majesty.*

Il est venu chercher la reine, sa reine, pour une mission très spéciale, olympique. Il lui donne le bras. Tous deux empruntent un corridor puis descendent l'escalier de marbre. Ils montent dans un hélicoptère, laissant les trois chiens vexés et penauds : le film continue sans eux ! Cinq secondes plus tard, l'appareil survole le stade olympique. Le vrombissement des rotors force quatre-vingt mille spectateurs et un milliard de téléspectateurs à lever les yeux. Deux silhouettes s'élancent dans le vide. À la stupéfaction – hilare ! – de la foule, la reine et James Bond sautent en parachute. Leurs corolles s'ouvrent aux couleurs de l'*Union Jack*, déclenchant un tonnerre d'applaudissements. Bien sûr, comme l'a immédiatement précisé un communiqué du palais, Sa Majesté était doublée par un cascadeur. Ouf ! Peu importe : en jouant le jeu et en partageant le goût du peuple pour l'autodérision, la reine, si souvent mise en scène dans sa fonction depuis plus de soixante ans, a touché le cœur de tous les Britanniques. Et, selon le palais, elle a pris « tant de plaisir » à être complice des caméras du réalisateur Danny Boyle, qu'elle a ajouté un nouveau record, inoubliable, à son exceptionnel palmarès. Bravo, Madame !

Buckingham Palace, 27 juillet 2012. Escortée de l'agent 007, la reine joue le jeu le temps d'un court-métrage. Une parodie et un triomphe.

Remerciements

S.M. Albert II, roi des Belges, voudra bien trouver ici l'expression de ma profonde gratitude. Le souverain m'a autorisé à consulter les Archives du palais royal, à Bruxelles, concernant la reine Astrid, sa mère (département du Grand-Maréchal, secrétariat des Commandements). Ces documents attestent qu'en dépit d'une trop courte existence comme duchesse de Brabant de 1926 à 1934, puis en qualité de reine des Belges, de 1934 à 1935, S.M. Astrid n'a cessé d'être disponible, attentive et généreuse envers le peuple du royaume. J'adresse mes remerciements à M. Jacques Van Ypersele, chef de cabinet du roi ; à M. Gustaaf Janssens, archiviste au palais royal, ainsi qu'à son adjoint, M. Samuel Daudergnies, qui m'ont aidé et reçu avec autant de courtoisie que d'efficacité. Je suis l'obligé de la société CadeauRetro, de Bruxelles, dont les archives de presse, d'une abondance et d'un éclectisme remarquables, m'ont été très utiles avec l'aide de MM. Christian Cauchie et Stéphane Maroy. Je ne saurais oublier les trésors des magasins Pêle-Mêle grâce à M. Thomas Dolinckx ni les recherches et attentions de Mme Marie-Hélène Simon.

Ma reconnaissance s'adresse aussi à l'équipe des Éditions Perrin, en particulier à Benoît Yvert, directeur, Laurent Theis, directeur éditorial, Grégory Berthier-Gabrièle, éditeur, Marie de Lattre, du service artistique, et Céline Delautre, du service éditorial.

Enfin, les remarques, conseils et suggestions de mon épouse, Monique, m'ont été, comme d'habitude, très précieux. Qu'elle en soit particulièrement remerciée.

Jean DES CARS

Table

Eugénie. Les larmes de la gloire 236

Sissi ou la fatalité 268

Crédits photographiques

© Luisa Ricciarini/Leemage, 256 © akg-images, 259 © Aisa/Leemage, 262 © Collection Sirot-Angel/Leemage, 265 © Collection Sirot-Angel/Leemage, 266 © akg-images/Jean-Pierre Verney, 269 © Luisa Ricciarini/Leemage, 270 © Bianchetti/Leemage, 279 © akg-images, 282 © DeAgostini/Leemage, 286 © MP/Leemage, 289 © Photo Re-Pubblic/Leemage, 294 © Ludwig Angerer/Imagno/Roger-Viollet, 299 © MP/Leemage, 304 © akg/Imagno, 309 © akg-images/MPortfolio/Electa, 310 © akg/Imagno, 312 © akg/Imagno, 316 © akg-images, 319 © Rue des Archives/Tal, 320 © Collection particulière/Droits réservés, 326 © Gamma/Gamma Rapho, 330 © Photo Re-Pubblic/Leemage, 333 © Rue des Archives/Tal, 335 © Photo Re-Pubblic/Leemage, 338 © 8439/Gamma/Gamma Rapho, 342 © Photos12.com, 347 © Keystone-France/Gamma Rapho, 349 © Time & Life Pictures/Getty Images, 353 © Rue des Archives/AGIP, 359 © Keystone-France/Gamma Rapho, 360 © Rue des Archives/Collection Grégoire, 364 © Photo Re-Pubblic/Leemage, 370 © Keystone-France/Gamma Rapho, 372 © Alain Benainous/Gamma/Gamma Rapho, 380 © Süddeutsche Zeitung/Rue des Archives, 383 © Rue des Archives/Collection Grégoire, 385 © Keystone-France/Gamma Rapho, 388 © Süddeutsche Zeitung/Rue des Archives, 393 © Photonews/Gamma/Gamma Rapho, 395 © Dorothy Wilding/Camerapress/Gamma/Gamma Rapho, 396 © AFP photo/pool/Bethany Clarke, 399 © AFP photo/Ross Kinnaird/pool, 400 © Mary Evans/Keystone-France/Gamma Rapho, 403 © Adams Marcus/Camerapress/Gamma/Gamma Rapho, 405 © AFP, 406 © AFP, 408 © ILM/Camerapress/Gamma/Gamma Rapho, 412 © Keystone-France/Gamma Rapho, 415 © AFP, 419 © AFP, 424 © Keystone-France/Gamma Rapho, 427 © AFP photo/Leon Neal, 429 © AFP photo/LOCOG.

Création graphique : Marie de Lattre
Mise en page : Nord Compo, Villeneuve d'Ascq
Iconographie : Grégory Berthier-Gabrièle

dépot légal : octobre 2012
N° edition : 2862